Edmund Braunsburger-von der Brelie

Kanarische Inseln

SCHROEDER REISEFÜHRER

Mit zahlreichen Karten und Plänen
sowie 40 Fotos in Farbe

Bruckmann

Einband-Vorderseite: Blick auf den Teide von La Gomera aus
Einband-Rückseite: Die farbigen kanarischen Trachten kommen heutzutage nur noch bei traditionellen Festen zur Geltung

Gedruckt auf chlorarm gebleichtem Papier

Die Deutsche Bibliothek – CIP-Einheitsaufnahme
Braunsburger-von der Brelie, Edmund:
Kanarische Inseln/Edmund Braunsburger-von der Brelie. –
München : Bruckmann, 1992
  (Schroeder-Reiseführer)
  ISBN 3-7654-2517-6

Produktion: VerlagsService Dr. Helmut Neuberger
& Karl Schaumann GmbH

© 1992 F. Bruckmann KG, München
Alle Rechte vorbehalten
Herstellung: Bruckmann, München
Printed in Germany
ISBN 3-7654-2517-6

Inhalt

Einleitung 9

Geschichte 10
Die Guanchen 10
Die Wirtschaft der Guanchen 12
Die Entdeckung und das Zeitalter der Kolonisten 12
Vom Mittelalter zur Neuzeit 13
Das 20. Jahrhundert 15

Politische und gesellschaftliche Strukturen 16
Die Verwaltung 16
Die Menschen auf den Kanarischen Inseln 16

Wirtschaft 18
Fremdenverkehr 18
Transport- und Verkehrswesen 19
Export 19
Soziale Probleme 20

Geographie 21
Lage und Größe 21
Oberflächenstruktur 21
Die Kanarischen Inseln im Überblick 22
Die Geographie der verschiedenen Inseln 22
Die Pflanzenwelt 24
Zone unter den Wolken 24 · Pflanzenwelt der Wolkenzone 27
Pflanzenwelt oberhalb der Wolkenzone 28
Die Tierwelt 29

Klima und Reisezeit 30
Reisezeit 31
Klimatabelle der Küstenregion 31

Inhalt

Praktische Hinweise.................................... 32
Anreisewege 21
*Anreise mit dem Flugzeug 32 · Anreise mit dem Schiff 37
Anreise mit dem Bus 38*
Verkehrsmöglichkeiten auf und zwischen den Inseln........... 39
Flugverbindungen zwischen den Inseln 39 · Schiffsverbindungen zwischen den Inseln 39 · Omnibusse, Taxis und Mietwagen auf allen Inseln 39
Reiseinformationen von A bis Z 40

Essen und Trinken 56
Speisekarte 57

Die Insel Tenerife 59
Santa Cruz, die Hauptstadt von Tenerife.................... 65
Der Hafen 70 · Stadtbesichtigung 71
Ausflüge von Santa Cruz................................ 78
*Nach La Laguna 79 · Über San Andrés ins Anaga-Gebirge und nach Las Mercedes 81 · Wanderungen im Anaga-Gebirge 83
Von Santa Cruz nach Bajamar und zur Punta Hidalgo 86 · Zum Wald von Esperanza und nach Tacoronte 87 · Von Santa Cruz zu den Cañadas und zum Teide 88 · Von Santa Cruz nach Tacoronte und nach Puerto de la Cruz 95 · Von Santa Cruz nach Candelaria und Güimar und in den Süden der Insel nach Los Cristianos 96*
Puerto de la Cruz 99
Stadtbesichtigung 101 · Unterhaltung in Puerto 105
Ausflüge von Puerto de la Cruz.......................... 106
*Zum Botanischen Garten und zum Mirador Humboldt 106
Nach Orotava 108 · Von Puerto nach La Romantica 110
Nach San Juan de la Rambla, Icod de los Vinos und zum Strand von San Marcos 111 · Über Icod nach Santiago del Teide und zur Playa de Santiago 112 · Von Puerto über La Orotava zu den Cañadas und zum Teide 114 · Rundfahrt durch den Westteil von Tenerife 116*
Die Küstenplätze im Süden............................. 121
Los Cristianos 122 · Palm-Mar 123 · Las Galletas (Costa del Silencio) 123 · El Médano 124

Inhalt

Ausflüge von den Orten der Südküste 124
*Nach Adeje und in die Höllenschlucht (Barranco del
Infierno) 125 · Zu den Stränden von Puerto de
Santiago 125 · Zu den Cañadas und zum Teide 126 · Nach
Güimar, Candelaria und Santa Cruz 128 · Las Cañadas von
El Portillo bis zur Boca de Tauce 131*
Wanderungen im Gebiet der Cañadas 133
*Der Pico Viejo (3070 Meter) 133 · La Guajara (2717 Meter) 133
Zur Mondlandschaft (Paisaje Lunar) 134 · Guanchen-
Touren 135*
Auf den Pico de Teide 136

La Gomera 140
San Sebastián de la Gomera 143
Ausflüge auf La Gomera 149
*Zur Playa de Aoalo 149 · Zur Playa de Santiago 149 · Von San
Sebastián über Hermigüa nach Vallehermoso 150 · Nach
La Calera und zum Valle Gran Rey 151 · Zum Lorbeerwald von
El Cedro 151 · Zum Roque de Salmor 152*

Hierro 153
Valverde 156
Ausflüge auf Hierro 157
*Nordroute Valverde-Frontera 157 · Frontera-Sabinosa-Dozo
de Salud 157 · Taibique-Restinga 159 · El Julan – die alten
Felsenschriften »Los Letreros« 159*
Hierro-Unterkunft 160

Gran Canaria 161
Las Palmas, die Hauptstadt von Gran Canaria 163
Der Hafen 170 · Stadtbesichtigung 171
Feriengebiete im Süden 184
Ausflüge auf Gran Canaria 187
*Die Nordroute 188 · Die Zentralstrecke 193
Die Südstrecke 200 · Insel-Rundfahrt 208*

Lanzarote 212
Montañas del Fuego 214

Die Cuevas	215
Arrecife	217
Ausflüge auf Lanzarote	218

*Zur Südküste und zu den Montañas del Fuego 218
Die Nordroute 221 · Fahrt zur Insel Graciosa 224*

Fuerteventura	225
Lage, Größe und Struktur	225
Puerto del Rosario	233
Ausflüge auf Fuerteventura	234

*Von Puerto del Rosario über Gran Tarajal zur Halbinsel Jandia
und zur Südspitze der Insel 235 · Die nördliche Route nach
Corralejo 237*

La Palma	239
Lage, Größe und Struktur	239
Klima	240
Santa Cruz de la Palma	241

Stadtbesichtigung 242

Ausflüge auf La Palma	244

*Die nähere Umgebung von Santa Cruz 244 · Die Südstraße
über Fuencaliente nach Los Llanos 246*

Die Caldera de Taburiente	249

*Die Nordstraße nach Barlovenito und weiter an die
Westküste 252*

Anhang	255

*Geographische Begriffe 255 · Kleiner Sprachführer 256
Gebräuchliche Wörter und Redewendungen 258*

Literatur	266
Register	267

Einleitung

Unser Erwartungshorizont »Kanarische Inseln« ist fast zu überschaubar: *Inseln im Atlantik, Sonne, Palmen*.

Aber wer weiß schon, daß es *die* Kanarischen Inseln gar nicht gibt. Denn es sind **dreizehn Inseln**, die den Archipel bilden. Die kleinste, die Insel Santa Clara, könnte eine echte Herausforderung für Überlebenskünstler und Abenteurer sein. Die mit 2058 Quadratkilometern größte der Inseln – Tenerife – mit dem 3716 Meter hohen Pico de Teide ist zu Unrecht zum Symbol des gesamten Archipels geworden, auch wenn sich hier alle klimatischen und geographischen Besonderheiten der einzelnen Inseln bündeln.

Die Kanarischen Inseln sind anders! Jede Insel ist eine Welt für sich.

Einige, wie Gran Canaria und Tenerife, sind fest in den Händen der Touristen, andere, wie die Inseln um Lanzarote, sind gar nicht oder nur sehr dünn besiedelt. Ein Paradies also für sportliche, moderne Robinsons.

Auf den »Grünen Inseln« Hierro, La Gomera und La Palma, im Westen des Archipels, kann man zusammen mit den Kanariern und Touristen von der Iberischen Halbinsel »typisch« spanische Ferien in einer üppig bewachsenen Berglandschaft verleben.

Die östlichen Inseln Lanzarote und Fuerteventura scheinen gerade erst aus Vulkanen entstanden zu sein. Die leuchtenden Farben des Urgesteins und das glänzende Schwarz der Lavaasche bestimmen ihren Charakter.

Hier ist uns Afrika am nächsten. Wer es »wagt«, die touristischen Zentren zu meiden, kann sich mit einem gemieteten Esel oder einem alten Jeep einen abenteuerlichen Erlebnisurlaub selbst gestalten.

Plutarch, schon 120 n. Chr., nannte die Kanarischen Inseln die *Glücklichen*, und an vielen Orten der Glücklichen Inseln scheint die Zeit wohl stehengeblieben zu sein.

Geschichte

Über die frühe Geschichte der Kanarischen Inseln gibt es wenig wirklich Verläßliches, da schriftliche Überlieferungen durch die Urbevölkerung selbst fehlen. Griechen und Römer kannten die Inseln nur vom Hörensagen. Stellen, die wir bei manchen Schriftstellern der Antike finden, lassen sie eher vermuten als exakt identifizieren.

Homer (Ende 8. Jahrhundert vor Christus) spricht von Elysischen Gefilden, »die sich am Ende der Welt befinden, wo man niemals die Strenge des Winters verspürt, wo die Luft immer rein und von den Brisen des Ozeans erfrischt wird«, bei **Herodot** (5. Jahrhundert vor Christus) könnten es die »Gärten der Hesperiden« sein. Der römische Schriftsteller **Plinius** (1. Jahrhundert vor Christus) berichtet über die Drachenbäume und Pinienwälder der Inseln, »wo die Nacht von den Hesperiden geschaffen wurde, um in ihr die goldenen Äpfel zu bewahren«, und hält sie für Reste des versunkenen Atlantis, und auf der Karte des Ptolomäus (ca. 140 n. Chr.) ist der Archipel unter dem auf die Römer zurückzuführenden Namen *Insulae fortunatae* (Glückliche Inseln, Inseln der Glückseligen) eingezeichnet.

Phönizier, die bereits 1100 v. Chr. die südspanische Stadt Cádiz (Gades) gegründet hatten, scheinen die ersten gewesen zu sein, die die Inseln auf ihren Fahrten entlang der afrikanischen Westküste besuchten, um von hier die Orchilla-Flechte zur Herstellung von Purpurfarben mitzubringen. *Purpurinseln* ist daher einer der Namen, unter denen die Inseln im Altertum bekannt waren.

■ Die Guanchen

Die Inseln waren bereits lange vor der Eroberung durch die Spanier von den *guanches* bewohnt. Der Name leitet sich her von guan (= Sohn) und chiner oder tinerfe, also Sohn oder Söhne des Tinerfe. Ein genauer Zeitpunkt der Erstbesiedelung ist unbekannt.

Trotz der vielen gemeinsamen Merkmale waren auch die großen Inseln in unabhängige Stammesgebiete geteilt. **Staatsform** war die

Monarchie. Die Königswürde vererbte sich auf die Brüder des Herrschers in der Folge ihres Alters und erst nach ihrem Tode auf den erstgeborenen Sohn des ältesten Bruders. Die Gattin des Stammeskönigs, dessen Titel **Mencey** lautete, mußte aus dem Adel stammen. Die Geschwisterehe war erlaubt und üblich.

Die **Wohnungen der Guanchen** waren hauptsächlich die vielen Höhlen vulkanischen Ursprungs. Auf der kleineren Insel Hierro entdeckte man Überreste einfacher Hütten. Es gab entsprechend lockere Siedlungsformen. Während die ärmere Bevölkerung zeitlebens in den Küstenzonen wohnte, verlegten die Stammesfürsten und Angehörigen der gehobenen Schichten ihren Wohnsitz während der Sommermonate in die klimatisch günstigere Mittelzone. Bei Güimare (Tenerife) kann man die **Cueva de los Canisos** besuchen, eine Wohnhöhle, die mit Balken und Rohr abgedeckt ist. In einigen Wohnhöhlen finden wir bearbeitete Wände mit Steinbänken und Nischen. 13 Kilometer von der Hauptstadt Gran Canarias entfernt liegt **Atalaya**, ein sehenswertes Höhlendorf. Wenige Kilometer nördlich von Santa Cruz de Tenerife stoßen wir an der Küste auf den Barrio de Alegria (fröhliches Viertel), in dem wir neben armseligen Hütten bewohnte alte Felsbehausungen finden.

Die **Keramik** überrascht durch vollendete und praktische Formgebung. Während die Töpferarbeiten auf Tenerife sehr grob oder gar nicht verziert waren, zeigen die jüngsten Funde auf Lanzarote eine erstaunlich vielfältige Dekoration und einen ausgeprägten Geschmack.

Die **Kleidung** bestand aus Ziegenfell. Aus dem gleichen Material wurden Tragetaschen und Beutel für Lebensmittel hergestellt, die die Frauen um den Hals trugen. Die Jäger und Hirten benutzen noch heute ähnliche (*zurrón*), in denen sie »Gofio« mitführen.

Da eine schriftliche Überlieferung fehlt, haben wir eine nur sehr lückenhafte Vorstellung von ihrer **Sprache**. Einige Ausdrücke sind uns erhalten geblieben, so die Worte gofio, eine Mischung aus geröstetem Mais- und Weizenmehl, die noch heute auf den Inseln als Gericht verbreitet ist, und zurrón, die Bezeichnung für einen Beutel aus Ziegenleder, der zum Kneten der Mehlmasse diente. Ebenso ein Überbleibsel aus dieser Zeit ist *die* silbó, die Pfeifsprache auf La Gomera, durch die eine Verständigung über die tiefen Schluchten hinweg möglich ist. *Silbó* ist eine vollständige Sprache, durch die einfache Sachverhalte mitgeteilt werden können.

Die Wirtschaft der Guanchen

Der Schwerpunkt der **Wirtschaft** der Guanchen lag auf dem *Ackerbau*, der *Viehzucht* und dem *Fischfang*. Die ärmere Bevölkerung der Küstenzone befaßte sich vorwiegend mit letzterem.

Reichtum und Ansehen der Guanchen-Familien hing von der Menge der Ziegen, Schafe und Schweine ab, die sie besaßen. Entsprechend war der Stand der Hirten sehr geachtet. Im Winter weideten die Herden in den Bergen. Nicht selten finden Wanderer in den engen Felsspalten der Lavagebiete von der Luft mumifizierte Tierkörper oder abgebrochene Sprungstöcke der Hirten dieser Zeit.

Neben Fleisch und Fisch bildeten auf allen Inseln Früchte und *gofio* die **Hauptnahrung**, eine Speise, die auch heute noch sehr beliebt ist. Die Guanchen benutzten dazu Gerste oder auch Farnwurzeln, heute nimmt man geröstetes Mais- oder Weizenmehl. Zusammen mit Honig und etwas Wasser wird *gofio* im Ziegenlederbeutel schnell zu einer teigigen Masse verknetet, in der Hand zu Kugeln gerollt und so gegessen. Es schmeckt auch gut mit reichlich Mehl und Zucker vermischt.

Über die **Gesamtzahl der Urbevölkerung** gibt es unterschiedliche Angaben. Dem Autor scheinen die Zahlen, die Ahren nennt, die besten Möglichkeiten für einigermaßen genaue Rückschlüsse zu sein. Er zählte auf Gran Canaria 14 000 wehrfähige Männer; das entspräche einer Gesamteinwohnerzahl von etwa 50 000. Tenerife mag ungefähr 75 000 Einwohner gehabt haben. Wie überall, wo die Zivilisation mit alten Reinkulturen in Berührung kam, wurde die Zahl der Ureinwohner nach der Eroberung nicht nur durch Mord und Verschleppung, sondern auch durch eingeschleppte Seuchen sehr stark reduziert.

■ Die Entdeckung und das Zeitalter der Kolonisten

Über Jahrtausende scheinen die Inseln und ihre Bewohner von Eroberungsversuchen verschont geblieben zu sein. Die **Entdeckung,** in Wahrheit eine Wiederentdeckung, erfolgte im 14. Jahrhundert durch den Genuesen *Lanzarotto Malocello*, der 1312 eine der Inseln betrat: **Lanzarote**, und der auch der Nachbarinsel Fuerteventura einen Besuch abstattete. An Eroberungsversuchen durch Spanier oder Portugiesen hat es in den folgenden Jahrzehnten nicht gefehlt.

Wenige Jahre später glückte es jedoch den Conquistadores, sich auf Gran Canaria festzusetzen. 1470 erlitten die Guanchen dieser Insel, nachdem sie sich lange unter Führung ihres **Mencey Doramas** heldenhaft gegen die feindliche Übermacht verteidigen konnten, eine erste empfindliche Niederlage. 1478 wurde Las Palmas gegründet, und von hier aus gelang es dem Gründer der Stadt, General **Juan Rejón**, schließlich, sich gegen den erbitterten Widerstand der Guanchen durchzusetzen und die Insel in den folgenden Jahren endgültig zu erobern.

Mit fünf von sieben Inseln verfügten die Spanier nun über eine starke Basis, und das Schicksal der beiden letzten Inseln, La Palma und Tenerife, schien besiegelt. Aber trotzdem blieben in der Folgezeit noch manche Versuche, auch diese beiden Inseln zu unterwerfen, ohne Erfolg, und wenn auch die Guanchen bei der Verteidigung schwere Verluste hinnehmen mußten, wurden stets die Kastilier trotz ihrer überlegenen Waffen zum Rückzug gezwungen.

Die **endgültige Inbesitznahme** gelang schließlich erst **Alonso Fernández de Lugo**. De Lugo schloß mit dem spanischen König einen Vertrag, der ihn zum *Gobernador de la conquista, Adelantado mayor de Canarias y Capitán General de Tenerife y La Palma* machte und ihm das Recht einräumte, Bodenbesitz und Wasserrechte zu vergeben, mit der Bedingung, daß sämtliche Mittel für die spanische Eroberung von ihm und seinen Teilhabern aufzubringen waren.

Vom Mittelalter zur Neuzeit

Nach der Eroberung von Tenerife durch die Spanier kehrte der jahrhundertealte Friede wieder ein. Die neuen Herren waren klug genug, die Ureinwohner nicht zu unterdrücken, sondern sie in ihre wirtschaftlichen und kulturellen Bestrebungen mit einzubeziehen. So entstand nicht nur eine friedliche Koexistenz, sondern mit der Zeit durch Heirat zwischen Spaniern und Guanchen eine echte Vermischung, die, neben normannischen und englischen, portugiesischen und afrikanischen Einflüssen, im Laufe der Jahrhunderte zu der typischen Eigenart der Kanarier führte. Die Inseln wurden schon bald zu einer eigenen Provinz, in der auch das Christentum einzog.

Geschichte

Von den weltpolitischen Ereignissen der folgenden Jahrhunderte blieben die Inseln so gut wie unberührt, ebenso von den großen Kriegen.

Aber seit zum ersten Mal ein europäisches Schiff an den Gestaden der Neuen Welt anlegte, und erst recht mit zunehmendem Handel zwischen den Kontinenten, gab es noch einen anderen Grund, der die Inseln begehrenswert machte: ihre günstige **Lage an den Schiffahrtswegen** in die Alte und in die Neue Welt. Der erste, der sie zu schätzen wußte, war **Christoph Columbus**. Mit seinen Schiffen »Santa María«, »Niña« und »Pinta«, mit denen er am 3. August 1492 vom spanischen Festland zur Entdeckung des Seeweges nach Indien aufgebrochen war, machte er in Las Palmas Station, um die Schiffe zu überholen, Proviant und Trinkwasser an Bord zu nehmen und wohl auch, um auf günstigen Wind zu warten. Auch auf seinen späteren Reisen (1493 und 1502) legte er in Las Palmas und in San Sebastián auf der Insel La Gomera an und brachte von hier u. a. auch Kulturpflanzen in die Neue Welt (Zuckerrohr, Orangen, Zitronen, Melonen).

Seit diesen Tagen wuchs die Bedeutung der Inseln als Zwischenstation auf der Fahrt nach Mittel- und Südamerika, und, nachdem Vasco da Gama 1498 den Seeweg nach Indien wirklich gefunden hatte, in den folgenden Jahrhunderten auch entlang der afrikanischen Küste nach Asien und Australien.

Aber es waren nicht nur Segelschiffe, die Siedler in die Neue Welt brachten, und friedliche Handelsschiffe, die in Las Palmas oder Santa Cruz de Tenerife festmachten. 1599 mußten Angriffe einer holländischen Flotte abgewehrt werden, die versuchte, La Gomera zu erobern. Und während Gran Canaria, Fuerteventura und Lanzarote, abgesehen von Überfällen französischer, englischer und holländischer Freibeuter, von größeren Attacken verschont blieben, hatte Tenerife im 17. und 18. Jahrhundert dreimal englische Flottenangriffe zu bekämpfen.

Diese Verteidigungskämpfe waren jedoch nur Zwischenspiele in einer im Grunde genommen friedlichen Entwicklung. Nach Nelsons vergeblichem Angriff wurde sie fortan nicht mehr gestört, und die Inseln, vor allem ihre beiden sich schnell entwickelnden Häfen Santa Cruz und Las Palmas, sahen in der Folgezeit nur friedliche Besucher, so zum Beispiel 1799 **Alexander von Humboldt** und 1864 **Kaiser Maximilian** auf seiner verhängnisvollen Reise nach Mexiko. Handelsschiffe aller Nationen legten an und machten einen Ausbau der Häfen erforderlich, eine Entwicklung, die durch die Erklärung der Kanarischen Inseln zur Freihandelszone (1852 durch Isabella II.) gefördert wurde.

Immer stärker entwickelte sich auch der **Export** (s. S. 19). 1817 wurde in La Laguna (Tenerife) die erste kanarische Universität gegründet, und schließlich begann sich bereits in dieser Zeit, Anfang bis Mitte des 19. Jahrhunderts, eine dritte Erwerbsquelle für die »Glücklichen Inseln« abzuzeichnen, die heute zu ihren wichtigsten zählt: der Fremdenverkehr. Englische Touristen waren es, die als erste kamen, und die ersten, noch wenigen Hotels entstanden (Las Palmas, Santa Cruz de Tenerife, Puerto de la Cruz).

Das 20. Jahrhundert

Die Entwicklung des Archipels in unserem Jahrhundert stellt eine konsequente Fortsetzung dessen dar, was in Jahrhunderten vorher begann. Nur, daß sie mit fortschreitender Technisierung und Industrialisierung und mit der Zunahme der wirtschaftlichen Kontakte von Kontinent zu Kontinent schneller verlief als bisher. Der wachsende **Schiffsverkehr** machte einen ständigen Ausbau der Häfen erforderlich, der Export, vor allem von **Bananen**, **Tomaten** und **Frühkartoffeln**, wuchs, und auch einige Industriewerke entstanden, insgesamt eine Entwicklung, die auch von den beiden Weltkriegen kaum gestört wurde. 1927 wurden die Inseln, bisher eine spanische Provinz, in **zwei Provinzen** aufgeteilt: *die westliche Gruppe* (Tenerife, La Palma, La Gomera, Hierro) mit Santa Cruz de Tenerife und *die östlichen Inseln* (Gran Canaria, Fuerteventura, Lanzarote) mit Las Palmas als Hauptstädte. Nur einmal griff Tenerife indirekt in die europäische Politik ein: 1936 setzte Franco mit Offizieren und Mannschaften der Garnison von Santa Cruz auf das Festland über, was zum Ausbruch des Spanischen Bürgerkrieges führte.

Politische und gesellschaftliche Strukturen

Die Verwaltung

Politisch sind die Kanaren autonom und werden durch ein eigenes Parlament regiert. Die Kanaren haben noch nie viel von militanten politischen Auseinandersetzungen gehalten. Die nach Francos Tod entstandenen vielen kleinen Interessengruppen sind weitgehend verschwunden. Nun wird bei allseitiger Kompromißbereitschaft effektiv Politik gemacht.

Die kanarischen Provinzen Gran Canaria und Tenerife sind zwei der siebzehn autonomen Gemeinschaften in einer konstitutionellen Monarchie. Ihnen ist ein Zweikammerparlament (Cortes Generales) übergeordnet, das aus dem Abgeordnetenkongreß (Congreso de los Diputados) und dem Senat (Senado) besteht. Die zwei großen Inseln sind mit je zwei, die kleineren mit je einem Abgeordneten der Zentralregierung vertreten. **Oberhaupt des Staates ist der König**. Ähnlich wie in Großbritannien gilt er als Symbol der Einheit des Staates. Er übt repräsentative Aufgaben aus und vertritt das Land auf internationaler Ebene.

Gran Canaria und Tenerife haben eigene Parlamente, deren Mitglieder in direkter und geheimer Wahl bestimmt werden. Sie sind in der Madrider Zentralregierung im Senat vertreten.

Die wichtigsten Grundsätze sind in der Verfassung festgeschrieben.
»Spanien ist ein demokratischer und sozialer Rechtsstaat und bekennt sich zu Freiheit, Gerechtigkeit, Gleichheit und politischem Pluralismus. Das spanische Volk ist Träger der Souveränität.«

Die Menschen auf den Kanarischen Inseln

Als während des Bürgerkrieges kanarische Truppen auf die Halbinsel kamen, wurden sie von den dortigen Spaniern als »die wilden Afrika-

Die Menschen auf den Kanarischen Inseln

ner« angesehen. Noch heute kann sich der durchschnittliche Festlandspanier kein rechtes Bild von dem Charakter seiner Landsleute auf den Kanarischen Inseln machen.

Er nennt sie, etwas herablassend, *guanches* (sprich: Guantsches) nach den Ureinwohnern, während er selbst von den Kanariern spöttisch als *godo* (nach den westgotischen Eroberern Nordspaniens) bezeichnet wird.

Den Kanarier gibt es gar nicht. Je nach Insel und innerhalb der größeren Inseln je nach Gebiet erkennen wir unterschiedliche rassische Merkmale und entsprechend unterschiedliche Wesensmerkmale.

Wohl am aufgeschlossensten und gastfreundlichsten sind die Bewohner Lanzarotes, die ohne fremde Hilfe durch Jahrhunderte die Angriffe fremder Eindringlinge abzuwehren hatten und die aus einer Wüste fruchtbares Land gemacht haben. Freimütig und stolz begegnen uns die Bewohner des Anaga-Gebirges in Tenerife, abwartend und verschlossen die Menschen Fuerteventuras und des Teno-Gebirges auf Tenerife. Auf La Gomera treffen wir in einzelnen Dörfern kaum einen Mann. Die Frauen besorgen die Wirtschaft, während die Männer im Ausland das Geld verdienen. Wir finden verschiedene Gruppen der semitischen Rasse, auch auf La Gomera, welche zur Zeit der Inquisition in Spanien vielen jüdischen Familien Asyl bot. Daneben überrascht uns der Anblick hochgewachsener, rothaariger und blauäugiger Menschen im nordöstlichen Gebirge Tenerifes, wo, der Legende nach, holländische Seefahrer gelandet sein sollen.

Allen Kanariern gemeinsam ist der Fleiß, ihre Freude am Gesang, am Wein, am guten Essen, am Feiern und – am Feuerwerk. Der *guanche* ist sehr kontaktfreudig, verschenkt jedoch nur zögernd seine Freundschaft. Wie jeder Spanier, findet er schnell harte, kritische Worte über sein Land, nimmt es aber sehr übel, wenn ein Fremder sein Vaterland abzuwerten sucht. Nichts schließt ihn mehr auf als ein Lob über seine Heimat.

Die Sprache auf dem Archipel ist das **Spanische**. Eine Eigentümlichkeit ist das Weglassen des Buchstabens S. Je nach Gebiet hört man die unterschiedlichsten Klangfarben. Eigenartig hören sich die fast gesungenen Gespräche bei den Bewohnern des tinerfeñischen Teno-Gebietes an.

Wirtschaft

Insulae fortunatae«, glückliche Inseln, nannten die Römer den kanarischen Archipel, und es scheint, als hätten sie mit dieser Bezeichnung weit in die Zukunft geblickt. Für sie wie für uns mag sie sich nur auf Lage und landschaftliche Schönheit, Vegetation und Klima beziehen. Für die Kanarier selbst beinhaltet sie nicht minder eine wachsende wirtschaftliche Prosperität durch drei Faktoren, die damit zusammenhängen: die landwirtschaftliche Nutzung, die Bedeutung ihrer Großhäfen und der Tourismus.

■ Fremdenverkehr

Schon seit vielen Jahrzehnten erfreuten sich die Kanarischen Inseln vor allem bei den Engländern zunehmender Beliebtheit. Die sprunghafte Entwicklung setzte jedoch erst Anfang der fünfziger Jahre mit dem Beginn des **Flugtourismus** ein.

In den sechziger Jahren wurden aufgrund eines umfangreichen Förderungsprogramms der Regierung viele neue, wenn auch nicht immer architektonisch schöne Hotels gebaut, und die Inseln entwickelten sich zu weltbekannten Fremdenverkehrsplätzen mit internationalem Publikum. Straßen und Strände wurden ausgebaut, Flughäfen vergrößert, und neben den alten entstanden neue Ferienzentren.

Während dieser Boom anfangs so gut wie ausschließlich auf den beiden Hauptinseln Tenerife und Gran Canaria stattfand, wurden in den letzten Jahren auch auf Lanzarote, Fuerteventura und La Gomera **Feriensiedlungen** gebaut, und der Zeitpunkt scheint nicht mehr fern, daß auch La Palma und Hierro, bisher noch ein Tip für Individualisten, dem Fremdenverkehr stärker erschlossen werden.

Als Voraussetzung und Folge dieser Entwicklung wurden die Verkehrsverbindungen großzügig ausgebaut. Seit Jahren sind die autobahnähnlichen Schnellstraßen von Santa Cruz und in den Süden von Tenerife in ganzer Länge befahrbar, und von Las Palmas führen breite Ausfallstraßen in verschiedene Richtungen.

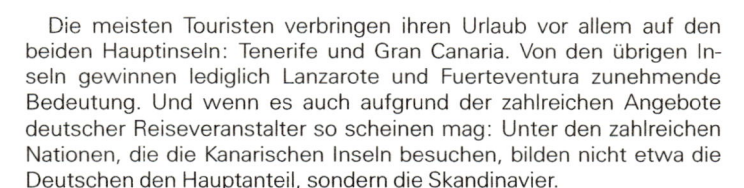

Die meisten Touristen verbringen ihren Urlaub vor allem auf den beiden Hauptinseln: Tenerife und Gran Canaria. Von den übrigen Inseln gewinnen lediglich Lanzarote und Fuerteventura zunehmende Bedeutung. Und wenn es auch aufgrund der zahlreichen Angebote deutscher Reiseveranstalter so scheinen mag: Unter den zahlreichen Nationen, die die Kanarischen Inseln besuchen, bilden nicht etwa die Deutschen den Hauptanteil, sondern die Skandinavier.

Sehr viele der einheimischen Kleinbauern nutzten den Boom aus und verkauften ihren Grundbesitz an Ausländer. Ein »Ausverkauf«, wie man ihn auf Madeira feststellen kann, wird jedoch hier wegen der geologischen Verhältnisse glücklicherweise nicht möglich sein. Die Lebensverhältnisse der Bergbauern werden gewiß noch lange Zeit unverändert bleiben.

■ Transport- und Verkehrswesen

Die natürliche Lebensader des Archipels ist der **Schiffsverkehr**.

Was jedoch den Reiseverkehr betrifft, so hat das **Flugzeug** die Schiffspassage längst verdrängt, und die Inseln werden nicht nur von der Iberia, der spanischen Luftverkehrslinie, und deren Tochtergesellschaften angeflogen, sondern praktisch von allen internationalen Fluglinien. Dies gilt insbesondere für die modernen Flughäfen von Tenerife (Los Rodeos, 10 Kilometer nördlich von Santa Cruz, bei La Laguna, Reina Sofia im Süden) und Gran Canaria (Gando, 20 Kilometer südlich von Las Palmas), auf denen Maschinen jedes Typs landen können. Aber auch Lanzarote und Fuerteventura haben ihre Flughäfen für den Jet-Verkehr ausgebaut. Kleinere Flugplätze gibt es auch auf La Palma und Hierro.

■ Export

Zur Zeit erzeugt Tenerife sechzig Prozent der spanischen Gesamtproduktion an Bananen. Ertragsfähige Plantagen haben eine Anbaufläche von etwa 25 Hektar, doch gibt es auf den Inseln Pflanzungen bis zu 50 Hektar. Durch die hohen Wasser- und Düngerpreise läßt sich aus kleineren Betrieben allenfalls ein zusätzliches Taschengeld herauswirtschaften. Der Bananenexport ist allerdings wegen der Stillegung von Plantagen stark zurückgegangen.

Der Anbau der Kulturpflanze ist abhängig von einem gut organisierten **Bewässerungssystem**. In den Gebirgen finden wir überall Wassergalerien, deren Bau durch den Verkauf von Aktien finanziert wird. In offenen Kanälen fließt das Wasser teils in Trinkwasserbehälter, teils in die großen Bewässerungstanks der Plantagen. Untersuchungen haben ergeben, daß der jährliche Wasserverbrauch höher liegt, als die Menge der Niederschläge ausmacht. Durch Bohrungen hat man Wasserspeicher erschlossen, deren Alter noch nicht genau bestimmt worden ist. Es ist nicht geklärt, welche Reserven noch zur Verfügung stehen.

Wichtige Exporterzeugnisse sind außer Bananen **Tomaten** und **Kartoffeln**. **Zuckerrohr** wird hauptsächlich zur Herstellung von Rum verwendet. Alle heimischen Südfrüchte wie **Zitronen, Orangen, Feigen, Mango, Paradiesapfel, Oliven, Maulbeeren** und **Papaya** reichen gerade für den Eigenbedarf.

Soziale Probleme

Nach wie vor zwingt das Problem der Unterbeschäftigung viele Männer aus den entlegenen Bergdörfern zur Auswanderung. Während noch im Jahre 1960 der größte Teil der Arbeiter nach Südamerika auswanderte, um besonders in den Industriegebieten Venezuelas in einigen Jahren ein kleines Vermögen zusammenzusparen, wirkt sich heute die Wirtschaftskonjunktur auf dem europäischen Festland aus. Heute arbeiten viele Einheimische im Hotelgewerbe.

Einen weiteren Rückgang der Unterbeschäftigung bewirkt die anhaltende **Baukonjunktur**. Der Gefahr, daß sich durch die stetige Zuwanderung zur Stadt Asozialenviertel bilden, hat der Staat durch großzügige soziale Wohnungsbauten rechtzeitig entgegengewirkt. Es ist jedem Arbeitgeber durch Gesetz verboten, Analphabeten zu beschäftigen. In kostenlosen Kursen können die Erwachsenen, die in ihren Bergdörfern früher keine Schule besuchen konnten, lesen und schreiben lernen.

Geographie

Lage und Größe

Der Archipel liegt zwischen dem 27,5ten und dem 29. Breitengrad, vier Breitengrade vom nördlichen Wendekreis entfernt, und zwischen dem 13. und 18. Grad westlicher Länge, auf der gleichen Breite also wie Ägypten, der Himalaja, die Mississippi-Mündung und Florida. Die kürzeste Entfernung zur westafrikanischen Küste beträgt von Gran Canaria aus 225 Kilometer, von Lanzarote aus etwa 100 Kilometer.

Die dreizehn Inseln decken eine Gesamtfläche von 7500 Quadratkilometern, die gesamte Einwohnerzahl beträgt etwa eine Million. Tenerife ist mit 2057 Quadratkilometer die größte der Inseln, Gran Canaria die am dichtesten besiedelte.

Die sieben Haupt- und die sechs unbedeutenden Nebeninseln sind in *zwei autonome Republiken* eingeteilt: **Tenerife** (Hauptstadt Santa Cruz) mit der westlichen Inselgruppe, bestehend aus La Gomera, La Palma und Hierro; **Gran Canaria** (Hauptstadt Las Palmas) mit der östlichen Inselgruppe, bestehend aus Fuerteventura und Lanzarote. Die Grenzen der autonomen Republiken sind gleichzeitig Bistumsgrenzen.

Oberflächenstruktur

Der **vulkanische** Ursprung der Inseln gilt als erwiesen. Ihre Reihenanordnung läßt deutlich die Richtung der gewaltigen submarinen Bruchzonen erkennen. Hauptherd der Vulkantätigkeit ist die Insel **Tenerife**. Das riesige Halbrund des *Cañadas-Kraters* ist ein Zeugnis der größten Eruption. Der **Teide** selbst entstand später. Dabei brach der westliche Teil des Kraters ins Meer. Die eruptive Tätigkeit auf dem Archipel ist noch nicht abgeschlossen. Eindrucksvolle Beispiele dafür sind die Feuerberge auf Lanzarote, der dampfende Zentralkrater des Teide auf Tenerife, der letzte Ausbruch dort im Jahre 1909 und die Ausbrüche auf der Insel La Palma in den Jahren 1949 und 1970. Leichte Erdstöße sind auch heute nicht selten.

Geographie

Die Kanarischen Inseln im Überblick

	Tenerife	La Gomera	Hierro
Größe	2057 km²	378 km²	278 km²
Ausdehnung	84 km lang, 48 km breit	25 km lang, 20 km breit	31 km lang, 15 km breit
Einwohner	600 000	24 000	7000
Bevölkerungsdichte (Einwohner/km²)	208	64	25
Hauptstadt	Santa Cruz de Tenerife (198 000 Einw.)	San Sebastian (7500 Einw.)	Valverde (1400 Einw.)
Hafen	Santa Cruz	San Sebastian	Puerto de la Estaca (8 km SO Valverde)
Flughafen	*Tenerife Nord* Los Rodeos (9 km NW Santa Cruz) *Tenerife Süd* Reina Sofía	—	Puerto
Höchster Berg	Pico de Teide (3718 m)	Alto de Garajonay (1484 m)	Malpaso (1501 m)
Die schönsten Strände	El Médano und Los Cristianos (Südküste)	Playa de Avalo, Playa de Santiago und La Calera	Tamaduste (5 km NO Valverde) und Küste von Sabinosa

Die Geographie der verschiedenen Inseln

Bereits die statistischen Zahlen zeigen, daß sich die Kanarischen Inseln beträchtlich voneinander unterscheiden, sei es in Größe und Höhe, sei es in der Bevölkerungsdichte, die von 23 bis 258 Einwohner je Quadratkilometer schwankt.

Lanzarote und **Fuerteventura** haben, entsprechend ihrer geogra-

La Palma	Gran Canaria	Lanzarote	Fuerteventura
726 km²	1543 km²	795 km²	1733 km²
45 km lang, 28 km breit	55 km lang, 47 km breit	65 km lang 22 km breit	110 km lang, 30 km breit
86 000	700 000	60 000	38 000
116	285	63	23
Santa Cruz de la Palma (20 000 Einw.)	Las Palmas (380 000 Einw.)	Arrecife (25 000 Einw.)	Puerto del Rosario (7000 Einw.)
Santa Cruz	Las Palmas	Arrecife	Puerto del Rosario und Cran Tarajal
Mazo 14 km S Santa Cruz	Gando (16 km S Las Palmas)	Guacimeta (6 km SW Arrecife)	Puerto del Rosario 6,5 km S Puerto del Rosario
Roque de los Muchachos (2423 m)	Pozo de las Nieves (1951 m)	Peñas de Chache (671 m)	Pico de Jandía (807 m)
Playa de Cancajos (3 km S Santa Cruz), Puerto de Tazacorte und Puerto de Naos (W-Küste)	Las Canteras (Strand von Las Palmas) und S-Küste von San Agustín bis Maspalomas	Playa Blanca (10 km S Arrecife)	SO-Küste der Halbinsel Jandia (SW von Gran Tarajal)

phischen Lage, afrikanisches Gepräge. Braune, zerklüftete Bergrücken, riesige Lavafelder in allen Farbschattierungen, fruchtbare Oasen, niedrige, weißgekalkte Häuser mit Flachdächern und lange, helle und dunkle Sandstrände sind Kennzeichen beider Inseln.

Gran Canaria mit seiner kreisförmigen Gestalt wird auf allen Seiten zum Meer hin von Schluchten durchzogen, die, besonders in den oberen Regionen, üppig bewachsen sind. Die ausgedehnten weißen

Sandstrände werden an Schönheit nur von denen Fuerteventuras übertroffen. Weite Bananenplantagen in Küstennähe erstrecken sich über die Täler.

Tenerife vereinigt alle landschaftlichen Eigenarten des Archipels. Die feuchte, pflanzenreiche Nordwestküste mit großräumig angelegten Bananenpflanzungen und das rauhe Gebirge an der Nordostspitze stehen in schroffem Gegensatz zu den regenarmen, ausgedörrten Südost- und Südwestküsten. Mit wenigen Ausnahmen findet man hier nur Steilküsten, denen Riffe und Unterwasserfelsen vorgelagert sind. Größere Badestrände mit schwarzem Sand bietet nur der Süden.

La Palma trägt zu Recht den Namen *die Grüne*. Ein riesiger Krater bildet das Innere der Insel. Tiefe Schluchten und dichte Pinienwälder lassen La Palma noch unberührt wirken. Ein besonderer Anziehungspunkt sind die freundlichen, langen Sandstrände.

La Gomera hat von allen Inseln die üppigste Vegetation. Die steilen Küsten muten wie Festungsmauern an. Nur hier und da entdeckt man kleine, abgeschlossene Strände. Die Natur hat der verkehrsmäßigen Erschließung fast unüberwindliche Hindernisse entgegengesetzt.

Hierro, die westlichste Insel des Archipels, wirkt mit ihrem zentralen Hochplateau und den senkrecht abfallenden Küsten schroff und unzugänglich. Bewaldete Hänge und ein reizvoller Golf bilden dazu anziehende Gegensätze.

Die Pflanzenwelt

Der Kanarische Archipel ist, besonders in den letzten Jahren, ein beliebtes Forschungsziel für Botaniker und Zoologen vorwiegend aus Deutschland und England, geworden, und es gibt inzwischen Spezialwerke, die das **vielfältige pflanzliche Leben** auf den Inseln behandeln.

Zone unter den Wolken

Die oberste Grenze ist 700 Meter in Nord- und 800 Meter in Südlage. Die unterste Grenze der Wolkenzone ist schon aus weiter Entfernung durch den unteren Rand der Baumzone sichtbar. »Die Passatwolke bewahrt die Kanaren davor, Sonnenwildnis und Vulkannacktheit zu sein« (Nebel), sie ist die Quelle des pflanzlichen Reichtums der Inselwelt.

Wir unterscheiden zunächst die Sukkulentensteppe, die sich in den niederschlagsarmen Landstrichen ausgebreitet hat. Charakteristische Pflanzen sind

Kandelaber-Wolfsmilch (Cardón), ein kaktusähnliches Gewächs, dessen fünfkantige, kandelaberartig nach oben strebenden Arme eine Höhe bis zu zwei Metern erreichen. Die Kanten sind mit paarigen Dornen besetzt. Der weiße Saft ist, wie bei allen Wolfsmilchgewächsen, giftig.

Amerikanische Agave (Agave americana). Sie stammt, ebenso wie die anderen Agavenarten, aus Mexiko. Die schwertförmigen, nach innen gekrümmten Blätter werden bis zu 150 cm lang und enden in einem etwa 6 cm langen, sehr harten Stachel.

Pulque-Agave (Agave salmiana). Ähnlich der amerikanischen Agave, jedoch höher und breiter im Blatt. Kräftige Stacheln am Blattrand, Endstachel ca. 7 cm, Blütensproß bis zu zehn Meter. Aus dem Saft wird in Mexiko das beliebte *Pulque*-Getränk hergestellt.

Sisal-Agave (Agave sisalana). Aus ihr wird in den Anbaugebieten Südamerikas der Sisalhanf hergestellt. Blätter schlank, dunkelgrün, mit sattbraunen Endstacheln. Glatte Blattränder. Anbau zur Fasergewinnung auf Fuerteventura.

Süße Tabaiba (Euphorbia balsamifera), ähnlich der Euphorbia regisjubae, jedoch dunklere und kürzere Blattrosetten. Stark verzweigt und am Boden kriechend. Dunkler, grau-brauner Stamm, Blüten gelblich in Blattrosettenmitte (wie die gewöhnliche Tabaiba). Nicht giftige Art.

Pendelstrauch (Plocama pendula), endemische Pflanze mit 6 cm langen, nach unten hängenden lanzettförmigen Blättern. Strauchhöhe bis drei Meter. Blüte gelb.

Indischer Feigenkaktus (Opuntia ficus-indica), bis 250 cm hoher Liederkaktus, mit Stacheln bis 2 cm Länge besetzt. Leuchtende gelbe oder orangefarbene Blüten. Die Früchte sind nach Entfernen der äußeren Haut eßbar. In Lanzarote angebaut zur Zucht der Cochenille-Laus.

Aus dem *Pflanzenreichtum* der **Westregion** können nur wenige besonders auffallende Gewächse herausgenommen werden.

Kanarische Dattelpalme (Phoenix canariensis), endemische Pflanze mit gedrungenem, bis ca. fünfzehn Meter hohem Stamm und mit etwa 350 cm langen, abwärtshängenden Blättern. Gelb-rosa Frucht wächst in Trauben, besitzt kaum Fruchtfleisch.

Königspalme (Oreodoxa regia), Fiederpalme, bis zu zwanzig Meter Stammhöhe. Unter der Krone grüne Absetzung der Blattscheiden.

Priesterpalme (Washingtonia filifera), Fächerpalme mit etwa zwanzig Meter hohem Stamm. Die vertrockneten Blätter bilden unterhalb der frischen, aufrechtstehenden Blattwedel einen »Priesterrock« um den Stamm. Der untere Teil des Stammes wird künstlich freigeschnitten.

Drachenbaum (Dracaena draco), Liliengewächs. Stark verzweigter, dickstämmiger Baum bis zu zwanzig Meter Höhe. Schwertförmige Blattbüschel an Stammenden. Traubenförmige Fruchtstände. Ältestes Exemplar auf Tenerife (La Laguna und Icod de las Vinos) auf 3000 Jahre geschätzt. Häufiges Vorkommen im *Anaga-Gebirge* auf Tenerife.

Der rote Saft des Stammes *(Drachenblut)* wird an der Luft zu einem harten Harz, das zum Polieren von Holz und zur Herstellung von Firnis verwendet wurde.

Mimose (Acacia cyanophylla), Mimosenbaum bis zu drei Meter Höhe mit lanzettförmigen Phyllodien. Runde Blütenköpfe von leuchtendem Gelb.

Zypresse (Cupressus sempervirens, meist Typ *horizontalis*), bis zehn Meter hoher, weit ausladender Baum. Kleine, dreieckige Blättchen, stark duftend.

Hauptkulturpflanze der niederschlagsreicheren Küstenzone ist die *kanarische Paradiesfeige*, die **Banane**.

Sie wurde teils aus den afrikanischen Tropen, teils aus Indien (indische Zwergbanane, *Musa cawendishii*) eingeführt. Sie gilt als Staude, nicht als Baum.

Während der einheimische Wein in der Regel mit Importweinen der Halbinsel gemischt wird, trinkt man auf Lanzarote einen hervorragenden **Malvasia**. Reine Landweine werden noch in ausgezeichneter Qualität in Tagana de Tenerife, Palmar de Tenerife und auf Hierro ausgeschenkt.

Eine Besonderheit von der extrem trockenen Insel Lanzarote sei noch erwähnt. Den Mutterboden ersetzt hier ein stark mineralhaltiger Vulkanbims, der die Nachtfeuchtigkeit hält und die Wurzeln der Kulturpflanzen (**Zwiebeln, Melonen, Tabak, Hirse**) vor dem Vertrocknen schützt.

Die Weinstöcke setzt man, des Windes wegen, in trichterförmige Mulden, deren Rand nach Süden hin mit einem halbkreisförmigen Mäuerchen geschützt ist.

Pflanzenwelt der Wolkenzone

Die unteren Lagen der Baumzone werden hauptsächlich von den beiden Arten der **Baumheide** und einer Art des **Gagelstrauches** gebildet. Auf der nächsten Stufe finden wir den **Lorbeerwald**, in dem die ergiebigsten Wassergalerien ihren Ursprung haben. Die Bewirtschaftung der Waldzone unterliegt einer strengen staatlichen Kontrolle, da von ihr die unterirdischen, natürlichen Wasserspeicher abhängig sind. Überall sieht man hier kilometerlange Kanäle, die den tiefergelegenen Kulturen das Wasser liefern.

Die obere Lage der Baumzone wird von der **Kanarischen Kiefer** gebildet. Mit diesem zähen und widerstandsfähigen Baum soll das gesamte Cañadas-Gebiet bepflanzt werden. Auf der Westseite des Pico Viejo wurden bereits Tausende von Jungpflanzen in kleine Steinumrandungen gesetzt.

Ein Besuch bei der Forstverwaltung (Patrimonio Forestal del Estado) lohnt sich. Sie hat Baumschulen in Aguamansa und in La Laguna de Tenerife angelegt, um neue Verschul- und Pflanzenmethoden zu studieren.

Charakteristische Pflanzen der Wolkenzone sind:
Eukalyptus oder *Fieberbaum* (Eucalyptus globulus), Familie der Myrtengewächse; Heimat Australien. Bis zu vierzig Meter hoher Baum, Rinde gelöst durch den Drehwuchs des Stammes.
Kanarischer Lorbeer (Laurus canariensis), auf La Gomera bis zu zwanzig Meter hoher Baum, auf Gran Canaria nur als kleineres Hartlaubgewächs bei Moya und Valleseco vorkommend. Blätter spitz und elliptisch, etwa zehn cm lang, dunkelgrün, ledrig und matt glänzend. Verwendung als Küchengewürz. Kleine, runde Früchte.
Kanarische Kiefer (Pinus canariensis), endemischer Nadelbaum, Stamm bis zu dreißig Meter hoch. Dreinadelig; Nadeln bis zu 30 cm lang, büschelig übereinanderhängend; Zapfen bis zu 15 cm lang. An den unteren Stammteilen häufig bläulich-grüne Stockausschläge. Wichtig für den Wasserhaushalt der Inseln.
Bedeutung hatten und haben auch heute noch die Kiefernnadeln. Als *pinocha* (Kiefernadelstreu) werden sie gesammelt und dienen zur Humusanreicherung in den Bananenplantagen und als elastisches stoßsicheres Verpackungsmaterial für die Bananenstauden.
Kanarische Glockenblume (Canaria canariensis, Can. campanula),

Glockenblumengewächs. Blütezeit Februar/April. Endemische Pflanze mit etwa 5 cm langen goldroten Blütenkelchen; teils kriechend, teils bis zwei Meter hohe Pflanze; Blätter spießförmig, gekerbt. Farbe dunkelgrün, Unterseite weißlich.

Pflanzenwelt oberhalb der Wolkenzone

Wir zählen in der Hochgebirgsregion nur wenige Arten. Als charakteristische Pflanze gilt besonders der **Ginster**.

Einsamiger Ginster (Genista monosperma), span.: *retama*; bis vier Meter hoher, teils baumartig wachsender Strauch. Ab Dezember sehr intensiv riechende gelbliche bis weiße Ginsterblüten. Zur Blütezeit werden zahlreiche Bienenstöcke in das Hochgebirge gebracht. Bekannt ist der Honig vom Teide (Tenerife).

Natternkopf (Echium simplex), Rauhblattgewächs; span.: *taginaste*. Von den verschiedenen endemischen Echium-Gewächsen ist das **Simplex** das interessanteste. Wir finden die Pflanze zu Hunderten noch in Los Roques de las Cañadas und am Südhang des Berges La Guajara auf Tenerife. Nach zwei bis drei Jahren treibt die staudenähnliche Pflanze, die einen etwa 7 cm dicken Stengel und eine meterbreite Rosette besitzt, bis zu zwei Meter hohe, unverzweigte, kerzenartige Infloreszensen. Blüten weiß bis violett.

Kanarische Chrysantheme (Chrysamthemum canariense); Familie der Korbblütler; blüht von Februar bis April; weiße bis gelbliche Strahlblüten mit gelben Scheibenblüten; graugrüne, fiederteilige Blätter.

Codeso (Adenocarpus foliosus), Familie der Hülsenfrüchtler. Bis drei Meter hoher, endemischer Strauch; kleine, dreizählige Blätter, die rund um den Zweig angeordnet sind. Goldgelbe Schmetterlingsblüten März/April.

Pikveilchen (Viola cheirantifolia), botanische Rarität einer kleinen Veilchenart, die in der Pikregion bis zu einer Höhe von 3700 Meter gefunden wird.

Um einen Überblick über die Flora der Inseln zu bekommen, empfiehlt sich der Besuch des **Botanischen Gartens** oberhalb von Puerto de la Cruz (Tenerife), der vor 200 Jahren angelegt wurde. Während hier vorwiegend die Tropenflora gezeigt wird, gibt der Park von **Tafira** auf Gran Canaria, der durch den schwedischen Botaniker Dr. Sventenius aus Puerto de la Cruz angelegt wurde, einen sehr guten Überblick über die endemische Pflanzenwelt des Archipels.

Die Tierwelt

Im Vergleich zur Pflanzenwelt ist die kanarische Fauna spärlich. Am ehesten kommt der Entomologe auf seine Kosten, doch liegen Forschungsergebnisse noch nicht vor.

Die Eidechsen, besonders die überal heimischen **Mauereidechsen**, kommen in solchen Mengen vor, daß sie in den Plantagen zu einer wahren Plage geworden sind.
Bisher wurden fünf Arten gezählt, von denen die interessanteste ein Bindeglied zwischen Echse und Schleiche darstellt (Lacerta galloti). Das Tier ähnelt in der Farbe unserer Blindschleiche, ist jedoch häufig bedeutend dunkler.

Auf einer Finca in Buenavista de Tenerife wurden bei Erdarbeiten Fossilien einer etwa 41 cm langen Art gefunden. Vereinzelt leben solche Riesenechsen (Lacerta simonyi) noch heute auf einer La Gomera vorgelagerten Inselgruppe.

In der Dämmerung und bei Nacht beobachtet man die flinken **Gekkos** bei ihrer Jagd auf Insekten.

An der Südküste Lanzarotes begegnet man zuweilen dem **Reiher.** Gelegentlich werden an riesigen Wassertanks in den Plantagengebieten **Wildenten** erlegt.

Auf allen bewaldeten Inseln, besonders auf La Gomera, nistet die **Turtel-**, **Türken-** und **Ringeltaube**.

Das **Rebhuhn** ist überall verbreitet; in den zugänglichen Bergwäldern erlegt man noch zuweilen **Fasane**.

An allen sandigen Küstenstreifen kann man den flinken **Strandläufer** beobachten.

Neben der **Schwarzdrossel** finden wir die verschiedensten Arten von Finkenvögeln, nicht zu vergessen den wilden, grau-grünen **Kanarienvogel**, der jedoch als »Roller« nicht gehalten wird. Die »echten« Kanarienvögel, die überall in den Dörfern gezüchtet werden, wurden ursprünglich im Harz gezogen. In ihren vielfältigen Spielarten wirken sie recht degeneriert.

In den extrem heißen Zonen des Archipels wird das einhöckrige **Kamel** (Dromedar) als Last- und Zugtier gebraucht.

Über die Unterwasserfauna erfahren Sie im Kapitel *Unterwasserjagd* auf Seite 54.

Klima und Reisezeit

Auf dem Archipel beträgt die *mittlere Temperatur* der Küstenregion etwa **23,5 Grad Celsius**. Die kühlsten Monate sind der Januar und der Februar mit etwa 15,5 Grad Celsius, die heißesten der Juli, August und September mit etwa 25 Grad Celsius.

Das ausgeglichenste Klima hat die Insel Gran Canaria, sehr starke Gegensätze finden wir, je nach Höhenlage, auf Tenerife. Die beiden östlichen Inseln Fuerteventura und Lanzarote bleiben mitunter einige Jahre hindurch ohne Niederschlag.

Während der Sommermonate herrscht in unregelmäßigen Abständen Südwetter (*tiempo del sur*). Die Temperatur steigt bis zu 50 Grad Celsius. Von der Sahara wehen Sand- und Staubwolken herüber, die manchmal von Heuschreckenschwärmen begleitet werden. Der **Tiempo del Sur** ist in seiner Wirkung auf die Menschen mit unserem Föhn vergleichbar.

Der Westwind verursacht die gefürchteten Springfluten und Sturzseen, die beträchtlichen Schaden in den Küstengebieten anrichten.

Die Wintermonate stehen vorwiegend unter dem Einfluß des **Passats** und des **Antipassats**. Von Dezember bis Mai entwickelt sich die Vegetation unvorstellbar üppig. Mit Einsetzen des Winterregens überziehen sich die verbrannten Hänge mit saftigem Grün. In den Höhenlagen ab 1800 Meter fällt Schnee, der sich im Cañadas-Gebiet von Tenerife über Monate halten kann. Temperaturstürze auf dem Teide-Gipfel bis zu minus 25 Grad Celsius sind keine Seltenheit.

Die Niederschläge, die, je nach Zone, stärker oder schwächer sind, erreichen einen Jahresdurchschnitt von 1913,5 mm. Beinahe sprichwörtlich ist das Regenwetter in dem 600 Meter hoch gelegenen **La Laguna** de Tenerife. Ebenso wird das Touristenzentrum Puerto de la Cruz de Tenerife im **Orotava-Tal**, das von hohen Gebirgszügen eingeschlossen ist, sehr oft von einer dicken Wolkendecke überlagert. Santa Cruz de Tenerife und Las Palmas de Gran Canaria haben während des ganzen Jahres – außer bei Südwetter – ein ausgeglichenes und warmes Klima.

Reisezeit

Das Wort vom *ewigen Frühling* trifft für alle Kanarischen Inseln zu, doch sollte man den Urlaubsort entsprechend der Jahreszeit wählen. Während der **Wintermonate** sind die Küstenstriche der Westseite zuweilen recht kühl und regnerisch. Wer die Sonne sucht, wird entweder die östlichen Inseln Lanzarote und Fuerteventura besuchen oder sich für ein Hotel an den trockenen und warmen Südseiten der großen Inseln entscheiden. Die Touristenzentren Gran Canarias sind dem Regen weniger ausgesetzt als etwa Puerto de la Cruz und Bajamar auf Tenerife. Selbstverständlich wird es auch an diesen Orten nicht winterlich kalt, doch kann man nicht unbedingt mit Urlaubsbräune rechnen. Für die **Sommermonate** muß man auf allen Inseln mit kurzfristigen starken Hitzewellen rechnen. Wer hitzeempfindlich ist, sollte die östlichen Inseln und die Südseite der westlichen Inseln meiden. Gran Canaria, die Westküste Tenerifes, die Inseln La Palma und Gomera sind bekannt für die angenehmsten und ausgeglichensten Sommertemperaturen. Die **Wassertemperaturen** schwanken um 5,2°. Sie liegen im Februar bei 17,7°, im August bei 22,9° C.

Klimatabelle der Küstenregionen

	Luft	**Wasser**	**Reisezeiten**
Januar	20,7° C	19° C	*
Februar	20,7° C	18° C	*
März	21,6° C	18° C	***
April	22,2° C	18° C	****
Mai	23,1° C	19° C	**
Juni	24,4° C	20° C	****
Juli	26,6° C	21° C	****
August	26,8° C	22° C	***
September	26,6° C	23° C	***
Oktober	25,8° C	23° C	**
November	23,6° C	21° C	*
Dezember	21,2° C	20° C	*

**** = Hauptsaison *** = ausklingende Saison
** = Zwischensaison * = Nebensaison

Praktische Hinweise

Anreisewege

Anreise mit dem Flugzeug

Das Netz der Flugverbindungen zu den Kanarischen Inseln ist außerordentlich dicht. Linienverbindungen bestehen von der Bundesrepublik Deutschland, Österreich und der Schweiz nach Las Palmas de Gran Canaria und Santa Cruz de Tenerife; Chartermaschinen der großen Reiseveranstalter fliegen auch Lanzarote und Fuerteventura direkt an. In Deutschland fliegen Linienmaschinen nur von Frankfurt und Düsseldorf aus direkt zu den Kanarischen Inseln.

Da die Flugpläne regelmäßigen Änderungen unterliegen, sollte man

---

Die Kanarischen Inseln – Traumziel vieler Erholungsbedürftiger und Sonnenhungriger ▷
aus nördlichen Gefilden. Wer seinen Besuch auf die Touristenhochburgen von Playa del Inglés auf Gran Canaria beschränkt, dem ist nicht zu helfen. Ihm entgehen zahllose kanarische Schönheiten und Besonderheiten wie beispielsweise El Drago, der berühmte Drachenbaum von Icod de los Vinos auf Teneriffa.

Links oben: Nach einem Friedensvertrag zwischen den spanischen Eroberern und ▷▷
den einheimischen Guanchen entstand die von blühenden Sträuchern, Bäumen und Blumen geschmückte Ortschaft Icod.

Links unten: Auf den Kanarischen Inseln begnügt sich die Landbevölkerung vielfach mit einem »ES« – einer Eselsstärke. Das entlastet die in unseren Breitengraden oft abgasdurchtränkte Umwelt und erfreut die Touristen.

Rechts oben: Santa Cruz de Tenerife ist die Hauptstadt der Insel. Das Anaga-Gebirge ▷▷▷
schützt die Region vor den Passatwinden. Die Lage der Stadt und die natürliche Hafenbucht sind zwei Gründe für ihre Bedeutung als Welthafen, die sie bereits im 18. Jahrhundert innehatte.

Rechts unten: Von dem malerischen kleinen Fischerhafen von Puerto de Santiago blickt man auf die Los Gigantes, 500 Meter hohe, steil abfallende Felsen.

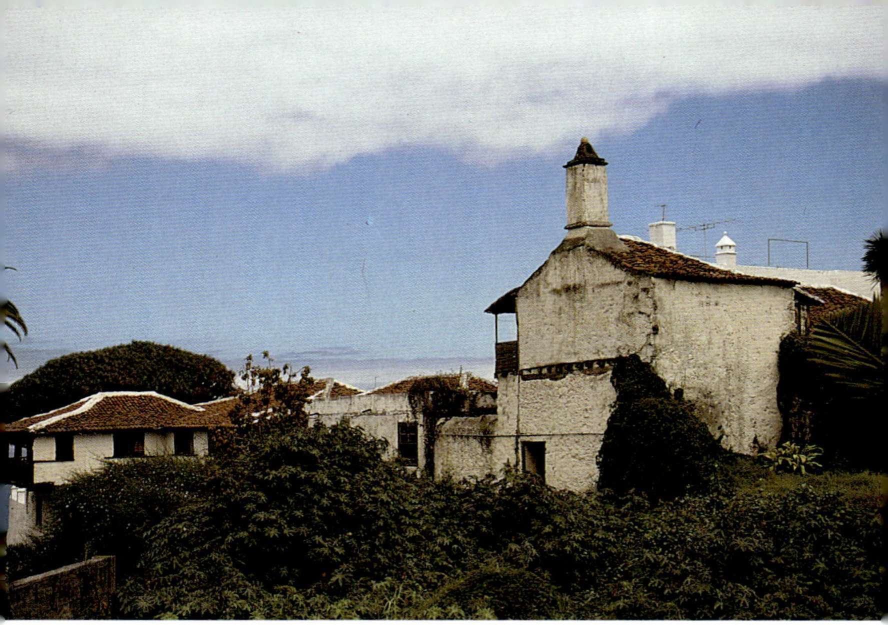

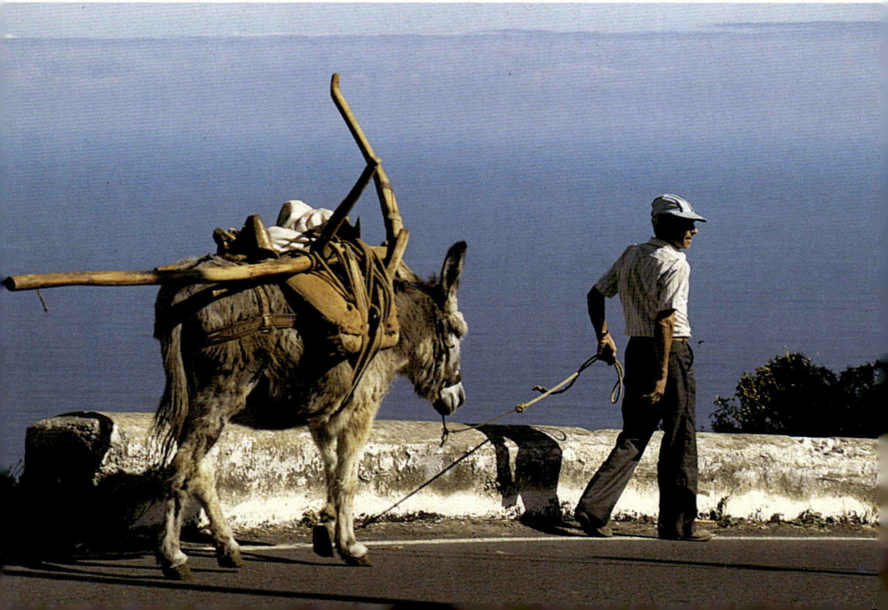

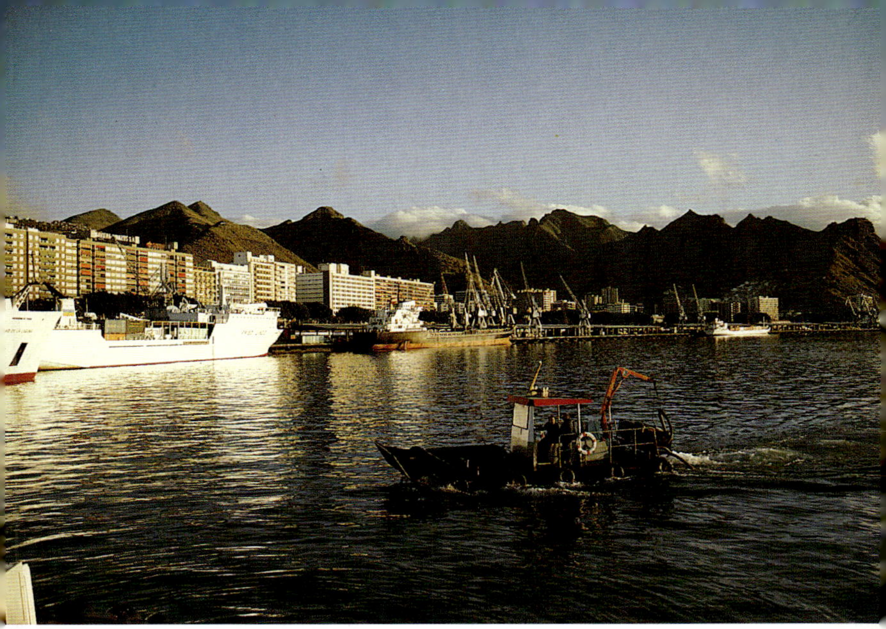

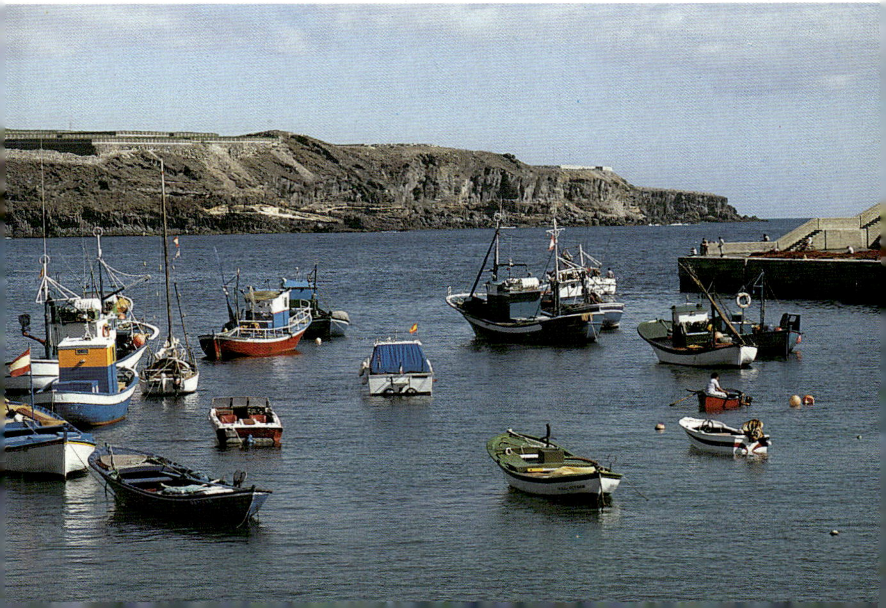

diese rechtzeitig erfragen. Die Maschinen sind, trotz der zahlreichen Flüge, sehr häufig ausgebucht.

Flughäfen

Las Palmas de Gran Canaria
Tel. 70 01 03 (deutschsprachig)

Puerto del Rosario de Fuerteventura
Tel. 85 12 50

Tenerife-Nord Los Rodeos
Tel. 25 79 40–42

Tenerife-Süd Reina Sofía
Tel. 77 00 50–54

Aeropuerto Nacional de Hierro
Tel. 55 08 78/79

Aeropuerto Nacional Guacimeta de Lanzarote
Tel. 81 14 50, 81 14 54 und 81 14 58

Aeropuerto Nacional de La Palma
(14 km südl. von Santa Cruz de La Palma)
Tel. 41 13 45

Anreise mit dem Schiff

Sowohl von den Nordseehäfen als auch von den Häfen der Mittelmeerküsten verkehren zahlreiche Schiffe verschiedener in- und ausländischer Reedereien regelmäßig nach den Kanarischen Inseln. Ständig wächst auch die Zahl der angebotenen **Kreuzfahrten**. Wir geben hier nur einen allgemeinen Überblick. Wegen genauer Informationen über Fahrpläne, Kosten und Möglichkeiten sollte man sich bei den örtlichen Reisebüros erkundigen.

Es gibt in zweitägigem Rhythmus eine regelmäßige Schiffsverbindung Cádiz – Tenerife – Las Palmas – Cádiz der Compañía Trasmedi-

◁ *Dunkler Lavastrand von San Marcos, etwa dreißig Kilometer von Icod entfernt. Nahe der wunderschönen Badebucht bestatteten die Guanchen ihre Toten in kleinen Felsgrotten. Die Cueva de Rey können Sie mit einem Führer besichtigen.*

terránea. Die 14000-BRT-Fähren fahren abends in Cádiz ab und kommen eineinhalb Tage später mittags in Tenerife sowie in Las Palmas an; die Rückfahrt verläuft entsprechend. Auch Autos und Caravans werden von den Schiffen mitgenommen. Für alle Verbindungen der Trasmediterránea gilt: Kinder von zwei bis sieben Jahren zahlen den halben Preis; mit jedem Ticket kann man 60 Kilogramm Gepäck frei befördern.

Die **Compañía Trasmediterránea** ist die bedeutendste Schiffahrtsgesellschaft, die sowohl auf dem spanischen Festland als auch auf allen Kanarischen Inseln vertreten ist.

Zentrale: Madrid
Plaza Manuel Gomez Moreno s/n
Tel. 4560007

Niederlassung Cádiz
Avenida Ramón de Carranza, 26
Tel. 284311

Las Palmas de Gran Canaria
Muelle Rivera Oede
Tel. 260070 und 267766

Puerto del Rosario / Fuerteventura
Calle León y Castillo, 46
Tel. 850095

San Sebastián de la Gomera
Calle General Franco, 35
Tel. 871300

Valverde de Hierro
Calle Dr. Dorcoski, 1
Tel. 550129

Arrecife de Lanzarote
Calle José Antonio, 90
Tel. 811019

Santa Cruz de Tenerife
Calle Marina, 59
Tel. 287850
Telex 92017

In Deutschland
Reisebüro Meliá
Große Bockenheimer Str. 54
6000 Frankfurt/Main 1
Tel. 069/293011

Anreise mit dem Bus

Die Deutsche Touring-Gesellschaft fährt ganzjährig von mehreren Städten nach Barcelona. Alle Fahrten gehen über die deutsch-französische Grenze bei Kehl und über Lyon zur spanischen Grenze bei La Junquera.

In Barcelona gibt es unmittelbare Anschlüsse nach Madrid, Múrcia, Granada und Málaga. Es gibt keine Busverbindung nach Cádiz. Wer mit dem Bus möglichst weit kommen will, fährt bis Granada und steigt dort um in den Zug nach Cádiz.

Auskünfte und Reservierungen
Deutsche Touring-Gesellschaft
Am Römerhof 17
6000 Frankfurt am Main 90
Tel. 069/79031

Verkehrsmöglichkeiten auf und zwischen den Inseln

Flugverbindungen zwischen den Inseln

Außer La Gomera besitzen alle Inseln einen Flughafen (Tenerife hat zwei). Zwischen den Inseln findet ein so reger Flugbetrieb statt, daß man außer in der Zeit großer Inselfeste stets mit einem freien Platz rechnen kann; die Linien werden drei- bis viermal täglich beflogen.

El Hierro bildet die einzige Ausnahme: Einmal täglich morgens besteht eine Verbindung nach Tenerife-Nord.

Alle Flugzeiten sind minimal – etwa eine Stunde. Die Flugtermine ändern sich ständig – erkundigen Sie sich deshalb rechtzeitig (Auskunft bei der jeweiligen Insel).

Schiffsverbindungen zwischen den Inseln

Man kann von jeder Insel auf jede Insel mit dem Schiff gelangen, gegebenenfalls mit Umsteigen. Die kürzeste Verbindung ist die von Los Cristianos/Tenerife nach San Sebastián de la Gomera, die schnellste die mit dem Tragflügelboot *(Jetfoil)* von Las Palmas de Gran Canaria nach Santa Cruz de Tenerife und neuerdings auch nach Morro Jable auf Fuerteventura.

Omnibusse, Taxis und Mietwagen auf allen Inseln

Die größeren Orte können Sie mit regelmäßig verkehrenden Omnibussen erreichen.

Taxis bekommen Sie in den touristisch wichtigen Orten ebenfalls.

Mietwagen zum Selbstfahren gibt es nur in den Hauptorten. Die Anschriften der Autovermietungen sind in den jeweiligen Ortsbeschreibungen angegeben.

Reiseinformationen von A bis Z

Auskunft (información).

Fremdenverkehrsbüros auf den Kanarischen Inseln

Die Fremdenverkehrsbüros der beiden autonomen kanarischen Republiken in Las Palmas de Gran Canaria und Santa Cruz de Tenerife sowie ihre Zweigstellen Oficinas del Turismo geben Informationen jeder Art und verteilen Veranstaltungskalender, Prospekte und Stadtpläne, zum Teil kostenlos.

Weitere Möglichkeiten, Auskünfte einzuholen:

Consejería de Turismo y Transportes
(Landesstelle des Staatssekretariats für Tourismus)

Las Palmas de Gran Canaria
Edificio de Usos Multiples
(Nähe Parque San Telmo)
Tel. 36 16 00 oder 36 11 56

Casa del Turismo, Parque Santa Catalina
(deutschsprachig)
Tel. 26 46 23

Santa Cruz de Tenerife
Calle Marina, 57
Tel. 28 74 04

Patronato Provincial de Turismo
Calle León y Castillo, 17
Las Palmas de Gran Canaria
Tel. 36 24 22 und 36 26 22

Fahrplanauskunft und Reservierung

Flug

Las Palmas de Gran Canaria:
Tel. 70 01 03 (deutschsprachig)

Puerto del Rosario de Fuerteventura:
Tel. 85 12 50

Tenerife-Nord Los Rodeos:
Tel. 25 79 40–42

Tenerife-Süd Reina Sofia:
Tel. 77 00 50–54

Für Deutsche auf den Kanarischen Inseln

Konsulate der Bundesrepublik Deutschland
(Geöffnet Mo bis Fr 9–12 Uhr)

Las Palmas de Gran Canaria
Calle José Franchy y Roca, 5
Tel. 25 57 00

Santa Cruz de Tenerife
Avenida Anaga, 45
Tel. 28 48 16 und 28 48 12
(nach Dienstschluß Anrufbeantworter)

Deutsche Schulen. Auf Las Palmas und auf Tenerife gibt es je eine vom Auswärtigen Amt unterstützte deutsche Schule, deren Zeugnisse im Bundesgebiet anerkannt werden.

Colegio Aleman
Las Palmas
Lomo del Drago, Tamaraceite
Tel. 67 07 50

Santa Cruz de Tenerife
Calle Enrique Wolfson s/n
Tel. 27 90 51

Instituto Goethe (Goethe-Institut)
Santa Cruz de Tenerife
Calle Enrique Wolfson, 16
Tel. 27 90 51

Für Österreicher auf den Kanarischen Inseln

Konsulate von Österreich
Playa del Inglés
Konsul Alfredo Suchomel
Hotel Eugenia Victoria
Mo–Fr 9–13 Uhr, Tel. 76 25 00

Santa Cruz de Tenerife
Calle San Francisco, 17
Tel. 24 37 99
Mo–Fr 10.30–12.30 Uhr

Für Schweizer auf den Kanarischen Inseln

Konsulat der Schweiz
Las Palmas de Gran Canaria
Calle el Cid, 40
Tel. 27 45 44
Mo–Fr 9–13 Uhr

Autopapiere. Verlangt wird bei Grenzübertritt die grüne Versicherungskarte. Das Carnet ist nicht mehr notwendig, wird jedoch trotzdem gelegentlich bei der Einschiffung in Barcelona gefordert.

Papiere können bei folgenden Clubs und deren Zweigstellen in verschiedenen Städten der Bundesrepublik besorgt werden:
ADAC, München 22, Königstraße 9–11a, Tel. 28 01 01
DTAC, München 60, Amalienburgstraße 23, Tel. 8 11 10 48
AvD, Frankfurt/Main-Niederrad, Lyoner Str. 16, Tel. 6 60 61

Innerhalb der ersten drei Monate kann man sich einen spanischen Führerschein (Carnet de Conducir) ausstellen lassen. Der Antrag wird von jeder Agencia entgegengenommen. Eine Zusatzprüfung wird nicht verlangt, wenn dieser Termin eingehalten wird.

Baden. Das Baden ist auf den Inseln praktisch während des ganzen Jahres möglich (siehe auch *Klima und Reisezeit*). Da die einzelnen Strände bei den Insel- und Ortsbeschreibungen ausführlich behandelt sind, hier nur eine summarische Übersicht:

Tenerife: Der ausgedehnteste Sandstrand und zugleich der einzige mit hellem Sand befindet sich im Süden zwischen **Los Cristianos** und **El Médano**. Alle anderen Strände haben dunklen Lavasand.

Gran Canaria: **Playa de las Canteras**, der Stadtstrand von Las Palmas, und die weiten, dünenartigen Strandgebiete um **Maspalomas**, **Playa de San Agustín** und **Playa del Inglés** im Süden, alle mit hellfarbenem Sand.

Fuerteventura: Der lange, wüstenartige Küstenstreifen der Halbinsel **Jandía**, ebenfalls im Süden der Insel. Sandstrände dieser Ausdehnung gibt es auf den übrigen Inseln nicht. Zu erwähnen wären hier höchstens noch die **Playa Blanca** südlich Arrecife auf **Lanzarote** und die Strände von **Puerto Naos** und **Tazacorte** auf **La Palma**.

Das bedeutet jedoch keineswegs, daß damit die Bademöglichkeiten erschöpft sind. Auf allen diesen Inseln gibt es größere und kleinere Strandbuchten, auch viele, in denen Sie noch ungestört bleiben, die jedoch manchmal nur auf beschwerlichen Wegen, am besten mit einem Geländewagen, oder mit dem Boot zu erreichen sind. Am wenigsten als Badeinseln geeignet sind wohl **La Gomera** und **Hierro**.

Das Baden an den Felsküsten ist aufgrund der vor allem an den Nordküsten der Inseln oft starken Brandung und zahlreicher Unterwasserströmungen gefährlich oder überhaupt unmöglich. Vornehmlich auf Tenerife wurden daher Meerwasser-Schwimmbecken angelegt, die von der Brandung gespeist werden. Oft werden auch Buchten für die Urbanisation erschlossen, die durch vorgelagerte Riffe geschützt sind und so gewissermaßen natürliche Schwimmbecken bilden. Darüber hinaus haben fast alle großen Hotels eigene Swimming-pools.

Brauchtum und Feste. Die Zahl der katholischen kirchlichen Festtage ist entschieden höher als bei uns. Die meisten sind Marienfeste. **Besondere Feiertage** (nicht alle kirchlichen Charakters) sind der 6. Januar, 2. Februar (Lichtmeß), 19. März (Josef), 1. und 2. April, 14. Mai, 4. Juni, 29. Juni (Peter und Paul), 18. Juli, 25. Juli, 15. August (Mariä Himmelfahrt), 1. Oktober, 12. Oktober, 8. Dezember (Mariä Empfängnis); außerdem Neujahrstag, Oster- und Pfingstmontag und Weihnachten; im ganzen vierzehn Tage.

Die Hauptfeste des Kirchenjahres sind Dreikönig (**Los Reyes**) und die Passionswoche (**Semana Santa**) mit dem Osterfest. Das Dreikönigsfest hat etwa die gleiche Bedeutung wie bei uns das Weihnachtsfest: Es werden gegenseitig Geschenke ausgetauscht, der Baum, mit Kerzen geschmückt, wird angezündet, und die Familien versammeln sich bei den Großeltern. Durch die Straßen ziehen die Drei Könige, die in feierlicher Prozession am Hafen empfangen werden und auf einem öffentlichen Platz Waisenkinder beschenken.

Während der Semana Santa schreiten in den Abendstunden die kirchlichen Laienbruderschaften durch die größeren Ortschaften. Der Ursprung dieses Brauches liegt im frühen Mittelalter, als während der Passionswoche die Sünder öffentlich Buße taten. Den Zügen voran schreitet noch heute barfuß ein büßender Sünder unter einem schweren Holzkreuz.

Ähnlich wird das **Fronleichnamsfest** begangen. Zwei Tage vor der großen Prozession sperrt man die Straßen, durch die der Zug geleitet werden soll, um die kunstvollen und farbenprächtigen Bodenteppiche aus Blumen, gefärbten Kiefernnadeln und Eierschalen sowie verschiedenfarbigem Lavabims zu gestalten.

Camping. Campingplätze gibt es auf Gran Canaria in Telde, zehn Kilometer von Las Palmas, und in Maspalomas, auf Tenerife bei Puerto de Santiago. Keiner der Plätze entspricht den herkömmlichen Vorstellungen, für Familien mit Kindern deshalb kaum geeignet. Es ist jedoch erlaubt, Wohnwagen oder Zelte in der Nähe von Quellen oder Kanälen aufzustellen. Ebenso sind die Strände freigegeben, die nicht zu Touristenzentren gehören. Bei Camping im Wald ist die Erlaubnis im nächstgelegenen Casa Forestal einzuholen. Das Campen auf Privatgrundstücken (Coto particular) erfordert selbstverständlich das Einverständnis des Besitzers.

An die Ausstattung der vorhandenen Campingplätze wurde, besonders was die hygienischen Verhältnisse betrifft, nicht viel Geld verschwendet. Eine Ausnahme ist der Platz **Pasito Blanco**, **Gran Canaria**. »Wild« Zelten ist überall erlaubt, wenn es nicht ausdrücklich durch Schilder verboten ist.

Club Camping Pasito Blanco
Nähe Strand Meloneras auf der Straße Las Palmas – Mogan bei km 60, Gran Canaria
Wohnwagen mieten ist möglich
Tel. 76 77 42

Camping Arona
81 km von Santa Cruz de Tenerife
kein Telefon

Camping Nauta
bei Arona, Tenerife
Tel. 78 51 18

Camping Temisas
Aguimes, Gran Canaria
25 km von Las Palmas

Camping 2 Temisas
Tel. 79 81 49

Camping Guantánamo
Mogan, Gran Canaria
96 km von Las Palrnas
kein Telefon

Platzverzeichnis oder Auskünfte:
Deutscher Campingclub
Mandlerstr. 28
8000 München 40
Tel. 089-33 40 21

oder bei den ADAC-Geschäftsstellen

Devisenbestimmungen. Es dürfen Devisen in unbegrenzter Höhe eingeführt werden. Pesetas können nur bis zu einem Höchstbetrag von 3000 Pts. ausgeführt werden. Der Grenzbetrag bei Einführung der Landeswährung ist auf 50 000 Pts. festgesetzt worden. Schriftliche

Devisenerklärungen sind nicht mehr notwendig. Bankzahlungen werden auf ein konvertierbares Konto überwiesen, die Beträge jedoch nur in der Landeswährung zum geltenden Tageskurs ausgezahlt. Jeweils in den ersten Monaten des folgenden Jahres muß eine Erklärung über die Gesamthöhe der bezogenen Gelder eingereicht werden.

Diplomatische Vertretungen.
Spanische Vertretungen in der Bundesrepublik
Spanische Botschaft, 5300 Bonn, Schloßallee 4, Tel. 21 70 94

Generalkonsulate
1000 Berlin 30, Lichtenstein-Allee 1, Tel. 2 61 60 81
4000 Düsseldorf, Homberger Straße 16, Tel. 43 47 77
6000 Frankfurt/Main, Grüneburgweg 153, Tel. 72 66 79
2000 Hamburg 13, Mittelweg 37, Tel. 44 36 20
8000 München 80, Oberföhringerstr. 45, Tel. 98 76 72

Konsulate
2800 Bremen, Schwachhauser-Ring 124, Tel. 34 40 90
3000 Hannover, Seelhorststraße 12, Tel. 31 59 17
7000 Stuttgart, Noltenweg 3, Tel. 76 90 01

Konsulate auf den Kanarischen Inseln
BR Deutschland: Las Palmas de Gran Canaria, Juan Rejón 91, Tel. 26 05 28, und Santa Cruz de Tenerife, Villalba Hervás 2, Tel. 24 14 90
Österreich: Las Palmas, Viera y Clavijo 1, Tel. 22 15 47, und Santa Cruz de Tenerife, San Francisco 17, Tel. 24 77 39
Schweiz: Las Palmas, León y Castillo 359, Tel. 24 16 17

Gesundheitstips. Hauptgefahr für den Nordländer ist die intensive Sonneneinstrahlung. Auch bei leicht bedecktem Himmel ist sie stark genug, um Hautverbrennungen zu verursachen. Man sollte sich genügend Sonnenschutzmittel mit hohem Lichtschutzfaktor (5–7) mitbringen, da die Preise am Ort unverhältnismäßig hoch sind. Die Einheimischen benutzen mit gutem Erfolg einfaches Olivenöl zum Einreiben. Dies verhindert jedoch lediglich ein Austrocknen der Haut bei intensivem Baden. Eine Kopfbedeckung sollte immer getragen werden.

Unangenehm ist die sogenannte **Kanarische Grippe**, eine Erkrankung der Verdauungsorgane. Man nimmt an, daß ihre Ursache ein Zusammenwirken der klimatischen Umstellung und der ungewohnten Speisen ist. Leitungswasser sollte, wie in allen südlichen Ländern, unter keinen Umständen getrunken werden, ebenso müssen alle Früchte gründlich gewaschen sein. Zitrusfrüchte (Apfelsinen, Pampelmusen etc.) sind das beste Hausmittel gegen die Dysenterie.

Im Falle einer Krankheit erfahren Sie Name und Anschrift von Ärzten, die teilweise etwas Deutsch sprechen, an der Rezeption jedes größeren Hotels.

Golf. Seit der Profigolfer Ballesteros mit zur Weltspitze gehört, ist dieser Sport auch auf den Kanaren populärer geworden. Und die Plätze, abhängig von den landschaftlichen Gegebenheiten der einzelnen Inseln, sind besser geworden.

In der Regel ist ganzjährig Drivingrange. Der Durchschnittspreis für einen Tagesgreenfee liegt bei 5000 Pts., ein Abonnement für sechs Runden liegt etwa bei 25000 Pts. Gäste sind willkommen, in der Regel ist der Clubausweis mit dem eingetragenen Handicap erforderlich. Es ist sinnvoll, einige Tage vorher anzurufen, um die jeweiligen Tages- oder Rundengreenfees und die Startzeiten zu erfragen. Vor Ort sichert manchmal erst die Zahlung eines »Bakschischs« trotz der Vorherbuchung den Zugang zum Platz.

Für Anfänger oder mäßig Fortgeschrittene stehen nach Absprache Trainer zur Verfügung.

Golfplätze:

Name/Anschrift	Tel./Fax	Löcher	Par/SSS
Campo de Golf Maspalomas Avda. de Africa s/n – Maspalomas – E-35100 Las Palmas de Gran Canaria	928-762581	2×18	72
Real Club de Golf Las Palmas/Bandama Apartado 183 E-35080 Las Palmas de Gran Canaria	928-351050	18	72
Golf del Sur Urbanización El Guincho San Miguel de Abona E-Tenerife (Islas Canarias)	922-704555 Fax: 922-704561	27	71

Club de Golf de Tenerife Apartado 125 E-38080 La Laguna (Tenerife)	922-251048	18	68
Club de Golf Costa Teguise Apartado Correos 170 E-35080 Arrecife de Lanzarote	928-813512 Fax: 928-813490	18	72

Hotels und Pensionen. Die bedeutendsten Touristenzentren sind die Städte **Las Palmas de Gran Canaria** und **Puerto de la Cruz de Tenerife**; dazu kommt auf Gran Canaria das Gebiet zwischen San Agustín über Maspalomas bis Puerto Rico und auf Tenerife ebenfalls große Teile des Südens. Aber auch für die Inseln La Palma, Fuerteventura und Lanzarote gewinnt der Reiseverkehr immer größere Bedeutung.

Wie überall in Spanien, gibt es auch auf Gran Canaria auf dem Cruz de Tejeda, auf Tenerife im Krater der Cañadas, auf Fuerteventura vier Kilometer südlich Puerto del Rosario, auf La Palma in der Hauptstadt Santa Cruz, auf La Gomera in San Sebastián und auf Hierro die bekannt soliden und gut geführten Nationalhotels (*Paradores Nacionales*). Sie haben staatlich kontrollierte Preise und bieten neben komfortablen Zimmern eine sehr gute, wenn auch nicht immer sehr preiswerte Küche.

Der spanische Staat unterstützt alle Bestrebungen, den Tourismus zu fördern, aber er kontrolliert sie auch. Diese Kontrolle erstreckt sich auf das gesamte Hotelgewerbe. Die Hotels sind nach Art und Umfang des gebotenen Komforts in **fünf Kategorien** eingeteilt. Der Hotelier ist verpflichtet, die Preise und die Hotelkategorie in den Zimmern und an der Rezeption anzuschlagen. Sie sollten grundsätzlich nicht mehr zahlen, als dort angegeben ist.

Wenn Sie glauben, in irgendeiner Beziehung übervorteilt worden zu sein, wenden Sie sich an das Büro der Junta Insular oder an eine staatliche Touristenzentrale. Man wird zuverlässig dafür sorgen, daß Ihnen überzahlte Beträge zurückerstattet werden. In der Regel genügt bei offensichtlicher Preistreiberei schon ein Hinweis auf diese Stellen, um die Angelegenheit sofort an Ort und Stelle zu regeln. Es ist vorteilhaft, in Hotels und Restaurants auf einer detaillierten Rechnung zu bestehen. Sollten Sie erst nach der Beendigung der Reise Unregelmäßigkeiten feststellen, können Sie Ihre Reklamation dem Staatlichen Spanischen Verkehrsbüro mitteilen.

In jedem Hotelbetrieb muß ein *offizielles Beschwerdebuch* ausliegen. Es ist auf Verlangen dem Gast vorzulegen. Die eingetragenen Beobachtungen, Klagen und Beschwerden werden von Vertretern der staatlichen Touristenzentrale regelmäßig überprüft und die Mängel erfahrungsgemäß schnell abgestellt. Den Hotelpreisen liegt der offizielle spanische Hotelführer zugrunde. Sie sind als Richtpreise zu verstehen und selbstverständlich Änderungen unterworfen.

Die Preise der Luxuspensionen entsprechen denen eines Hotels zweiter Klasse, die der ersten Klasse den Hotelpreisen der dritten Klasse. In den Hotels der dritten Kategorie, den Pensionen und den Casa de Huespedes gibt es in der Regel keine Zimmer mit Bad.

Das **Bedienungsgeld** ist im angegebenen Preis inbegriffen, doch gibt man üblicherweise dem Personal ein zusätzliches Trinkgeld in beliebiger Höhe.

Jeder Gast darf vom ersten Tag an den etwas ermäßigten Vollpensionspreis zahlen, wenn er für länger als 48 Stunden ein Zimmer gemietet und die Vollverpflegung anfangs bestellt hat.

Wird einem Gast ein Doppelzimmer zugewiesen, weil kein Einzelzimmer frei ist, kann er einen niedrigeren Preis beanspruchen. Es muß ihm eine Ermäßigung um mindestens zwanzig Prozent gewährt werden.

Für **Stammkunden** werden Ermäßigungen gewährt. Als Stammkunde gilt, wer länger als sechzig Tage Gast ist. Nach diesem Zeitpunkt hat er Anspruch auf eine zwanzigprozentige Ermäßigung des Preises für alle normalen Dienstleistungen: Zimmer und Verpflegung.

Wer Vollpension gebucht hat und einen ganztägigen Ausflug unternehmen möchte, kann sich einen Picknickbeutel vorbereiten lassen. Anspruch auf einen ermäßigten Preis besteht nicht.

Der Hoteltag endet jeweils um 12 Uhr mittags.

Bei den Hotelnamen in diesem Reiseführer finden Sie folgende Abkürzungen:

H = Hotel (alle Mahlzeiten möglich)
HR = Hotel Residencia (in der Regel mit Frühstück)
R = Residencia (nur Frühstück)
Hst = Hostal (alle Mahlzeiten möglich)
HstR = Hostal Residencia (nur Frühstück)

Jagd. Die Jagd beschränkt sich auf die Monate August bis Dezember. Der ausländische Tourist kann sich bei der Forstverwaltung einen Jagdschein ausstellen lassen. Forstverwaltung bzw. Nebenstelle: »Junta Directiva de la Sociedad de Caza«. Zu beantragender Jagdschein: »Licencia para la Caza Menor«. Notwendige Unterlagen: In der Regel der deutsche Jagdschein. Bei Vorlage eines polizeilichen Führungszeugnisses, das von einem spanischen Konsulat übersetzt und beglaubigt werden muß, wird auf den Kanarischen Inseln jedoch ebenfalls die Jagderlaubnis auf Niederwild erteilt. Die Formalitäten sind innerhalb von drei Tagen erledigt.

Jugendherbergen. Jugendherbergen gibt es bisher auf den Kanarischen Inseln noch nicht.

Kanarische Sportarten. Neben dem Fußball, der auf den Inseln nicht weniger beliebt ist als im übrigen Europa, gibt es einige Sportarten, die Ihnen neu sein werden und die von Einheimischen und Fremden mit Temperament und Spannung verfolgt werden.
   Lucha Canaria (Kanarischer Ringkampf): Bei diesem bäuerlichen Ringkampf, ähnlich dem Schweizer »Schwingen«, kommt es darauf an, den Gegner dazu zu zwingen, mit irgendeinem Körperteil (außer den Füßen natürlich!) den Boden zu berühren. Gekämpft wird meist in Mannschaften zu zwölf Mann. Luchas Canarias werden in Santa Cruz (Plaza de Toros) und in Las Palmas (Campo España und Complejo deportiva Lopez Socas), aber auch in anderen Orten ausgetragen, vor allem auch während der verschiedenen Inselfeste.
   Pelota Vasca: Ein sehr schnelles und interessantes baskisches Ballspiel, dem Sie in Las Palmas täglich um 19 Uhr im Frontón Dania zuschauen können. Die Veranstaltungen dauern meist bis in die Nacht hinein. Es kann gewettet werden.
   Auch die beiden folgenden »Sportarten« sind nur auf Gran Canaria üblich:
   Windhundrennen: Sie finden ebenfalls fast täglich statt (Beginn 19 Uhr im *Cánodroma* des Nuevo Campo España in der Oberstadt von Las Palmas, Eintritt frei). Auch hierbei werden zahlreiche Wetten abgeschlossen.
   Hahnenkämpfe (Peleas de Gallos) werden nicht nur in Las Palmas, sondern auch in vielen kleinen Orten veranstaltet, jedoch meist nur von März bis Mai.

Außerdem betreibt man eine Art Fechten mit zwei langen Stöcken, und auf La Palma hat sich der *salto de regatón* (auch *salto de la garrocha*), ein Stabsprung, erhalten. Beliebt ist auch das Tontauben-Schießen (*tiro de pichón*).

Juego de Palos (Stockspiel) geht in seiner Tradition auf die Zeit der Guanchen zurück. Stöcke und biegsame Gerten werden durch geschickte Handhabung zu gefährlichen Waffen. Das heutige Stockspiel hat feste Regeln. Wegen der Häufigkeit der Verletzungen ist es in der Öffentlichkeit verboten (s. Hierro/Taibique).

Kinder. Hotelbesitzer und Personal sind durchweg **kinderfreundlich**. Die meisten Hotels stellen gegen geringen Aufpreis Kinderbetten zur Verfügung. Kindernahrung wird sowohl in Supermärkten als auch in Drogerien (Farmacías) teilweise unter den gleichen Firmennamen wie auch in Deutschland angeboten. Es handelt sich in der Regel um Lizenzproduktionen, die jedoch in Zusammensetzung und Geschmack abweichen. Es ist daher zu empfehlen, einen eigenen Vorrat mitzunehmen, um Umstellungsschwierigkeiten zu vermeiden. Windeln gibt es in der gleichen Art wie bei uns.

Kleidung. In den Touristenzentren haben sich die Kleidungsvorschriften der Behörden den Gegebenheiten angepaßt. Es darf alles getragen werden, was auch im Ausland als modisch gilt. Zutritt zu spanischen Clubs erhalten Herren allerdings nur, wenn sie Krawatte und Jackett tragen.

Wegen der Temperaturschwankungen empfiehlt sich die Mitnahme von Übergangskleidung und eines warmen Wollpullovers. Eine Kopfbedeckung ist unbedingt erforderlich.

Leitungswasser. Für den Fall, daß Sie die »Gesundheitstips« nicht gelesen haben: Vermeiden Sie unbedingt, Leitungswasser zu trinken (Darmstörungen). Ein Tip: Sorgen Sie für einen kleinen Vorrat an Mineralwasser in Ihrem Hotelzimmer.

Maße und Gewichte. Neben dem offiziellen metrischen System sind auf den Kanarischen Inseln noch immer die alten Maße üblich:
1 metro = 3 pies (Fuß)
1 legua = 5,67 km
1 vera (Elle) = 0,84 m

1 cantera (Kanne) = 0,16 hl
1 cuartillo (Viertelchen, Schoppen) = 0,50 l = 4 copas (Glas)
1 galón = 3,79 l
1 pinta = 0,47 l
1 tonelada (Tonne) = 20 quintales = 920 kg (Zentner) à 4 arrobas
1 arroba = 11,5 kg
1 fanega = 0,664 ha
1 fanegada = 2 Morgen

Museen. Neben verschiedenen kleineren Museen ist vor allem ein Besuch des **Museo Arqueológico** in Santa Cruz und des **Museo Canario** in Las Palmas empfehlenswert. Beide vermitteln Ihnen einen guten Eindruck von der frühen Geschichte der Inseln (siehe Ortsbeschreibungen).

Öffnungszeiten. Die Geschäfte sind im allgemeinen von 9 bis 13 Uhr und von 16 bis 20 Uhr (in den Touristenzentren bis 23 Uhr) geöffnet. Schalterstunden bei den Banken: 9 bis 13 Uhr. Außerhalb dieser Zeit können Sie an den Rezeptionen großer Hotels oder in privaten Wechselstuben gegen geringen Mehrpreis eintauschen. Die Behörden haben vormittags und nachmittags geöffnet. Sie sind bei der Touristeninformation oder im Hotel zu erfragen.

Paßbestimmungen, Aufenthaltsgenehmigungen. Ein Visum ist für die Einreise nicht erforderlich. Es genügen der Reisepaß bzw. für Deutsche auch ein gültiger Personalausweis.

Soll der Aufenthalt länger als drei Monate dauern, muß bei der Provinzregierung (*Gobierno*) eine Aufenthaltsgenehmigung beantragt werden. Die notwendigen Formulare bekommt man am Ausländerschalter. Sie sind in Spanisch abgefaßt und müssen in Spanisch ausgefüllt werden. Es empfiehlt sich, einen Dolmetscher mitzunehmen. Die Aufenthaltsgenehmigung muß mindestens einen Tag *vor* Ablauf der drei Monate beantragt werden. Sie wird in der Regel innerhalb von einer Woche erteilt. Ein Paßbild ist dem Antrag beizufügen.

Post und Telefon. Die Schalter sind gewöhnlich von 9 bis 13 Uhr und von 15.30 bis 18 Uhr geöffnet (samstags nur vormittags).

Telegramme können an Sonderschaltern zu jeder Tageszeit aufgegeben werden.

Auslandsgebühren Europa: Brief 64 Pts, Postkarten 40 Pts.

Bei **Telefongesprächen** von Insel zu Insel ist mit längerer Wartezeit zu rechnen. Auslandsgespräche (Europa) werden in etwa 15 Minuten vermittelt.

Presse. Folgende spanische Zeitungen erscheinen auf den Kanarischen Inseln:
Las Palmas de Gran Canaria: El Eco de Canarias (täglich),
Diario de las Palmas (Sa/Mo), La Provincia (Sa/Di).
Santa Cruz de Tenerife: El Día (täglich).
Santa Cruz de La Palma: Diario de Avisos.

Reiseandenken. In den vom Staat subventionierten Läden, den **Artesianas Españas**, kauft man echte handwerkliche Arbeiten am günstigsten.

Sehr preiswert bekommt man hier die Teneriffa-Stickereien, die **Calados**. Ursprünglich wurden sie in Mexiko hergestellt, wo sie unter dem Namen **Deshilados** bekannt sind. Nur noch in wenigen Dörfern werden die kostbaren Arbeiten produziert. Die Preise sind, je nach Qualität der Arbeit, unterschiedlich.

Reliefstickereien nach irischem und venezianischem Vorbild werden in Vilaflor de Tenerife hergestellt.

Besonders schöne Töpferarbeiten werden von der Insel La Gomera angeboten.
Es sind meist verkleinerte Nachbildungen von Gefäßen, die hauptsächlich auf La Gomera in der Landwirtschaft für Molkereiprodukte noch benutzt werden.

Lederwaren aller Art und Pelze sind teilweise bis zu 25 Prozent billiger als bei uns. Deklarieren Sie den Kauf beim deutschen Zoll, werden 3,5 Prozent Zoll und weitere 12 Prozent Einfuhrausgleichssteuern erhoben. Englische Baumwolljeans führt die Warenhauskette Corte Inglés. Die vielen »originalen« **Guanchenwaffen**, die besonders auf Gran Canaria verkauft werden, sind durchweg schlechte und zu teure Kopien von nicht authentischen Originalen. Ebenfalls auf Gran Canaria werden seit einiger Zeit »handgemalte« Kacheln angeboten, von denen, nach gründlicher Wässerung, die Malerei als Abziehbild beliebig anderweitig verwendet werden kann. In den staatlichen Geschäften ist man vor Betrug sicher.

Reiseinformationen von A bis Z

Überall finden wir die Basare der Inder, die sich durch ihren großen Fleiß und ihre Geschäftstüchtigkeit eine gute Existenz aufgebaut haben. Es ist die Regel, daß man, außer bei Elektroartikeln, von den verlangten Preisen 15 bis 30 Prozent heruntergehandelt. Man kauft in den Basaren sehr günstig Importartikel aus Nord- und Zentralafrika: Lederkissen, Elfenbeinschnitzereien, Edelholzarbeiten und Mosaikkästchen.

Reisebüros sind sehr zahlreich, vor allem in den großen Orten und Urlaubszentren. Ihre Anschriften finden Sie bei den jeweiligen Ortsbeschreibungen. Die bekanntesten sind »Viajes Insular«, »Marsans« und »Cyrasa«. Die meisten veranstalten auch deutschsprachige Insel- oder Stadtrundfahrten.

Reiten. In fast allen Touristenzentren gibt es Reitmöglichkeiten. Die Reitschule in Bandama (Gran Canaria) bietet Reitunterricht an.

Rundfunk (radio). Auf den Kanaren kann man mehrere deutschsprachige Sender und Programme empfangen. Die **Deutsche Welle** (Köln) ist auf den Inseln relativ gut zu hören. Sie bringt auf einer Reihe von Kurzwellenfrequenzen von 19 bis 22.30 Uhr auf 6,160, 6,075 und 11,795 MHz Nachrichten, Kommentare und Musik. Der Kanarische Touristenfunk sendet täglich außer sonntags Nachrichten, Hinweise für Touristen und Musik auf Mittelwelle (AM) 747 kHz auf allen Kanarischen Inseln, allerdings nur von 8.30 bis 8.50 Uhr; danach geht es auf Englisch und Skandinavisch weiter. Ferner strahlt Radio Canarias Sur (a3) im Süden Gran Canarias auf UKW 102,4 MHz täglich zweimal einstündige Sendungen mit Nachrichten und lokalen Informationen aus (9–10 und 19–20 Uhr).

Kanarischer Touristenfunk
Radio Cadena Española, 747 kHz
Mo bis Fr 8.30–8.50, Sa 8–8.20 Uhr
Paseo de Chil, 117
Las Palmas de Gran Canaria
Tel. 36 30 10

Radio Canarias Sur
Hotel Catarina Playa
Playa del Inglés
Redaktion: Canarias Tourist
Edificio Mercurio II
Tel. 76 77 50/54

Stromspannung. 220 Volt Wechselstrom ist selten. Meist beträgt die Spannung 110 Volt bis 125 Volt.

Tennis. Gute Tennisplätze haben der Club Nautico in Santa Cruz de Tenerife und der Club de Tenis in Las Palmas (Parque Doramas). Zeitweise Mitgliedschaft ist in beiden Clubs möglich.

Zahlreiche größere Hotels haben ebenfalls eigene Plätze (in der Regel Allwetterplätze). Die Tennisausrüstung kann ausgeliehen werden.

Uhrzeit. Der Unterschied zwischen der MEZ (Mitteleuropäischen Zeit) und der WEZ (Westeuropäischen Zeit) beträgt eine Stunde. Die Uhr wird also um eine Stunde zurückgestellt.

Unterwasserjagd. Keine Formalitäten verlangt die Unterwasserfischerei. Der Anfänger wird an den sandigen Küsten in kürzester Zeit mit einer Stechharpune eine reichliche Menge an **Seezungen** und **Flundern** erbeuten; ebenso sind die **Tintenfische** und **Kraken** sehr leicht zu fangen.

Recht häufig kann man auch in Küstennähe **Nagelrochen** mit einer »Flügelspanne« bis zu 2,5 Metern beobachten. Da sie sich im Sand einwühlen, erkennt man nur die äußeren Umrisse. Kommt man ihnen zu nahe, »fliegen« sie davon. Das Gleiche gilt für die bedeutend kleineren **Zitterrochen**. Vom Fang eines Rochens ist allerdings abzuraten. Die einheimischen Fischer stellen für die Rochenjagd ihre Boote nicht zur Verfügung!

Das Harpunieren von Rochen wie auch das von **Muränen** sollte man den erfahrenen Unterwasserfischern überlassen.

Die besten Fischgründe finden Sie an der Nordostküste von Lanzarote, im gesamten Küstengebiet von Hierro und La Gomera, weiterhin überall dort, wo kein Badebetrieb ist.

Im Herbst und Frühjahr ist die Küstenzone von der **Spanischen Galeere** (Agua Viva) übersät. Die Berührung mit den Nesselfäden dieser Quallenart verursacht starke Verbrennungen und Lähmungserscheinungen. Verbrennungen werden von den Einheimischen durch Waschungen mit klarem Süßwasser und durch Einreiben mit rohen Zwiebeln behandelt.

Volkslied. Die Vielfalt der spanischen Volksmusik ist sprichwörtlich. Wie auf der Halbinsel, so ist auch auf dem Archipel das Volkslied lebendig geblieben. Auch im kleinsten Bergdorf ist das Lied ein beliebtes Ausdrucksmittel. Die Tonfolgen sind teilweise orientalischen Ursprungs. Ganz besonders deutlich wird das bei einem Tanz der Insel Hierro, **El Vivo**.

> Charakteristisch für die Kanarischen Inseln sind die **Folias**, für die es auf dem Festland keine Parallele gibt; sie ist eine *typisch kanarische Schöpfung*, auch wenn einzelne Elemente portugiesischen Einfluß vermuten lassen.

Begleitinstrumente bei fast allen Liedarten sind die **Gitarre** und das **Timple**, ein kleines gitarrenähnliches Instrument mit vier oder fünf Saiten. In der Zeit zwischen Weihnachten und Dreikönig wird häufig die auch bei uns noch zuweilen benutzte *Teufelsgeige* als rhythmisches Begleitinstrument gebraucht.

Von der Halbinsel Spanien wurde die *Jota*, hier Isa genannt, übernommen. Die Jota besteht aus sieben Sätzen zu je vier Takten. Sie hat einen festen Harmonieverlauf, dessen Tonlage zwischen Dur und Moll wechselt.

Sehr beliebt, besonders in »feuchter Runde«, sind die **Seguidillas**. Sie bestehen aus vier Teilen; einer kurzen instrumentalen Einführung, einem Gesangteil, dem Refrain und dem Hauptliedteil.

Wassersport. In den folgenden Orten werden Wassersportmöglichkeiten geboten:

Puerto Rico (*Gran Canaria*) – Surfen, Wasserski, Segeln, Haifischfang;

Jandía (*Fuerteventura*) – Surfen, Wasserski, Segeln, Haifischfang, außerdem Taucherkurse;

Ten Bel (*Tenerife*) – Wasserski.

Auch in anderen Orten werden diese Wassersportarten angeboten.

Es handelt sich aber häufig um kurzfristig eröffnete und ebenso schnell wieder geschlossene Unternehmen.

Zoll. Alle Kanarischen Inseln sind **Freihafengebiet**, deshalb gibt es keine Zollformalitäten.

Erforderlich für die Einfuhr von Hunden und Katzen ist ein amtsärztliches Tollwutimpfzeugnis. Die Impfung muß mindestens einen Monat und darf nicht länger als zwölf Monate zurückliegen.

Essen und Trinken

Das **Restaurante** entspricht etwa einer deutschen Gaststätte. Man kann vollständige Mahlzeiten einnehmen oder die beliebten *tapas* bestellen, eine Reihe der landesüblichen kalten und warmen Leckereien, die als Schnellgerichte zubereitet werden.

Die **Bar** entspricht dem Begriff einer »Kaffee-Weinkneipe«. Auch hier werden die Tapas gereicht.

Eine **Bodega** kann alles sein, vom gepflegten Weinlokal in den Touristenorten bis zu dem Gemischtwarenhändler mit Weinausschank in einem kleinen Dorf.

Cafés findet man ausschließlich in den Touristenzentren. Sie sind in Spanien nicht üblich.

Wie die Hotels sind auch die Restaurants nach der Touristischen Ordnung vom 17. 3. 1965 in Kategorien aufgeteilt:

Luxus-Restaurants	Kennzeichen: 5 Gabeln
Restaurants erster Klasse	Kennzeichen: 4 Gabeln
Restaurants zweiter Klasse	Kennzeichen: 3 Gabeln
Restaurants dritter Klasse	Kennzeichen: 2 Gabeln
Restaurants vierter Klasse	Kennzeichen: 1 Gabel.

Hinweis: Alle Gaststätten sind verpflichtet, ihre Kategorie durch das entsprechende Schild deutlich sichtbar kenntlich zu machen und ihren Gästen Speise- und Weinkarten vorzulegen, deren Zusammensetzung sich nach der Kategorie richtet, in die sie eingestuft wurden. So muß zum Beispiel die Speisekarte eines Luxus-Restaurants u. a. mindestens zehn Vorspeisen, vier Suppen, sechs Fisch- und sechs Fleischgerichte und drei Sorten von Süßspeisen bzw. Eis, Käse und Obst enthalten, während das Restaurant vierter Klasse neben einigen Vorspeisen bzw. Suppen lediglich zwei Spezialitäten und Käse und Obst als Nachspeise anzubieten braucht.

Auch die Weinkarte muß der Kategorie des Hauses entsprechen.

In den Luxus- und Erste-Klasse-Restaurants müssen Sie auf der Karte auch Weinmarken mit internationalem Ruf finden können. Alle Restaurants jedoch, gleich welcher Kategorie, müssen gewöhnlich einheimischen Tischwein guter Qualität, und zwar Weiß- und Rotwein, mit einem Mindest-Alkoholgehalt von 12 Prozent führen.

Ebenso wie bei den Hotels wird bei den Restaurants die Einhaltung der Normen und Vorschriften von den staatlichen Stellen überwacht.

Auch die Gaststätten müssen ein Beschwerdebuch führen, das regelmäßig kontrolliert wird. Etwaige Beschwerden können Sie jedoch auch unmittelbar bei der Generaldirektion für Touristische Unternehmen und Aktivitäten, Abt. Inspektion und Reklamation, Avda. del Generalísimo 38, Madrid 16, oder bei den örtlichen Stellen vorbringen.

Die kanarischen Gerichte sind sehr kräftig und schmackhaft, für unseren Gaumen teilweise zu stark gewürzt. Wie bei der spanischen Küche überhaupt werden reichlich Olivenöl und Knoblauch verwendet.

■ Speisekarte

Vorspeisen

queso blanco del pais y aceitunas = weißer Ziegenkäse des Landes und Oliven.

Suppen

potaje de verduras = schmackhafte Gemüsesuppe
sancocho = Suppe mit Kartoffeln, Schinken, Gemüse, Fleisch oder Fisch
escaldón = Suppe mit gofio oder Schinken
potaje de berros y jaramagos = Gemüsesuppe mit Kresse
sopa de pescado = Suppe mit verschiedenem Fisch, Muscheln, Krustentieren und Gemüse.

Hauptgerichte

viejas con papas arrugadas = karpfenähnlicher Meeresfisch mit Pellkartoffeln (in Meerwasser gekocht)
cherna salada con papas arrugadas = Stockfisch mit Pellkartoffeln
mojo picón = pikante Soße, die zu allen Fischgerichten gereicht wird. Besteht aus Knoblauch, rotem Pfeffer, Meersalz, rotem Paprika, Olivenöl, Essig, Wasser, Petersilie
tollos: perdiz o conejo = frisch geschossenes Rebhuhn oder Kaninchen; nur von Juli bis November
asadura (higado) asada con mojo colorado = gebratene Leber mit grüner Mojo-Soße
gofio con miel = gofio mit Honig

Nachspeise

queso blanco del pais = heimischer Ziegenkäse
bonbon gigante = Schokoladensüßspeise (besteht aus geriebener Blockschokolade, Zucker, Eigelb, geschlagenem Eiweiß und Honig)
bizcochos lustrados = sehr süße einheimische Gebäckart aus Honig, Mehl und Kokosraspel
pasteles de carne = Fleischpastetchen.

Gerade unter den Süßspeisen gibt es außerdem zahlreiche regionale Spezialitäten mit nicht zu übersetzenden Namen wie *tirijales*, *bienmesabes*, *frangollo* und *turrones*, eine Art Mandelkuchen.

Wenn Sie sich mit der kanarischen bzw. spanischen Küche nicht anfreunden können: In den großen Touristenzentren gibt es, neben der üblichen internationalen Hotelküche, deutsche, skandinavische, chinesische und französische Küche. Die entsprechenden Lokale sind aufgrund ihrer Namen leicht zu finden.

Getränke

Die Sonne und der vulkanische Boden garantieren **Weine von höchster Qualität**. Da besonders die offenen Rotweine mit Importwein aus Spanien gemischt werden, sind in den Städten nur die Flaschenweine mit Etikett zu empfehlen.

Man trinkt Wein zu jeder Mahlzeit. Der Kanarier trinkt den weißen **Malvasia** und den Rotwein mit Wasser verdünnt. Die übrigen heimischen Weine werden unverdünnt getrunken.

Die folgenden Namen bezeichnen den Herkunftsort oder Hersteller des Weines und gelten gleichzeitig als Markenname:

Vino de Acentejo, Codazal, Chivisaya, Domínguez, Palmar (!), El Tanque (!), Taganana (!), La Victoria (!), Guanche, Isamar (!), Malvasia de Lanzarote (!), Tajaraste.

Ein sehr erfrischendes Getränk ist die *Sangria*, eine Art kalter Bowle aus Rotwein, Wasser, Zucker, Früchten und Eiswürfeln.

Beliebte Liköre sind der *Anis de Mono* und der süße *Ron con miel* (Rum mit Honig), eine heimische Produktion.

Sehr zu empfehlen ist das Bier CCC von der Brauerei auf Tenerife, die von einem deutschen Braumeister geleitet wird.

Die Insel Tenerife

Tenerife ist mit 2057 Quadratkilometern und 600 000 Einwohnern die größte der Kanarischen Inseln (Karte s. vordere Einbandinnenseite). Die äußere Form ähnelt einem nach Nordosten gerichteten gleichschenkeligen Dreieck. Den Schwerpunkt bildet der **Pico de Teide**, der mit 3718 Meter Höhe gleichzeitig der höchste Berg Spaniens ist. Sein Kegel erhebt sich 1500 Meter aus dem riesigen Halbrund des Cañadas-Kraters. Steile *Barrancos* (schluchtartige Täler) ziehen sich an seinem äußeren Mantel nach Südwesten und Südosten bis hinunter in die Küstenzone. Der Teide selbst bildet die Nordflanke, an deren Ostseite das fruchtbare **Orotava-Tal** liegt.

Das Rückgrat der Insel, **La Cordillera Dorsal** oder auch die **Cumbre del Pedro Gil** genannt, beginnt im Nordosten des Teide-Gebiets mit einer Höhe von etwa 2300 Metern und verläuft in gleicher Richtung allmählich abfallend bis zu dem Tafelberg **Los Rodeos** bei La Laguna (640 Meter). Von der Cumbre-Straße aus überschaut man Teile der Nordwest- und Südostküste, die bis zu 15 Kilometer zusammenrücken.

Auf der gegenüberliegenden Seite der Hochebene von La Laguna erhebt sich das **Anaga-Gebirge**, dessen höchster Punkt der 1024 Meter hohe **Cruz de Taborne** oder **Cruz del Carmen** ist. Ein schmaler Grat führt leicht bogenförmig bis fast zur äußersten Nordspitze (**Punta de Anaga**) der Insel. Das Gebirge fällt nach beiden Seiten steil zum Meer hin ab und wird dicht von schroffen Barrancos durchfurcht. Einen Gegenpol zum Anaga bildet das **Teno-Gebirge** an der Westspitze. Weniger schroff und mit geringerer Vegetation, erreicht es auf dem **Cumbre de los Bolocos** eine Höhe von etwa 800 Metern.

Unter allen Inseln des Archipels zeigt Tenerife *die stärksten landschaftlichen Gegensätze*, und alle Landschaftstypen der übrigen Inseln sind hier auf engem Raum zusammengefaßt. Zur Hochgebirgsregion des **Teide** und der phantastischen Mondlandschaft des riesigen **Cañadas**-Kraters steht der üppig grüne Streifen der Nordwest-Küste in hartem Kontrast. Ausgedehnte Wälder gibt es ebenso wie karge Karstgebiete, und neben den hauptsächlich vertretenen felsigen Steilküsten finden wir im Süden weite Flächen dunklen Lavasandes.

Der Grund für eine solche Vielfalt der Landschaft ist nicht allein der vulkanische Ursprung, der die Insel bis zu einer Höhe von fast 4000 Meter aus dem Atlantik hob; auch die anderen Inseln sind vulkanisch entstanden. Vielmehr bildet der vom Teide nach Nordosten verlaufende Höhenzug der **Cumbre** (s. o.) eine Mauer, die die Insel praktisch in zwei grundverschiedene Hälften teilt. An ihr entlädt sich der regenfeuchte Nordwest-Passat und bewirkt in Verbindung mit den ausgeglichenen Temperaturen die reiche, subtropische Vegetation der Nordwest-Hälfte mit weiten Bananenkulturen, Palmen und Zypressen, mit roten Christsternen und violetten Bougainvilleen, mit Rosen, Mimosen und Hibiskus-Sträuchern und all dem, was wir uns unter südlichem Pflanzenwuchs vorstellen. Die Südosthälfte dagegen ist den heißen afrikanischen Wüstenwinden ausgesetzt. Hier regnet es nur selten, die Landschaft wirkt ausgedörrt und karg, und da, wo sie Pflanzenkulturen trägt, muß das Wasser mühsam herangeführt werden.

Die mit 198 000 Einwohnern einzige Stadt der Insel ist **Santa Cruz** oder genauer **Santa Cruz de Tenerife**, denn auch auf der Insel La

Auch dies ist Teneriffa, die Insel des ewigen Frühlings. Die Vulkaninsel bietet einen ▷
faszinierenden Kontrast von fruchtbaren Landschaften mit üppiger Vegetation und bizarren, an Mondlandschaften erinnernden Regionen, hier El Roque auf dem Pico de Teide.

Links: Im Städtchen Garachico, Ende des 16. Jahrhunderts von Lavaströmen ver- ▷▷
schüttet, kann man heute noch einige wenige Gemäuer aus schwarzem Lavastein finden, die von seinem einstigen Reichtum zeugen.

Rechts oben: Das Meeresschwimmbad von Puerto de la Cruz ist nur eines der vielen ▷▷▷
Werke des Architekten César Manrique, dem wohl bedeutendsten Künstler, Maler, Bildhauer, Architekten und Landschaftsgestalter der Kanarischen Inseln.

Rechts unten: Siesta unter Palmen. Mit ein wenig Geduld findet man auf den Kanaren immer wieder Einheimische in ihren malerischen Trachten. Wenn Sie Glück haben, findet in der Gegend, die Sie besuchen, gerade ein Volksfest statt.

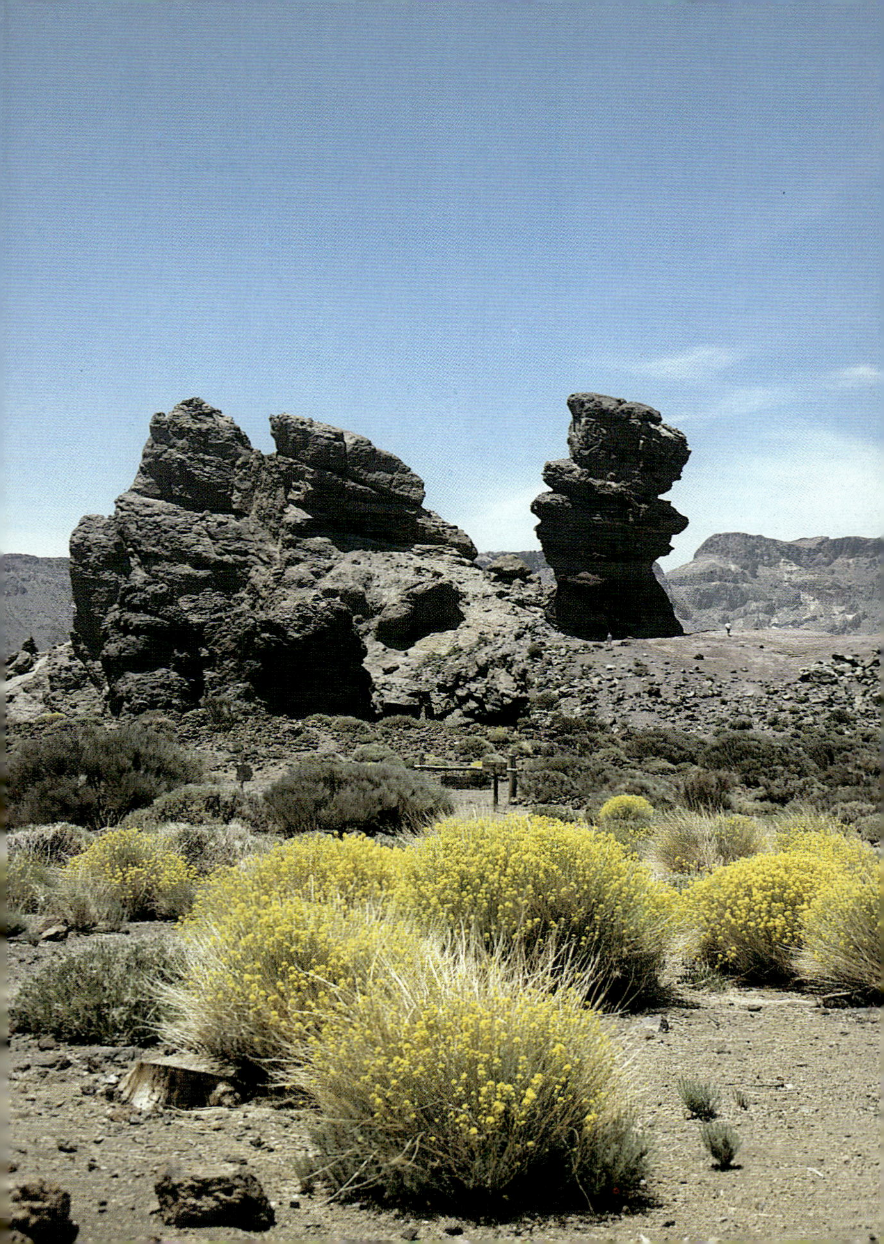

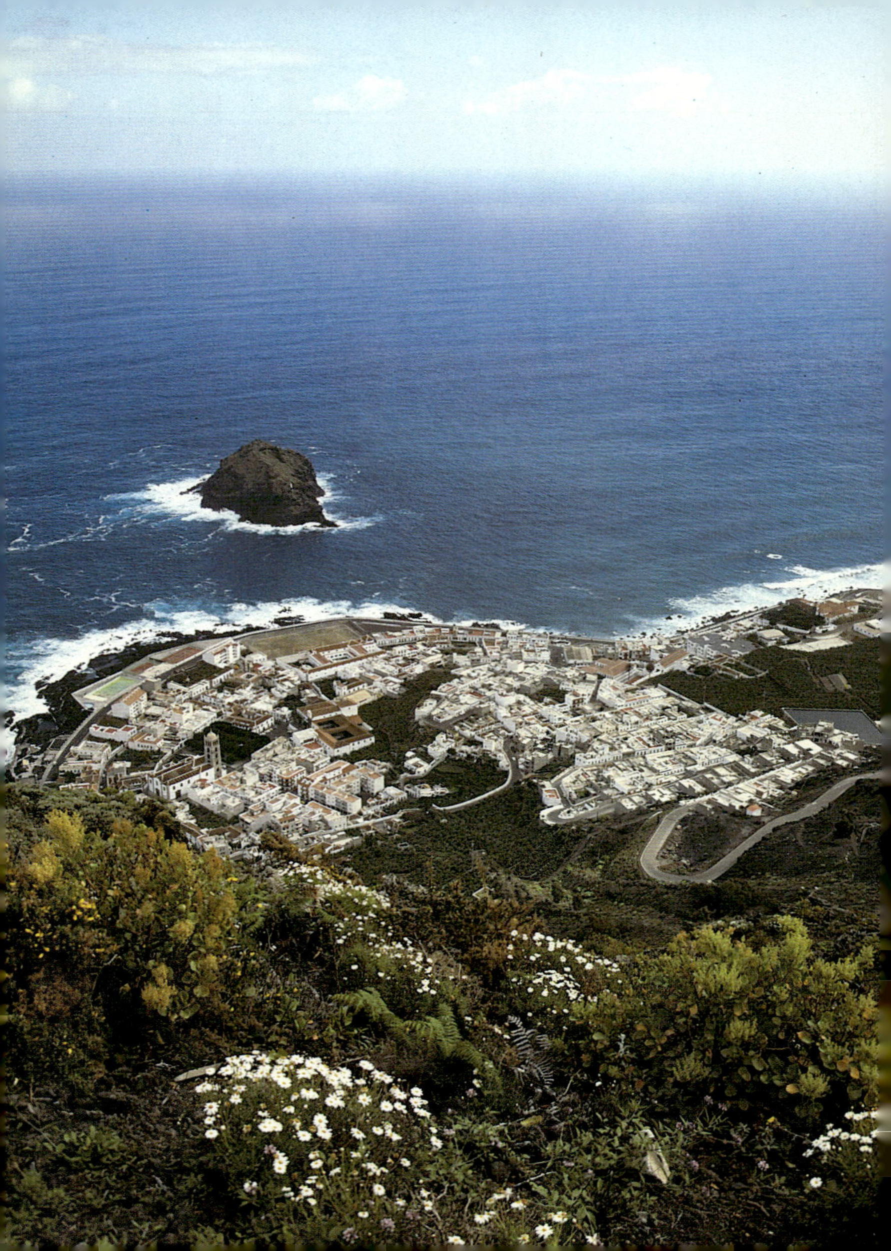

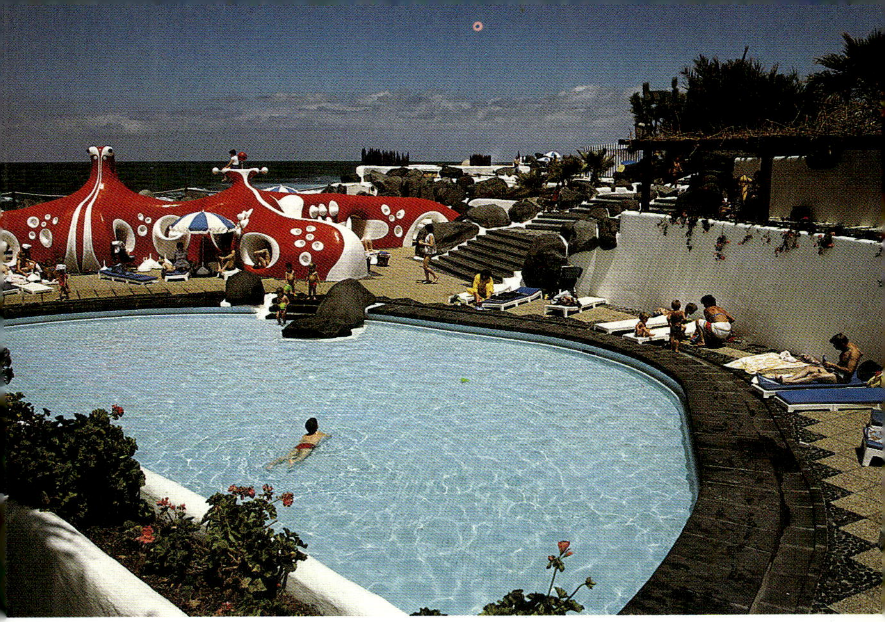

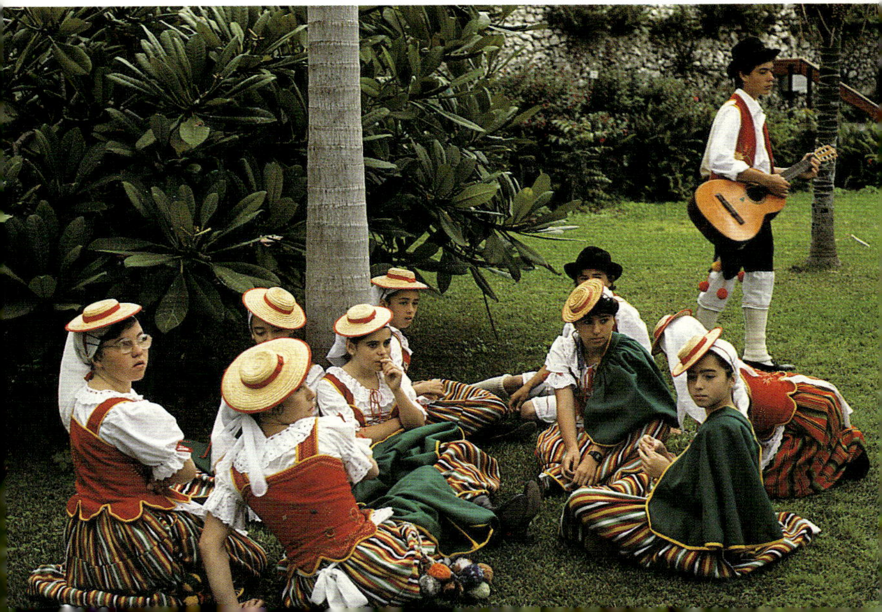

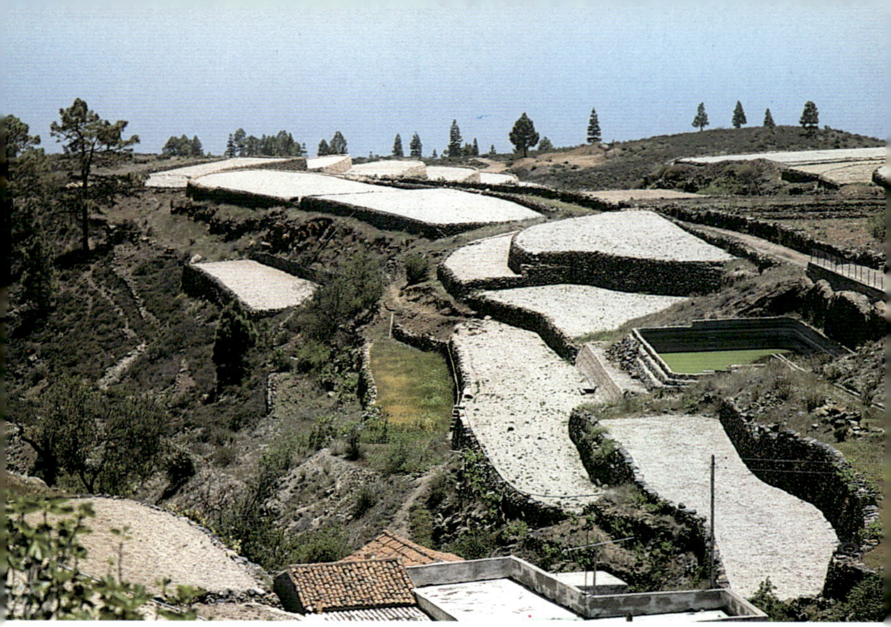
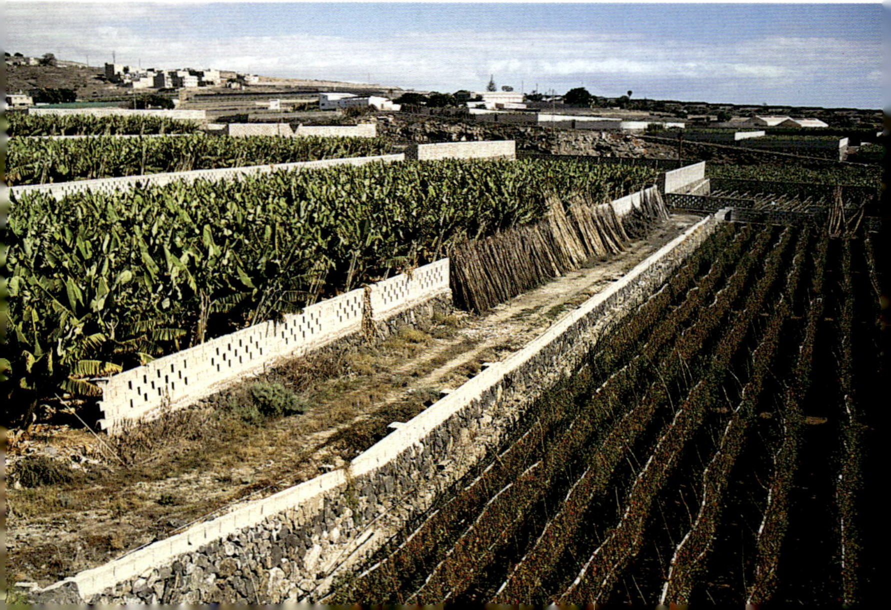

Palma heißt der Hauptort Santa Cruz. Daneben gibt es nur wenige größere Orte, die naturgemäß fast ausschließlich auf der Nordwest-Hälfte liegen: **La Laguna** (161 000 Einwohner), die frühere Hauptstadt der Insel, **La Orotava** (24 370 Einwohner), zusammen mit dem berühmten Tal gleichen Namens eine Sehenswürdigkeit ersten Ranges, **Puerto de la Cruz** (30 000 Einwohner, ohne die mehr als zahlreichen Touristen natürlich), **Icod de las Vinos, Tacoronte** und, einziger größerer Ort auf dem südöstlichen Küstenstreifen, **Güimar**.

Die **wichtigsten Strände (Playas)** liegen im heißen, wüstenartigen Abona-Gebiet bei Médano, Arico, Güimar und Candelaria. Eine ähnliche Klima- und Vegetationszone bietet das Areal von Sora im Südwesten mit Stränden bei Los Cristianos, San Juan, Alcalá und Santiago. An der fruchtbaren, etwas kühleren Nordküste gibt es Sandstrände bei Buenavista, San Marco bei Icod, El Pris, Puerto de la Cruz und Punta Hidalgo. Den Touristen zuliebe wurden jedoch gerade in dieser Zone sehr viele künstlich ausgebaute Meeresschwimmbecken geschaffen, da das Baden in offener See wegen der tückischen Strömungen sehr gefährlich ist. Weitere kleine Strände in der Nähe von Santa Cruz gibt es in San Andrés, bei Igueste und in Antequera.

Santa Cruz, die Hauptstadt von Tenerife

Santa Cruz de Tenerife (198 000 Einwohner), von den Deutschen oft »Teneriffa« und von den Einheimischen einfach Santa Cruz genannt, ist nicht nur die Hauptstadt der Insel, sondern auch die der autonomen Republik Tenerife, zu der die westliche Inselgruppe gehört (Tenerife, La Palma, La Gomera, Hierro). Die Stadt liegt am Südwestende einer

◁ *Oben: Rund um das Blumendorf Vilaflor im Süden der Cañadas gibt es zahllose Terrassenfelder, auf denen Wein angebaut wird, den die Dorfbewohner mit Vorliebe selbst trinken, was ohne Zweifel für seine Qualität spricht.*

Unten: Wer hat nicht schon einmal die sonnengereiften kanarischen Tomaten gekostet, ein wichtiges Exportgut der Inselgruppe. Hier an der Westküste Teneriffas nahe San Juan gibt es ganze Plantagen davon. Auch Bananen werden hier angebaut.

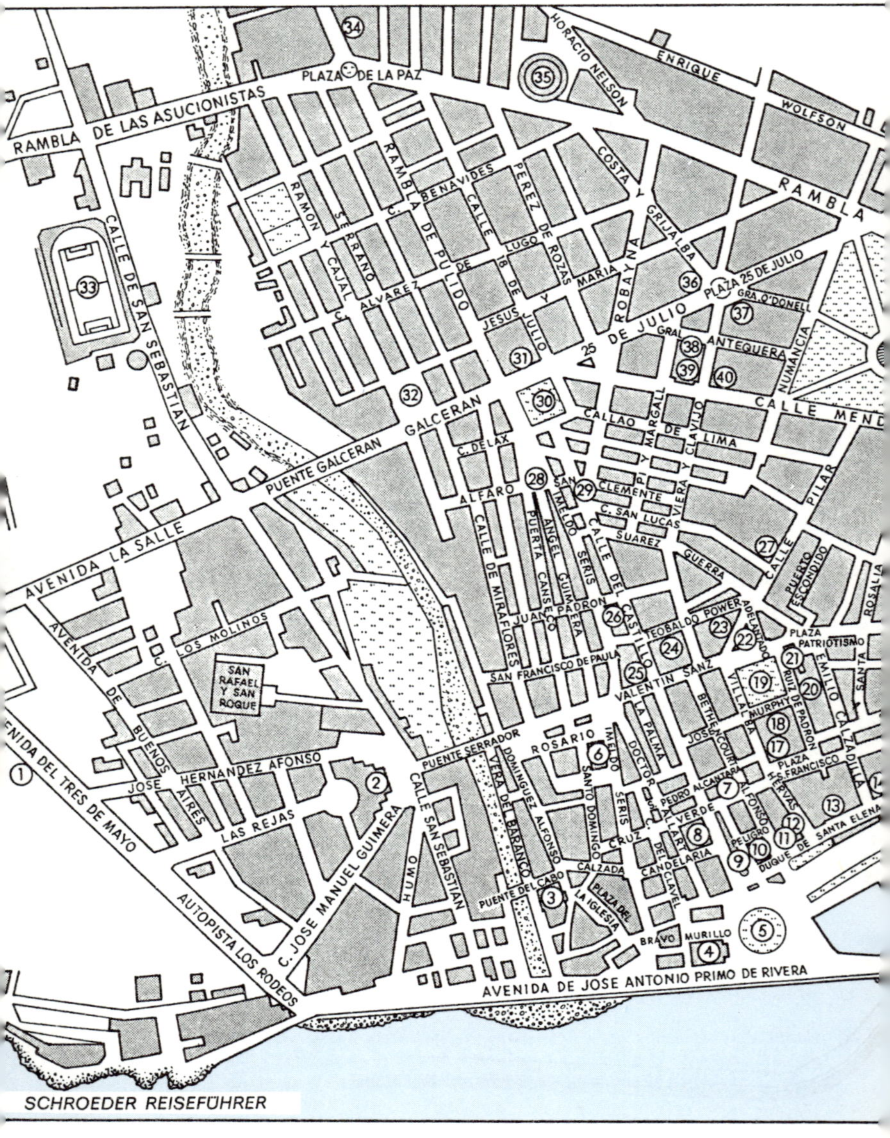
PLAZA DE LA PAZ
HORACIO NELSON
ENRIQUE WOLFSON
RAMBLA DE LAS ASUCIONISTAS
RAMBLA
RAMON Y CAJAL
SERRANO
C. BENAVIDES
RAMBLA DE PULIDO
CALLE 18 DE JULIO
PEREZ DE ROZAS
COSTA Y GRIJALBA
LUGO
C. ALVAREZ DE LUGO
JESUS Y MARIA
ROBAYNA
25 DE JULIO
PLAZA 25 DE JULIO
GRA. O'DONELL
GRAL ANTEQUERA
NUMANCIA
CALLE MENDEZ
CALLE DE SAN SEBASTIAN
GALCERAN
PUENTE GALCERAN
C. DE LAX
ALFARO
SAN CLEMENTE
CALLAO DE LIMA
PI Y MARGALL
VIERA Y CLAVIJO
C. SAN LUCAS
SUAREZ GUERRA
CALLE PILAR
PUERTO ESCONDIDO
ROSALIA
CALLE DE MIRAFLORES
PUERTA CANSECO
ANGEL GUIMERA
SAN IMELDO SERIS
CALLE DEL CASTILLO
JUAN PADRON
TEOBALDO POWER
ADELANTADO
PLAZA PATRIOTISMO
EMILIO CALZADILLA
SAN FRANCISCO DE PAULA
VALENTIN SANZ
VILLALBA
JOSE BETHENCOURT
RUIZ DE PADRON
MURPHY
LA PALMA
DOCTOR ALLART
IMELDO SERIS
SANTO DOMINGO
ROSARIO
PEDRO ALCANTARA
ALFONSO
PLAZA S. FRANCISCO
HERVAS
SANTA
VERDE
PELIGRO
DUQUE DE SANTA ELENA
CRUZ VERDE
CALZADA
CANDELARIA
DEL CLAVEL
PLAZA DE LA IGLESIA
BRAVO MURILLO
PUENTE DEL CABO
VERA DEL BARANCO
DOMINGUEZ ALFONSO
PUENTE SERRADOR
CALLE SAN SEBASTIAN
HUMO
C. JOSE MANUEL GUIMERA
AVENIDA DE JOSE ANTONIO PRIMO DE RIVERA
AUTOPISTA LOS RODEOS
AVENIDA LA SALLE
AVENIDA DE BUENOS AIRES
C. LOS MOLINOS
SAN RAFAEL Y SAN ROQUE
JOSE HERNANDEZ AFONSO
LAS REJAS
AVENIDA DEL TRES DE MAYO
SCHROEDER REISEFÜHRER

SANTA CRUZ DE TENERIFE

1. Petroleum-Raffinerie
2. Markt
3. Pfarrkirche Concepción
4. Inselverwaltung — Staatl. Touristenbüro
5. Plaza de España
6. Theater Guimera
7. Reisebüro Atlántida
8. Circulo Mercantil
9. Plaza de la Candelaria
10. Kasino — Reisebüro Marsans
11. Telegraphenamt
12. Compañia Transmediterránea
13. Hamilton & Co.
14. Compañia Pinillos
15. Reisebüro Blandy
16. Iberia — Spanische Luftlinien
17. Pfarrkirche San Francisco
18. Museum und Stadtbibliothek
19. Plaza del Principe
20. Circulo de Amistad XII de Enero
21. Chor von Teneriffa
22. Restaurant Gambrinus
23. Aviaco-Fluglinie
24. Fernsprechamt
25. Compañia Trasatlantica
26. Circulo de Bellas Artes
27. Kirche del Pilar
28. Haltestelle der Autobusse
29. Reisebüro Viking
30. Plaza de Weyler (Autobusse)
31. Capitania General de Canarias
32. Plaza de Pedro Schwarz (Autobusse nach La Laguna)
33. Sportplatz H. Rodriguez López
34. Theater Baudet
35. Stierkampfplatz
36. Hauptpost
37. Anglikanische Kirche
38. Bank von Spanien
39. Gobierno Civil (Zivilregierung)
40. Rathaus
41. Stadtpark
42. Theater San Martin
43. Kirche San José
44. Schwimmclub (Club Nautico)
45. Zum „Balneario" (Strandbad und Schwimmbecken)

etwa fünf Kilometer breiten Bucht zwischen den **Barrancos de Santos** im Süden und **de Tahodio** im Norden, geschützt im Norden durch das steil ansteigende **Anaga-Gebirge**, und am Ausgang der **Hochebene von La Laguna**. Diese geschützte Lage, vor allem aber die natürliche Hafenbucht, machten Santa Cruz von jeher, trotz seiner exponierten Lage im Nordostzipfel der Insel, zum wichtigsten Platz der Insel.

1723 wurde Santa Cruz anstelle von La Laguna Hauptstadt der Insel. Die rasche wirtschaftliche Entwicklung setzte jedoch erst ein, als Mitte des 18. Jahrhunderts der Welthandel immer stärkere Bedeutung erlangte. Man begann den Hafen auszubauen, der aufgrund seiner geographischen Lage und seiner natürlichen Vorzüge immer mehr zum Knotenpunkt der großen Schiffahrtslinien aus Europa und Übersee wurde, und schon bald kamen, zu Beginn des 19. Jahrhunderts, auch die ersten, meist englischen Touristen. Seit dieser Zeit gehört Santa Cruz zu den größten und am stärksten frequentierten Atlantikhäfen. Seine Rolle als Touristenzentrum der Kanarischen Inseln mußte es jedoch an Puerto de la Cruz und Las Palmas (Gran Canaria) abgeben, nicht zuletzt, weil es an schönen Stränden fehlt. 1927 wurde das Gebiet der Kanarischen Inseln in **zwei Provinzen** geteilt. Seitdem ist Santa Cruz, inzwischen seit Jahrzehnten *Hauptstadt des gesamten Archipels*, Hauptstadt der autonomen Republik Tenerife. Mit der jüngeren Geschichte Spaniens ist die Stadt dadurch verknüpft, daß General Franco von hier aus 1936 zur Halbinsel übersetzte und damit den Spanischen Bürgerkrieg einleitete.

Ihre jüngste Entwicklung verdankt die Stadt dem konsequenten Ausbau des Hafens ebenso wie der Ansiedlung wichtiger Industriezweige (*Ölraffinerien*) und nicht zuletzt auch der Zunahme des *Tourismus*. Heute wie früher ist der Hafen *das Herz der Stadt*, und auch an seiner Rolle als Einfallstor der Insel hat sich nichts geändert.

Im Gegensatz zu Las Palmas ist die Atmosphäre von Santa Cruz ruhig und ausgeglichen. Selbst in der belebten Hauptstraße scheinen sich die Menschen langsamer und ruhiger zu bewegen, als man es in einer Metropole erwartet. Nicht zuletzt ist dies dem manchmal drückenden Klima zuzuschreiben, das dem Mitteleuropäer bei längerem Aufenthalt zu schaffen macht. Und im Gegensatz zu Las Palmas besitzt Santa Cruz keinen Stadtstrand. Bademöglichkeiten gibt es einige Kilometer nordöstlich der Stadt (Strände, Meerwasser-Schwimmbecken).

Santa Cruz, die Hauptstadt von Tenerife

Anschriften und Hinweise von A bis Z
Ankunft mit dem Flugzeug: Flughafen Reina Sofía im Süden der Insel.
Auskunft: Junta Insular de Turismo im Gebäude des Cabildo Insular an der Plaza España, an der Uferseite (Avda. José Antonio de Rivera), Tel. 24 22 47.
Autobus-Verbindungen: Fernlinien (auch Mikrobusse) nach Puerto de la Cruz über Orotava (alle halbe Stunde), Icod, Arafo, Villa de Arico, Arona, Adeje, Las Caletillas, Granadilla, Los Cristianos, Médano, Villaflor, Garachico, Los Silos, Buenavista, Candelaria, Las Galletas (alle ab Calle Ramón y Cajal mit Transportes de Tenerife); nach San Andrés, Igueste El Bailadero, Taganana (ab Av. de Anaga 1 mit Transportes de San Andrés). Regelmäßige Busverbindungen nach Bajamar, Punta Hidalgo, Tejina, La Esperanza und in das Teide-Gebiet (Las Cañadas) über La Laguna.
Auskünfte über Abfahrtszeiten, Ausflugsfahrten etc. durch Ihr Hotel oder die Busunternehmen (Transportes de Tenerife S. L., Calle de Marina 10, Tel. 24 62 77; Transportes de San Andrés, Av. Cuba 1, Tel. 24 12 12).
Automobil-Clubs: Real Automóvil Club, Carretera de la Laguna, Tel. 22 13 95, und Touring Club de España, García Morato 14, Tel. 24 15 32.
Autoverleih: ATESA, San José 1; u. a.
Banken: Banco de Bilbao, Marina 9; Banco Central, San Francisco 6; Banco de Comercio, Plaza Weyler 13; Banco de España, Viera y Clavijo 25; Banco Español de Credito, Plaza de la Candelaria 6; Banco Exterior de España, Valentín Sanz 7; Banco Hispano Americano, Valentín Sanz 21; Banco de Vizcaya, José Murphy; Cala de Ahorros, Pérez Galdós 9.
Clubs und Vereine: Casino de Tenerife, Plaza de Candelaria; Club Nautico an der Carretera de S. Andrés: sportliche Ziele und Veranstaltungen; Circulo de Bellas Artes, Calle del Castillo; Kunstausstellungen, Vorträge und Konzerte; Circulo de Amistad, XII de Enero, Ruiz de Padron 8: literarische und musikalische Abende, Schauspiel, Bälle usw.; Circulo Mercanti, kaufm. Club, Plaza de Candelaria 6; Chor von Tenerife, Masa Coral Tenerifeña: Pflege der Mandolinenmusik, Volkstanz und Volkslied, an der Plaza del Principe.
Die Clubs können von Fremden nur besucht werden, wenn sie Mitglied sind. Mitgliedschaft auf Zeit ist möglich. Erforderlich dafür ist lediglich ein formeller Antrag und die Empfehlung eines Clubmitglieds.
Fernsprechamt: Teobaldo Power 6, Tel. 003.
Fluggesellschaften: Iberia, Avda. de Anaga, Tel. 24 66 75; Aviaco, Calle de Pilar 3; Swissair, via Consul S.A., Avda. de Anaga 23, Tel. 24 57 89; KLM, Calle del Pilar 3; Tel. 24 58 90; SAS, Olsen & Co., Castillo 72; Tel. 24 17 93.
Kinos: Teatro Baudet, General Mola 10; Royal Victoria, La Rosa; Parque Recreativo, Plaza del Patriotismo 1; Numancia, Calle Numancia; Teatro San Martín, Calle de San Martín; Victoria, General Mola; Real Cinema, La Rosa 36; Avenida, Pescadores 1; Ideal Cinema, San Francisco Javier; Moderno, Calle San Sebastían, Price, Salamanca; Rex, Calle Méndez, Núñez; Victoria, Plaza de la Paz; Tenerife, General Mola 90; Cine Plaza, Plaza de Toros; Costa Sur, Barriada García Escámez; Cinelandia, La Cuesta; Cine Greco, Calle Greco.
Museen: Archäologisches Museum, Plaza España, Ecke Avda. Bravon Murillo, mit wertvollen Sammlungen aus der Geschichte der Insel; Museo Municipal, hinter der Kirche San Francisco (Calle Ruiz de Padrón); Museo Militar.
Polizei: Comisatía de Policía, Méndez Núñez 6, Tel. 24 23 00.

Post- und Telegrafenamt: Plaza de España, Ecke Avda. Bravo Murillo, gegenüber dem Gebäude des Cabildo Insular.
Reisebüros: Atlantida, San Francisco 9; Tel. 24 59 79; Aeromar Expreso, San Juan Bautista 7, Tel. 24 69 99; A.T.E.S.A., Avda. de Asuncionistas 22, Tel. 22 26 98; Blandy, Marina 45, Te. 24 48 80; C.Y.R.A.S.A., Avda. de Anaga 13, Tel. 24 64 80; Marsans, San José 1, Tel. 24 22 40; Meliá, Pilar 9; 24 41 50; Solymar, San José 2, Tel. 24 70 82; Wagons Lits/Cook, Pilar 2, Tel. 24 67 36.
Schiffsverbindungen: Alle Inseln des Kanarischen Archipels sind von Santa Cruz mit den regelmäßig verkehrenden Liniendiensten zu erreichen. Auskünfte durch das Büro der Schiffahrtslinie, Marina 3, oder durch die Reisebüros.
Deutsche Schule: Colegio Alemán (Deutsche Schule mit Kindergarten), Calle Enrique Wolfson 34 (neben Hotel Mimosas); Kindergarten La Sagrada Familia; Goethe-Institut, Calle Enrique Wolfson 34 (neben Hotel Mimosas).
Schwimmbäder: Club Nautico (Schwimmbecken) und Balneario (Schwimmbecken und steiniger Strand), beide an der Carretera de San Andrés; ein weiteres Schwimmbad befindet sich am südwestlichen Stadtrand am Beginn der Autobahn nach Los Rodeos und La Laguna, an der Einmündung der Avenida de los Reyes Catolicos. Zu empfehlen ist der Strand von San Andrés (8 Kilometer nordöstlich, Busverbindung).
Sportmöglichkeiten: **Tennis**: Plätze im Club Nautico, beim Hotel Mencey und andere. **Golf**: Golfplatz des Golfclub von Tenerife (18 Löcher) in El Peñon bei Tacoronte (15 Kilometer von Santa Cruz), mit Restaurant und Unterkunft für die Spieler. **Reiten**: Reitstall beim Flugplatz Los Rodeos (ca. 200 Pts. pro Stunde). **Minigolf**: im Parque Municipal. **Fußball**: Estadio Deportiva H. Rodriguez Lopez, Avda. de los Reyes Catolicos (auch andere Sportmöglichkeiten).
Stierkampf: Plaza de Toros, Rambla del General Franco (6000 Plätze). Stierkämpfe finden vor allem in den Wintermonaten und während der Maifestspiele statt.
Theater: Teatro Guimerá, Plaza Isla de la Madera; Teatro Baudet, General Mola 10; Teatro San Martín.
Unfallstation: José Murphy, Tel. 24 15 02.

Der Hafen

Die Stadt lebt vom Hafen. Die Gesamtlänge der Molen beträgt 2877 Meter. Schon die Zahl von 110 000 Schiffsreisenden pro Jahr aus Spanien unterstreicht seine Bedeutung. Die größeren Passagierschiffe legen an der **Muelle Sur** (Südmole) an, die das Hafenbecken nach Süden hin abschirmt. Die kleineren Schiffe benutzen die **Muelle de Ribera.** Hier finden wir die Gebäude mehrerer Schiffsagenturen und das Büro der Hafenverwaltung, wo man sich an einem Aushang über die täglichen Schiffsbewegungen informieren kann. Parallel zur Nordmole erstreckt sich die **Avenida de Anaga** mit einer Anzahl von Reise- und Schiffahrtsbüros. Die Fischerboote liegen zum Teil in dem kleinen

Becken, das beim Ausgang der Südmole an die Plaza de España grenzt. Das Hafenbecken selbst wird ständig vertieft, so daß inzwischen auch die größten Transatlantikschiffe einlaufen können.

Stadtbesichtigung

Santa Cruz ist großzügig und übersichtlich angelegt, so daß Sie sich bald in der Stadt zurechtfinden werden und auch bei kurzem Aufenthalt schnell einen guten Eindruck von der Stadt gewinnen können. Dazu empfehlen sich drei Rundgänge, die sich auch miteinander verbinden lassen. Wenn Sie jedoch nur wenig Zeit haben: Die Taxis, die überall auf Kundensuche umherfahren, sind preiswert, und es gibt auch Stadtbusse (Abfahrt Plaza de España, Ecke Bravo Murillo).

Welchen der drei Wege Sie zuerst wählen, bleibt Ihrem Interesse überlassen. Ausgangspunkt ist in jedem Fall die verkehrsreiche **Plaza de España** am Südende des Hafens. Hier treffen sich die Lebensadern der Stadt: die beiden immer belebten Hafenmolen **Muelle de Ribera** und **Muelle Sur**, die Hafenpromenade **Avenida de Anaga**, und die jenseits der sich anschließenden **Plaza de la Candelaria** beginnende **Calle del Castillo,** die Hauptgeschäftsstraße von Santa Cruz.

In der Mitte der Plaza de España erhebt sich, von Blumenrabatten umgeben, das **Monumento de los Caídos**, ein Mahnmal für die Gefallenen des Spanischen Bürgerkrieges. In seinem Sockel befindet sich eine Gedächtniskapelle. Von der Spitze des schlanken Turmes in Form eines Kreuzes (Lift) haben Sie einen schönen Blick auf Stadt und Hafen und auf die Kette des Anaga-Gebirges: eine gute Möglichkeit, sich schnell über die Anlage von Santa Cruz zu informieren.

Die Südseite der Plaza de España nehmen zwei große Gebäude ein; die **Hauptpost** (Correos y Telégrafos) und, an der Uferseite (Avenida de José Antonio de Primo de Rivera), der **Palacio Insular.** Er ist der Sitz der Inselverwaltung (**Cabildo Insular**) und der **Junta Insular del Turismo**, des Fremdenverkehrsamtes (zu erreichen durch den vorderen Haupteingang), in deren Informationsbüro (Eingang von der Meerseite) Sie Prospekte und Stadtpläne bekommen (auch in Deutsch). Im gleichen Gebäudekomplex ist das sehenswerte **Museo Arqueológico (Archäologisches Museum)** untergebracht, das Sie sich unbedingt ansehen sollten, wenn Sie sich für Geschichte und Kultur der Guanchen interessieren (Gebrauchs- und Kultgegenstände aller Art, vor allem aus Ton, Mumien, Schädel, Schmuck etc.). Es ist neben dem Museo Canario in Las Palmas die reichhaltigste Sammlung dieser Art auf dem ganzen Archipel.

Rund um den Stadtkern

Der erste Rundgang führt Sie zunächst in die alten Stadtviertel im Süden von Santa Cruz. Dazu verlassen Sie die **Plaza de España** zwischen Hauptpost und Pacio Insular auf der Straße **Bravo Murillo**. Nachdem Sie die Calle Imeldo Seris überquert haben, öffnet sich rechts vor Ihnen die **Plaza de la Iglesia.** An der gegenüberliegenden Seite erhebt sich in einem der ältesten Viertel, am Nordrand des tief eingeschnittenen **Barranco de Santos**, die älteste Kirche von Santa Cruz, die

Iglesia Nuestra Señora de la Concepción
Ihr erster Bau von 1502 wurde nach einem Brand 1652 mit den ursprünglichen fünf niedrigen, dunklen Schiffen wiederhergestellt. Bemerkenswert sind der reich geschnitzte Hochaltar, die Marmorkanzel (1736), das Chorgestühl und einige Gemälde (17. bis 19. Jahrhundert). In der Kirche werden verschiedene wertvolle Reliquien und Kultgegenstände aufbewahrt.

Interessant sind außerdem neben anderen Zeugen der Inselgeschichte das »Heilige Kreuz«, das Fernández de Lugo 1494 als Zeichen der Inbesitznahme der Insel an der Hafenbucht aufstellte, und zwei von Admiral Nelson 1797 erbeutete Fahnen.

Von der Kirche führt die Calle Domínguez Alfonso parallel zum Barranco zur neuen **Puente Serrador**, auf der Sie nun den Barranco überqueren. Vor Ihnen liegt der

Mercado
Der städtische Markt besitzt eine Markthalle in maurischem Stil. Er ist so bunt und vielfältig, wie nur ein Markt sein kann: Neben vielerlei Gemüse finden Sie hier eine reiche Auswahl südlicher Früchte, Mangofrüchte und Avocados, Orangen, Ananas und Grapefruits, und auch Kanarienvögel in den typischen kleinen Holzkäfigen fehlen nicht.

Besonders in den ganz frühen Morgenstunden können Sie hier Leben und Treiben der Tiñerfeñer und ihre unverfälschte Mentalität kennenlernen.

Santa Cruz, die Hauptstadt von Tenerife

Weiter südlich liegt die **Avenida Tres de Mayo**, die zur Autobahn, zum Flughafen, nach La Laguna und weiter nach Puerto de la Cruz führt. Jenseits erstreckt sich das **Industrieviertel** von Santa Cruz. Die ausgedehnten Raffinerieanlagen der Companía Española de Petrolos, S.A., die für die Benzinversorgung Spaniens eine wesentliche Rolle spielen und ihr Entstehen der vorteilhaften Lage des Hafens Santa Cruz an den großen Schiffahrtsstraßen verdanken, erzeugen pro Jahr fast zwei Millionen Tonnen gereinigtes Öl, Benzin, Asphalt etc. Mit ihren in der Sonne glänzenden Tanks (mehr als 200 000 m^3 Fassungsvermögen) sind sie ein den Touristen nicht unbedingt sympathisches Merkmal der Stadt.

Auf dem Rückweg über die Puente Serrodor geht es nun geradeaus weiter auf der **Calle Valentín Sanz**. Rechts von Ihnen und in wenigen Schritten zu erreichen liegt an der Plaza Isla de Madeira das **Teatro Guimerá**, ein äußerlich nicht besonders ansehnliches Gebäude mit prunkvoller Innendekoration. Es wurde um die Mitte des vergangenen Jahrhunderts erbaut und ist benannt nach dem kanarischen Dichter und Dramatiker Angel Guimerá (geb. 1846 in Santa Cruz). Heute wie früher ist das Theater der Mittelpunkt des kulturellen Lebens der Stadt, und häufig finden hier auch Gastspiele fremder Ensembles statt.

Die Calle Valentín Sanz kreuzt bald darauf die Calle del Castillo, die rechts zurück zum Plaza de España führt. Gehen Sie jedoch weiter geradeaus. Bald erreichen Sie rechterhand die hübsche schattige **Plaza del Principe** mit schönem, altem Baumbestand (Riesenfeige). Schräg nach links führt von hier die Calle del Pilar zur **Iglesia del Pilar** (Mitte 18. Jahrhundert) mit einer hübschen Statue der Virgen de las Angustias von Miguel Arroyo (1804) und weiter durch die neueren Wohn- und Hotelviertel zur **Parque Municipal** (Stadtpark).

Die Ostseite der Plaza del Principe wird beherrscht durch den Bau des ehemaligen Klosters San Francisco aus jüngerer Zeit, in dessen Räumen das **Museo Municipal** (Städt. Museum, gegr. 1900) und die Stadtbibliothek untergebracht sind. Neben Waffen und Keramik, Skulpturen und Porzellan zeigt das Museum eine reichhaltige Sammlung von Gemälden auch zeitgenössischer spanischer und kanarischer Meister (Brueghel, Jordaens, Guido Reni u. a.). Die **Stadtbibliothek** verfügt u. a. über zahlreiche Werke zur Geschichte und Kultur der Kanarischen Inseln (Lesesaal).

Die **Iglesia San Francisco de Asis**, die sich unmittelbar anschließt, wurde 1680 als Kirche des Klosters San Pedro Alcántara gegründet, im 18. Jahrhundert jedoch mehrfach erneuert. Ihre Fassade zeigt den Stil des spanischen Kolonialbarock, ihr Glockenturm ist mit buntglasierten Fliesen, den sog. Azulejos, gedeckt. Mit kunstvollen Altaraufsätzen und Fresken zeigt ihr Inneres den Stil der Zeit, sie enthält ansonsten wenig historisch Erwähnenswertes. Bekannt dagegen ist diese Kirche ihrer guten Orgel wegen, und häufig finden hier Kirchenkonzerte statt.

Über die kleine **Plaza San Francisco** und durch die **Calle Hervás Villalba** erreichen Sie nun bald die Hafenpromenade und die Plaza de España, den Ausgangspunkt des Rundganges.

Plaza de la Candelaria, Calle del Castillo, Stadtpark, »Rambla«
Wenn Sie sich in kurzer Zeit einen allgemeinen Eindruck von Santa Cruz verschaffen wollen, empfiehlt sich folgender Weg:

Nach Besichtigung des Archäologischen Museums (s. S. 71) bummeln Sie zunächst zur **Plaza de la Candelaria**, die sich nach Westen direkt an die Plaza de España anschließt. Sie verdankt ihren Namen (offiziell heißt sie immer noch Plaza de la Constitución) der **Madonna de la Candelaria,** der »Lichtbringerin«, deren Statue sich auf einer schlanken, pyramidenförmigen Säule aus weißem Carrara-Marmor erhebt. Die Gestalten zu ihren Füßen stellen vier Guanchen-Könige dar. Das Denkmal entstand 1778 und ist ein Werk des italienischen Bildhauers Canova. Es symbolisiert den Sieg der christlichen Spanier über die Ureinwohner. Seit, wie die Legende berichtet, die Guanchen vor der spanischen Eroberung am Strand von Candelaria ein Standbild der Jungfrau Maria fanden, wird die Virgen de la Candelaria auf den Inseln als *Schutzheilige* verehrt.

Das imposante Gebäude rechts zu Beginn der Plaza de la Candelaria ist das **Casino de Tenerife**. Es stammt aus der Mitte des 18. Jahrhunderts und ist der Sitz eines der ältesten Clubs der Insel, dessen Mitglieder sich aus den angesehensten Familien von Tenerife rekrutieren. Man kann das Casino nur mit Erlaubnis des Sekretärs betreten. Jakkett und Krawatte bei den Herren sind verbindlich. Das Innere wirkt etwas überladen luxuriös. Sehenswert wegen ihres eigenen Stils sind jedoch die riesigen Wandgemälde der einheimischen Künstler Néstor de la Torre, Aguiar und Bonnin. Die Bilder stellen Motive aus der Geschichte der Insel und alte Sitten und Gebräuche dar.

Die immer belebte Plaza wird im übrigen umsäumt von Banken,

Santa Cruz, die Hauptstadt von Tenerife

Hotels und von Geschäften und Basaren aller Art. Besondere Beachtung verdient der **Palacio de la Carta** (18. Jahrhundert), der frühere Sitz des Zivilgouverneurs, mit schönem Patio mit typisch kanarischen Balkonen (heute eine Bank). In den Geschäften und Basaren finden Sie, meist von Indern angeboten, Andenken und Kunstgewerbe aus allen Erdteilen. In einem etwas oberhalb des Casinos liegenden staatlich geführten Geschäft können Sie günstig und zu festen Preisen spanische und kanarische Handarbeiten kaufen. Ansonsten heißt es **handeln**: Wenn Sie geschickt sind, zahlen Sie nicht mehr als zwei Drittel des zunächst genannten Preises.

Die nun folgende **Calle del Castillo**, benannt nach dem früheren Castillo de San Cristóbal, ist die vielbesuchte, bunte *Hauptgeschäftsstraße* von Santa Cruz.
Dicht an dicht stehen hier Restaurants und Cafés, elegante Geschäfte, Boutiquen und Basare, und auch hier sind die Geschäfte meist in indischen, aber auch in afrikanischen Händen.

Auch in der Calle del Castillo finden Sie neben spanischen und kanarischen Erzeugnissen Holz- und Lederarbeiten aus Afrika, Elfenbeinschnitzereien und Elektrogeräte aus Japan, Silberschmuck und Saris aus Indien, und wenn Sie zu handeln verstehen, können Sie manches günstig einkaufen. Aber auch das »normale« Warenangebot ist preiswert (zollfrei!).

Die Calle del Castillo mündet auf die Plaza de Weyler. Etwa auf halbem Wege links ist der **Circulo de Bellas Artes**, wo häufig Konzerte und Ausstellungen stattfinden.

Die parkartige **Plaza de Weyler** ist fast ebenso belebt wie die Plaza de la Candelaria. Wie auf allen Plazas können Sie hier an einem Kiosk eine Erfrischung zu sich nehmen. An der Einmündung der **Calle Imeldo Seris** befindet sich die *Endhaltestelle der Linienbusse* nach Puerto de la Cruz und zu anderen Orten der Insel. Jenseits des Parks stoßen Sie auf das Gebäude der **Captanía General**, in dem Franco vor Ausbruch des Spanischen Bürgerkrieges eine Zeitlang wohnte, und auf die **Avenida 25 de Julio**, die Sie nun rechts entlanggehen. In dem Viertel rechterhand, an der **Calle Mendez Nuñez**, liegen die Gebäude des **Gobierno Civil** (Regierungsgebäude) und des **Rathauses** (Ayuntamiento) und die **Anglikanische Kirche**.

Auf der Calle Mendez Nuñez oder von der Plaza 25 de Julio rechts durch die Calle Gral. O'Donell kommen Sie nun zur schönsten Parkanlage von Santa Cruz, dem nach einem früheren Bürgermeister benannten **Parque Municipal Garcia Sanabria**. Sehenswert ist der kleine *Botanische Garten* mit tropischen und subtropischen Pflanzen und Bäumen, Blumenrabatten und bambusüberschatteten Wegen. An seiner Südseite befindet sich ein gut geführtes Pavillon-Restaurant, vor dem eine hübsche Blumenuhr selten die richtige Zeit anzeigt. Eine Minigolf-Anlage (rechts) und ein kleiner Kinderspielplatz sorgen für Abwechslung. Außerdem gibt es einen kleinen Tierpark, dessen schlecht gehaltene Tiere jedoch eher Mitleid als Interesse erwecken. Der Stadtteil um den Parque Municipal ist die bevorzugte Wohnlage von Santa Cruz.

Die Nordseite des Parks grenzt an die **Rambla del General Franco,** von den Einheimischen kurz **Rambla** genannt, eine prachtvolle, breite Straße mit hübschen Villen in blühenden Gärten, die Lorbeer-, Tulpen- und Palisanderbäume, erkennbar an den blau-violetten Blütenrispen, zur schattigen Allee machen. Wenn Sie die Rambla links entlanggehen, kommen Sie zur **Plaza de Toros**, der Stierkampfarena (ca. 6000 Plätze). Unser Rundgang führt jedoch nach rechts, meerwärts. Gleich links, Ecke Calle Dr. José Naveiras, das bekannte **Luxushotel Mencey** mit Schwimmbad und Tennisplatz.

Nach etwa einem Kilometer mündet die Rambla kurz vor der **Muelle Norte** (Nordmole) auf die **Avenida de Anaga**, auf der Sie nun zur **Plaza de España** zurückkehren können (siehe unten).

Die Hafenpromenade
Ein Bummel auf der Avenida de Anaga, der mit Palmen und Oleander, Hibiskussträuchern und Blumenrabatten schön und großzügig angelegten Hafenpromenade, sollte in jedem Fall zu Ihrem Programm gehören. Hier und an der parallel laufenden Straße **Marina** mit schönen alten Gebäuden befinden sich die Büros der Reedereien und Fluggesellschaften, Reisebüros, Restaurants und Bars und von Einheimischen und Fremden gerne besuchte Boulevardcafés, von denen aus Sie das bewegte Leben auf der Promenade und den Hafenbetrieb beobachten können. Und auch die »wandelnden Vertreter« der Basare fehlen nicht, die mit Geduld und Ausdauer von Tisch zu Tisch gehen und Leder-, Flecht- und Webarbeiten anbieten.

Machen Sie diesen Spaziergang am besten gegen Abend: Zu dieser Zeit ist auf der Hafenpromenade am meisten los. Von **der Plaza de**

España gehen Sie bis zur **Muelle Norte** (Nordmole) etwa zwei Kilometer. Kurz vorher mündet links die Rambla del General Franco ein. Hinter der Muelle Norte rechts die Gebäude des **Club Nautico** mit zwei großen Schwimmbecken, Tennis- und Ballspielplätzen und natürlich vielen Gelegenheiten zum Rudern und Segeln (Eintritt nur einer Einführung durch ein Clubmitglied; auch Mitgliedschaft auf Zeit ist möglich). Hier werden häufig auch internationale Wettkämpfe ausgetragen. Von ausgedehnten Terrassen (Restaurant mit Tanz) hat man einen prächtigen Ausblick auf das Leben und Treiben des Hafens. Neben dem Club Nautico die verfallenen Reste des **Castillo de Paso Alto** mit dem **Museo Militar** (Militärmuseum), in dem u. a. die Kanone »El Tigre« gezeigt wird, die Admiral Nelson bei seinem Landungsversuch den rechten Arm zerschmettert haben soll. Club Nautico und Militärmuseum liegen bereits an der **Carretera de San Andrés,** der Fortsetzung der Avenida de Anaga. Wenn Sie auf ihr ein Stück weitergehen, kommen Sie zum **Balneario,** dem Schwimmbad von Santa Cruz. Hier können Sie zwischen einem geschlossenen Becken (1965 angelegt) und der offenen See wählen, wobei letztere häufig durch Öl verschmutzt ist, so daß man besser verzichtet. Ein besserer Strand befindet sich bei San Andrés (6 Kilometer, s. S. 81). Zurück zur Plaza España gehen Sie entweder auf dem gleichen Weg oder Sie verbinden den »Hafenbummel« mit dem Rundgang auf Seite 74/76, indem Sie rechts in die **Rambla del General Franco** einbiegen.

Unterhaltung und Veranstaltungen
Seit langem wird das kulturelle Leben von Santa Cruz durch alteingesessene Clubs und Vereinigungen getragen, deren Veranstaltungen zum Teil auch von Touristen besucht werden können. Informationen hierüber erhalten Sie im Büro der Junta Insular de Turismo.

Konzerte werden vor allem veranstaltet vom **Circulo de Amistad XII de Enero** (Ruiz de Padrón, an der Plaza Principe) und vom **Konservatorium** (Calle Teobaldo Power, nahe der Calle del Castillo). *Folkloreveranstaltungen* (Volkslieder, Volkstänze, Gitarrenkonzerte) führt die **Masa Coral Tinerfeña** (Plaza del Principe) durch, die besonders durch ihren Chor bekannt wurde. Wechselnde *Ausstellungen* von Bildern und Plastiken zeitgenössischer Künstler sehen Sie im bereits erwähnten **Circulo de Bellas Artes** (Calle del Castillo).

Stierkämpfe sind vor allem während der Maifestspiele zu sehen (**Plaza de Toros** an der Rambla). *Sportveranstaltungen* aller Art finden im neuen **Estadio Deportiva H. Rodríguez Lopez** (Avenida de los Reyes Catolicós) statt.

Ausflüge von Santa Cruz

Entfernungen

Nach	km
Adeje	125
Arafo	31
Arico	68
Arona	105
Azulejos, Los	
über La Esperanza	69
über La Orotava	81
über Vilaflor	120
Bajamar (Playa)	20
Buenavista	77
Cañadas, Las	
(Mña., Blanca-Zugang)	
über La Esperanza	61
über La Orotava	79
über Vilaflor	128
Candelaria	24
Cristianos, Los	110
Cruz del Carmen	19
Esperanza, La	15
Wald von Esperanza	19
Forsthaus	25
Fasnia	49
Garachico	68
Granadilla	82
Guajara, Pico de	79
Guancha, La	67
Güimar	31
Icod de los Vinos	64
Izaña (Observatorium)	
über La Esperanza	50
über La Orotava	73
über Vilaflor	145
Laguna, La	9
Matanza, La	25
Médano, El	93

Nach	km
Mercedes, Las (Wald)	21
Mirador de Los Roques	
über La Esperanza	67
über La Orotava	79
über Vilaflor	122
Orotava, La	37
Portillo, El	
über La Esperanza	53
über La Orotava	65
über Vilaflor	137
Puerto de la Cruz	39
Punta del Hidalgo	27
Realejo Alto	45
Realejo Bajo	46
Rodeos, Los (Flughafen)	12
Rosario, El	6
San Andrés	9
San Juan de la Rambla	52
San Juan (Strand)	
Nordstrecke	116
Südstrecke	136
San Miguel	88
Santa Ursula	31
Santiago del Teide	86
Sauzal, El	22
Tacoronte	20
Tanque, El	72
Tegueste	16
Teide, Pico de	73
Tejina	20
Victoria, La	27
Vilaflor	
über La Esperanza	91
über La Orotava	103
über Güimar	96

Nach La Laguna

9 Kilometer

La Laguna erreicht man am schnellsten nach neun Kilometer Fahrt auf der Autobahn mit dem Taxi oder einem der häufig verkehrenden Schnellbusse (Haltestelle nahe Plaza de Weyler). Lohnender jedoch ist die Fahrt auf der Carretera del Norte, da Sie auf ihr hügelwärts zu einem Aussichtspunkt kommen, der seinen Namen zu Recht trägt: **Vista Bella** (Schöne Aussicht). Der Blick zurück auf Stadt und Küste lohnt wirklich eine kurze Pause. Die Carretera del Norte erreichen Sie über die Avenida del General Mola. Kurz nach Vista Bella durchfahren Sie **La Cuesta**, heute ein Vorort von Santa Cruz, und kommen nach 9 Kilometern nach

La Laguna

Mit 71 000 Einwohnern ist La Laguna die zweitgrößte Stadt der Insel. Die *ehemalige Hauptstadt von Tenerife* liegt in einem weiten, fruchtbaren Tal und ist ein wichtiger Verkehrsknotenpunkt: Hier treffen sich die Straßen zur Nordküste (Puerto de la Cruz) und zum Nordostzipfel der Insel (Anaga-Gebirge) und die zu den Cañadas und zum Pico de Teide führende Carretera. Auch der zweite Flughafen von Tenerife, Los Rodeos, liegt bei La Laguna.

Geschichte: Auf der Hochebene von La Laguna entschied sich das Schicksal der Guanchen, denen hier Fernández de Lugo am 14. November 1494 ihre erste furchtbare Niederlage beibrachte. Von ihm wurde La Laguna **1496** gegründet. Über zwei Jahrhunderte war die Stadt Hauptstadt des ganzen Archipels und Sitz der spanischen Generalkapitäne und auch gleichzeitig geistiges und kulturelles Zentrum der Inseln, eine Tatsache, die sich noch heute in vielen aus dieser Zeit erhaltenen Gebäuden widerspiegelt.
Als 1723 Santa Cruz anstelle von La Laguna Hauptstadt des Archipels wurde, begann die Bedeutung der Stadt zu sinken. 1817 wurde die *Universität* von La Laguna gegründet, und seit 1818 ist La Laguna *Bischofssitz*.

La Laguna wird der Eiskeller oder das Regenloch Tenerifes genannt. Die Begriffe sind sehr relativ, denn besonders die Ausländer ziehen das *frische Klima* der Höhe von 550 Metern über dem Meeresspiegel der Schwüle von Santa Cruz vor. Viele Einwohner der Hauptstadt haben hier ihren Sommersitz.

Die Stadt ist **Sitz der Landesuniversität**. In ihr sind alle Fakultäten vertreten. Der neu hinzugekommenen medizinischen Fakultät ist eine hochmoderne Klinik angeschlossen. Trotz der vielen Studenten zeigt La Laguna noch heute das Bild einer geruhsamen spanischen Stadt aus dem 16. oder 17. Jahrhundert, mit Palästen und herrschaftlichen Bürgerhäusern. Die Einheimischen sagen, daß dem hier residierenden Bischof zuliebe so viele Kirchen wie Kneipen gebaut worden sind. Die Straßen sind schachbrettartig angelegt und wegen ihrer Enge durchweg Einbahnstraßen. Wie in allen alten Kolonialstädten wirken die Fronten der Häuser trotz ihrer hübschen holzgeschnitzten Balkone und bunten Holzläden nach außen hin abgeschlossen. Man hält sich in den kühlen, blumenreichen Patios auf.

Wenn Sie von der Autobahn kommen, passieren Sie zunächst das neue La Laguna, die 1955 fertiggewordene, großzügig und modern gebaute **Neue Universität** inmitten schöner Gartenanlagen.

In der Calle Obispo Rey Redondo mit schönen Bürgerhäusern aus dem 16. und 17. Jahrhundert kommen wir zur **Kathedrale**, 1513 begonnen, aber seitdem mehrfach umgebaut (zuletzt 1908/09). Ihre neoklassizistische Fassade ist wenig bemerkenswert, ihr Inneres jedoch sollten Sie sich ansehen. Neben dem schmucklosen Grab des Eroberers von Tenerife, Fernández de Lugo, enthält sie einen Altar aus getriebenem Silber und eine barocke Altarrückwand, einige Bilder flämischer Schule und eine schöne Marmorkanzel aus dem 18. Jahrhundert. Beachtenswert sind außerdem verschiedene Standbilder (18./19. Jahrhundert) und der reiche Kirchenschatz.

Nicht weit von der Kathedrale finden wir eine der ältesten Kirchen der Insel, die **Iglesia de la Concepción** (Anfang 16. Jahrhundert) mit schönem Turm (Anfang 18. Jahrhundert).

Ihr Inneres wirkt vor allem durch die kunstvollen, dunklen Holzschnitzereien (17. Jahrhundert) der Decke, der Barockkanzel, des Chorgestühls und des Altars in einem der Seitenflügel. Diese schöne Kirche enthält außerdem einige schöne Heiligenstatuen (u. a. Nuestra Señora de la Concepción).

In der Calle San Agustín liegen die **Alte Universität** mit der Provinzialbibliothek (mehr als 30 000 Bände und wertvolle Inkunabeln), der barocke **Bischofspalast** (17. Jahrhundert) mit besonders schönem Patio und das ehemalige Augustinerkloster mit der **Iglesia San Agustín**

Ausflüge von Santa Cruz

(17./18. Jahrhundert). Die Straße mündet auf die schattige Plaza de Adelantado mit dem **Palacio de Nava,** einem weiteren sehenswerten Beispiel spanischen Kolonialbarocks.

Der Palacio war Sitz eines der ältesten Adelsgeschlechter der Insel, der Familie Nava Grimón, Marqueses de Villanueva del Prado, die hier als Beispiel für eines der spanischen Geschlechter, die sich um Tenerife hohe Verdienst erwarben, kurz behandelt werden soll. Tomás Nava Grimón war der heldenmütige Verteidiger von Santa Cruz gegen die Flotte Admiral Blakes (1657). Alonso Nava Grimón kämpfte 1706 nicht weniger erfolgreich gegen die Angriffe des englischen Admirals Gennings. Diego Nava Grimón y Aguilar war Militärgouverneur von Quito/Peru, und auch Domingo Nava Grimón (geb. 1740) zeichnete sich auf den Meeren Europas und Amerikas bei vielen militärischen Unternehmungen aus (u. a. bei der Blockade von Gibraltar und der Einnahme von Toulon). Die bedeutendste Persönlichkeit jedoch war der 1756 in La Laguna geborene Alonso Nava Grimón y Benites de Lugo, sechster Marquis von Villanueva del Prado, der im öffentlichen Leben der Insel eine besondere Rolle spielte. Bei den berühmten literarischen Zusammenkünften in seinem Hause erhielt Viera y Clavijo) die Anregung, seine Geschichte der Kanarischen Inseln zu schreiben. Er gründete den Botanischen Garten von Orotava und wurde vom spanischen König mit der Errichtung der Universität San Fernando von La Laguna beauftragt.

Weitere Sehenswürdigkeiten von La Laguna sind das klassizistische **Rathaus** (18. Jahrhundert) und die Kirche des ehemaligen Klosters **San Francisco** mit einer auf den Inseln verehrten gotischen Christusstatue (Cristo de La Laguna, 15. Jh.).

Autobus-Verkehr: Stündlich nach La Cuesta, Taco, Punta Hidalgo und La Esperanza; viertelstündlich nach Santa Cruz und nach Tacoronte, halbstündlich nach Las Mercedes.
Feste: Besondere Erlebnisse, bei denen Sie oft auch die Gelegenheit haben, die Folklore von Tenerife kennenzulernen, sind gerade in La Laguna die kirchlichen Feste und Feiertage. Neben der »Semana santa« (Karwoche) und dem Fronleichnamsfest ist es vor allem das Fest des Santísimo Cristo de la Laguna (Sept.), das viele Besucher, auch von den Nachbarinseln, anzieht. Interessant ist auch, neben anderen Festtagen örtlicher Heiliger, das Fest des Santo Benito am ersten Junisonntag.

Über San Andrés ins Anaga-Gebirge und nach Las Mercedes

Rundfahrt, 60 Kilometer

Die Fahrt über den Kamm des wildromantischen Anaga-Gebirges gehört mit zu den eindrucksvollsten Erlebnissen auf der Insel. Sie ist jedoch nur zu empfehlen, wenn die Berge nicht von Wolken bedeckt sind.

Von Santa Cruz fährt man über die Avenida de Anaga und weiter auf der Carretera de San Andrés. Nach wenigen Kilometern sieht man auf der linken Seite *Höhlenwohnungen*, die einen kleinen Eindruck von den Lebensverhältnissen der Ärmsten vermitteln. Die Fahrt führt an Fischkonservenfabriken vorbei. Bis San Andrés ist die enge Straße in den Fels geschnitten und windet sich in engen Kurven an der Steilküste entlang.

San Andrés ist ein kleines *Fischerdorf*, arm und schmutzig, für den Außenstehenden jedoch von malerischer Romantik. Die nahegelegene Badebucht mit langem Strand (zum Teil Sand, sonst Kiesstrand) zwischen den hochragenden Gebirgshängen (Playa de las Teresitas) ist bereits für den Tourismus erschlossen.

Von San Andrés führt die enge, kurvenreiche Küstenstraße weiter nach **Igueste** (7 Kilometer), einem hübschen Ort am Ausgang des **Barranco de Igueste**, wo sie endet. Wenig weiter und auf beschwerlichem Weg zu Fuß erreichbar (besser mit dem Boot von San Andrés oder auch von Santa Cruz aus) die **Bahía de Antequera**, eine weite Bucht mit breitem Lavasandstrand.

Die Straße steigt nun stetig zum Kamm des Anaga-Gebirges. Es ist der älteste Teil der Insel. In 600 Meter Höhe erreichen wir die Wolkenzone. Am **Bailadero** (935 Meter) mit neuem Restaurant öffnet sich der Blick über die Nord- und Südküste.

Zu unseren Füßen liegt das Dörfchen **Taganana**, das einen Besuch lohnt. »Der gute Wein von Taganana« ist auf der Insel ein fester Begriff geworden. Die Bewohner des Dorfes nehmen den Fremden sehr gastlich auf. Auffallend sind die vielen hochgewachsenen Gestalten mit roten Haaren und blauen Augen. Es geht die Sage, daß einst die Wikinger hier landeten und sich mit den Ureinwohnern vermischten. Mit etwas Glück bekommt man noch eine der Ziegenhäute zu kaufen, in denen der Wein gelagert wird. Ebenfalls aus Ziegenfell sind Rucksäcke, die von den Hirten und Bauern benutzt werden.

Die Kammstraße führt weiter durch den **Lorbeerwald**, der nun wieder den Blick in die mächtigen Schluchten zu beiden Seiten freigibt. Vom **Pico del Inglés** (1000 Meter) aus, dem »Wettermacher« des Gebirges, bekommt man einen letzten Eindruck von dem gewaltigen Massiv des Gebirges. Fast greifbar zu unseren Füßen stürzen die Wolken über den scharfen Grat und lösen sich im Blau des Himmels auf. Nur selten ist der Blick frei über den Nordteil der Insel.

Bei dem kleinen Restaurant am nahegelegenen **Cruz del Carmen** (1024 Meter) lohnt sich ein kurzer Aufenthalt. Hier treffen wir Frauen und Mädchen, die aus den abgelegenen Dörfern des Anaga-Gebirges kommen, um ihre landwirtschaftlichen Produkte auf dem Markt von La Laguna zu verkaufen.

Wenig unterhalb des Cruz del Carmen ist die Straße zu einem **Mirador** erweitert worden. Man überschaut das weite Tal von La Laguna, in dem das Hauptlager der spanischen Eroberer lag, und blickt weiter hinüber zur Cumbre bis zum Teide. Die Straße fällt nun schnell ab bis **Las Mercedes**. Mächtige Eukalyptusbäume geben der Landschaft das Gepräge. Bald erreichen wir La Laguna (siehe Seite 79).

Über den Verteilerring mit dem *Standbild des Padre Anchieta*, dem Missionar Brasiliens, fahren wir an den Sportanlagen der Universität zur Straße nach **La Cuesta,** dem letzten Ort vor Santa Cruz. In La Cuesta, dort, wo die Carretera del Sur von der Hauptstraße nach La Laguna abzweigt, liegt das Spital. Ein *Findelhaus* und die *Siedlung García Escamez* liegen an der Carretera a Rosario, die vom Plaza Weyler abzweigt. Wer den Marmorhof in arabischem Stil sieht, verspürt nicht mehr den engen Arme-Leute-Geist, der so manches Waisenhaus im Abendland gedrückt und unfroh erscheinen läßt. Die Siedlung Garcia Escamez gruppiert sich mit gefälligen Häuschen um eine Kapelle, in der der Stifter und Träger dieses Namens, ehedem Statthalter der Insel, begraben liegt. Stets schmücken zum Gedenken frische Blumen sein Grab vor dem Altar. In der Nähe folgt das Spital der Brüder des Hl. Johannes von Got, des heroischen Vaters der Kranken und Irren. Hier werden Paralytiker und andere Kranke um Gottes Lohn gepflegt. Ihr Oberer ist selbst Chirurg. Diese barmherzigen Brüder oberhalb der großen Hafenstadt leben nur von milden Gaben. In der Nähe befindet sich auch die neue Kinderklinik San Juan de Dios, die auf das Modernste eingerichtet ist.

Wanderungen im Anaga-Gebirge

Wanderungen im Anaga-Gebirge gehören zu den schönsten Erlebnissen, die man auf Tenerife haben kann. Sie geben einen unmittelbaren Eindruck von der Urwüchsigkeit des Landes und von der Lebensweise der sehr aufgeschlossenen Menschen, die trotz ihrer außerordentlich harten Arbeit einen frohen und gelösten Eindruck machen.

Wanderungen dieser Art sind **keine Spaziergänge!** Es sind Höhenunterschiede von ca. 400 Meter in ständigem Wechsel zu überwinden. Der ungeübte Wanderer wird zwei durchstiegene Barrancos noch nach Tagen in schmerzhafter Erinnerung haben. Gute Schuhe mit elastischer Sohle und Knöchelschutz sind erforderlich. Verpflegung und Getränke sind ausreichend mitzunehmen, da es keine Möglichkeiten gibt, in den Dörfern einzukaufen. Ein kleines Restaurant gibt es nur am Cruz del Carmen. Jeweils bei Erreichen der Vegetationszone ist es dringend zu empfehlen, eine warme Jacke anzuziehen, da andernfalls mit Sicherheit eine Erkältung zu erwarten ist.

Kletterpartien sind nicht möglich, da es kaum festen Fels gibt.

Vom Cruz del Carmen zur Punta Hidalgo

Vierstündige Wanderung, die bequem an einem Nachmittag gemacht werden kann. Etwa vier vier Kilometer führen über einem Kanal an der Steilwand eines riesigen Barrancos entlang. Ungefährlich, da der Kanal sehr breit ist. Führt nur an wenigen Tagen in der Winterzeit Wasser. Punta Hidalgo s. S. 86.

Bailadero – Faro de Anaga

Bis zum Bailadero Bus oder Taxi. Von dort angenehmer Weg im Schatten von Lorbeer. Bequem in sechs Stunden. Für die Fahrt vom Anaga-Leuchtturm nach San Andrés ist vorher ein Fischerboot in S. Andrés zu bestellen.

Bailadero – Cumbrecita – Taganana – Bailadero

Sehr anstrengende Tour, Dauer ca. sechs Stunden. Unterwegs Bademöglichkeit. Achtung auf Steinschlag!

Cruz del Carmen – Las Carboneras

Sehr angenehm und bequem in drei Stunden zu bewältigen.

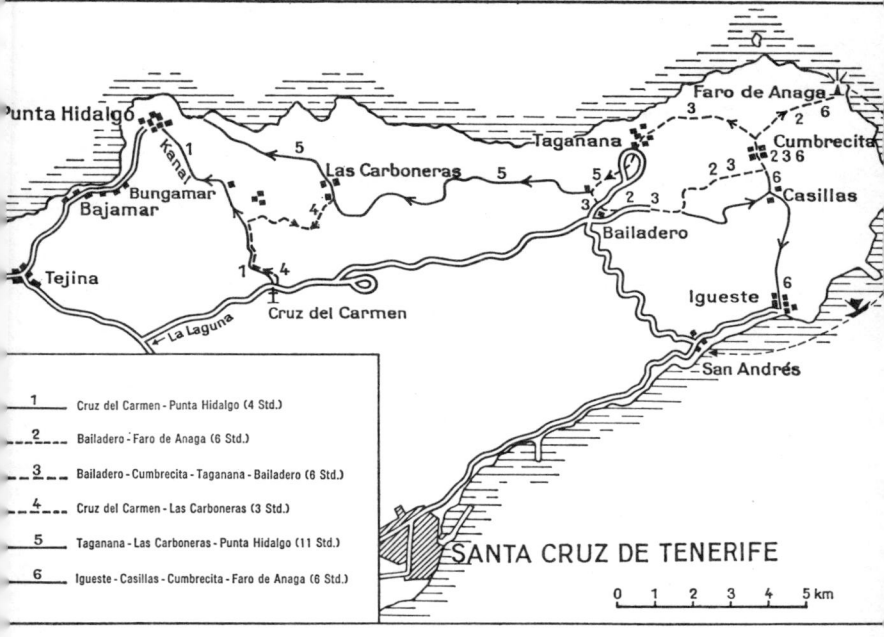

Wanderwege im Anaga-Gebirge

1	Cruz del Carmen - Punta Hidalgo (4 Std.)
2	Bailadero - Faro de Anaga (6 Std.)
3	Bailadero - Cumbrecita - Taganana - Bailadero (6 Std.)
4	Cruz del Carmen - Las Carboneras (3 Std.)
5	Taganana - Las Carboneras - Punta Hidalgo (11 Std.)
6	Igueste - Casillas - Cumbrecita - Faro de Anaga (6 Std.)

Taganana – Las Carboneras – Punta Hidalgo

Nur für sehr geübte Wanderer! Dauer ca. elf Stunden. Diese Strecke gibt einen umfassenden Eindruck vom Anaga-Gebirge, denn sie durchschneidet fünf große Barrancos. Wege sehr schlecht, durch Geröllhalden teilweise gefährlich. Abstieg bis Punta Hidalgo muß vor Dunkelheit erreicht werden. Von Hidalgo stündlich Busverbindungen.

Igueste – Casillas – Cumbrecita – Faro de Anaga

Ca. sechs Stunden. Anfangs steiler Aufstieg in Barranco, später bequemer Weg bis zum Leuchtturm.

Von Santa Cruz nach Bajamar und zur Punta Hidalgo

24 Kilometer

Die Haltestelle der Schnellbusse ist in der Nähe der Plaza de Weyler an der Calle Alfaro. Man nimmt am besten ein Taxi bis dahin. Der Bus fährt über die Autobahn bis La Laguna (s. S. 79). Von hier geht die Fahrt durch eine prächtige Eukalyptusallee nach **Tequeste**. Rechts erhebt sich hier ein hoher Tafelberg, der **Mesa de Tejina.**

In dem kleinen Dorf **Tejina** biegt die Straße scharf nach rechts. Zwischen weiten Bananenplantagen hindurch fällt sie bis zum Badeort **Bajamar**. Dieser kleine Ort ist seit jeher für die Bewohner des Nordostteils der Insel der beliebteste Badeplatz. Nachdem er seit 1963 durch den Bau von Hotels, Pensionen und Bungalows **(Bungamar)** dem Tourismus erschlossen wurde, gehört er mit zu den beliebtesten Ferienorten besonders der deutschen Touristen. Die Preise für einen Bungalow oder ein Apartment steigen daher stark an. Ausgebaute Seebecken bieten gute Schwimmöglichkeiten. In der Bar des Hotels Nautilus, den Diskotheken Acapulco und Grota Azul ist für Tanz und Unterhaltung gesorgt, und bei dem frischen Atlantikklima kann man längere Spaziergänge durch die Bananenplantagen unternehmen. Bajamar ist ein idealer Ort, in dem jeder nach Geschmack und Temperament Unterhaltung und Erholung findet.

Die klippenreiche Küste bietet gute Angelmöglichkeiten. Am Nachmittag geht man in Richtung Punta Hidalgo in das deutsch geführte Café Melita oder steigt auf ausgetretenen Ziegenpfaden ein Stück in die Berge.

Die Sporttaucherei ist wegen der starken Strömungen gefährlich. Guten Fisch bekommt man in der Casa de Avocado. Die gelungene Synthese zwischen ursprünglichem Lokalkolorit und Fremdenverkehr veranlaßt immer mehr Rentner und Pensionäre, hier den Winter zu verbringen.

Wenn die Zeit reicht, fährt man mit dem Bus bis **Punta Hidalgo**. An der malerischen Küste kann man in den flachen Wasserbecken zwischen den Riffen die Meeresfauna beobachten, Muscheln und Schnecken sammeln oder ungestört angeln. Geht man von der Punta an der Küste entlang in Richtung Bajamar zurück, gelangt man zu einer großzügig geplanten Touristenstadt mit Eigentumsappartements, Bungalows, Sportanlagen und Meeresschwimmbecken.

Die Rückfahrt erfolgt auf der gleichen Strecke oder über Tejina nach Tacoronte (s. unten und S. 95) und von dort über La Laguna zurück nach Santa Cruz.

Zum Wald von Esperanza und nach Tacoronte

53 Kilometer, davon ca. 15 Kilometer Fußweg

Für diesen Ausflug sollten Sie einen ganzen Tag einplanen, denn er ist eine Kombination von Busfahrt und Wanderung.

Per Bus fahren Sie auf der Autobahn zum Verteilerkreis in **La Laguna** und von hier links ab auf der gleichen Carretera, auf der Sie zum Massiv des Pico de Teide gelangen (siehe folgende Route). Über **La Esperanza** erreichen Sie den bekannten **Wald von Esperanza** und verlassen den Bus am Franco-Denkmal bei **Las Raíces,** 19 Kilometer von Santa Cruz (s. S. 86).

Von Las Raíces gehen Sie auf einem breiten, stetig ansteigenden Weg durch die herrlichen Pinienbestände des **Bosque de la Esperanza,** in der reinen Höhenluft eine wirkliche Erholung. Bei der **Casa Forestal** (Forsthaus) treffen Sie auf die zu den Cañadas führende Carretera Dorsal. Wenn Sie auf die ersten zwei Stunden Wanderung verzichten möchten, können Sie bis hier auch mit dem Bus fahren.

Beim Forsthaus beginnt der etwa zehn Kilometer lange Weg nach Tacoronte. Er führt an einer baumlosen Hochfläche vorbei und fällt ständig ab. Die Landschaft ist ähnlich der, die wir bei der Wanderung von Las Raíces zum Forsthaus bereits kennengelernt haben. Der Weg ist jedoch abwechslungsreicher, da er immer wieder den Blick hinunter zur Küste freigibt. Wenn Sie auf Pausen verzichten (was schade wäre!), erreichen Sie nach etwa zwei Stunden die Weststraße oberhalb von **Tacoronte** (s. S. 95) bei Kilometer 18. Von den Abzweigungen nehmen Sie diejenige, die am stärksten in Richtung Küste abfällt.

Von Tacoronte fahren in kurzen Zeitabständen Busse zurück nach Santa Cruz.

Die Insel Tenerife

Von Santa Cruz zu den Cañadas und zum Teide

52 Kilometer

Mit ihrem ständigen Wechsel unvergeßlicher Landschaftsbilder gehört diese Fahrt zu den eindrucksvollsten Erlebnissen, die Ihnen die Kanarischen Inseln bieten können. Sie führen durch die verschiedenen Vegetationszonen und auf dem Höhenrücken der **Cumbre,** des »Rückgrates« der Insel, entlang, dessen Gipfel über 2000 Meter ansteigen, je mehr Sie sich dem Teide-Massiv nähern.

Immer wieder haben Sie von der gut ausgebauten **Carretera Dorsal** (»Rückenstraße«) herrliche Ausblicke auf den üppigen Nordteil der Insel und auf ihren von steilen Barrancos durchschnittenen, kargen Süden und gewinnen so einen fast vollständigen Überblick über den unterschiedlichen Landschaftscharakter Tenerifes. Und auch wenn der eine Ausblick durch Wolken oder Nebel verhangen ist: Der nächste wird Sie durch seine klare Sicht entschädigen. Denn die Wetterverhältnisse ändern sich rasch auf dieser Fahrt von der Küste in die Höhenregionen des »Pico«.

Von Santa Cruz fahren wir zunächst auf der Autobahn nach **La Laguna** (s. S. 79). Hier biegen wir am Verteilerkreis links ab auf die **Carretera Dorsal**. Sie passiert den Flughafen **Los Rodeos**, über den man bald

---

Oben: Hafen von Valle Gran Rey im gleichnamigen »Tal des Großen Königs« auf der Insel Gomera. ▷

Unten: Das Valle Gran Rey ist ein Dorado für Naturfreunde und Wanderer. Wer es vorzieht, mit dem Auto zu fahren, der sollte die 1980 fertiggestellte Panoramastraße nehmen.

Links: Abendstimmung über San Sebastián, der Hauptstadt – oder besser: ▷▷ *dem Hauptstädtchen – Gomeras.*

Rechts oben: El Hierro ist die kleinste der Kanarischen Inseln. Von 1634 bis 1883 ▷▷▷ *lief der Nullmeridian offiziell gemäß der ptolemäischen Gradeinteilung durch die Punta Orchilla.*

Rechts unten: Man hat Zeit auf Hierro. Regelmäßig treffen sich die Einwohner von San Andres zu einem gemütlichen Plausch.

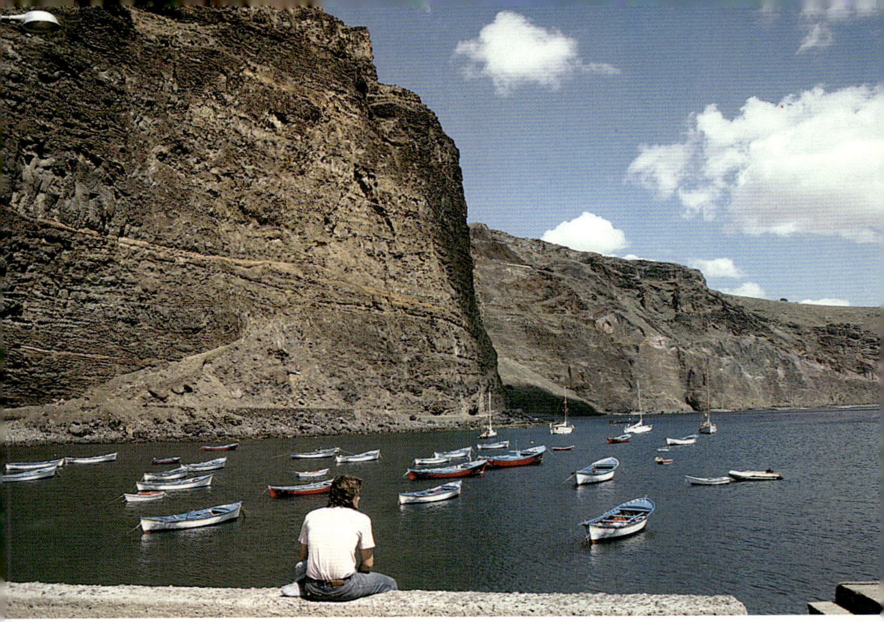

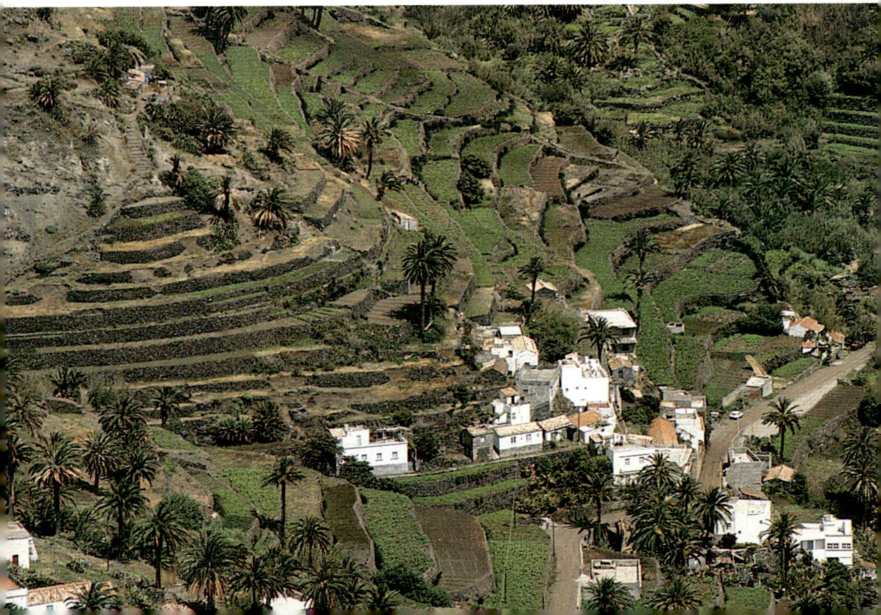

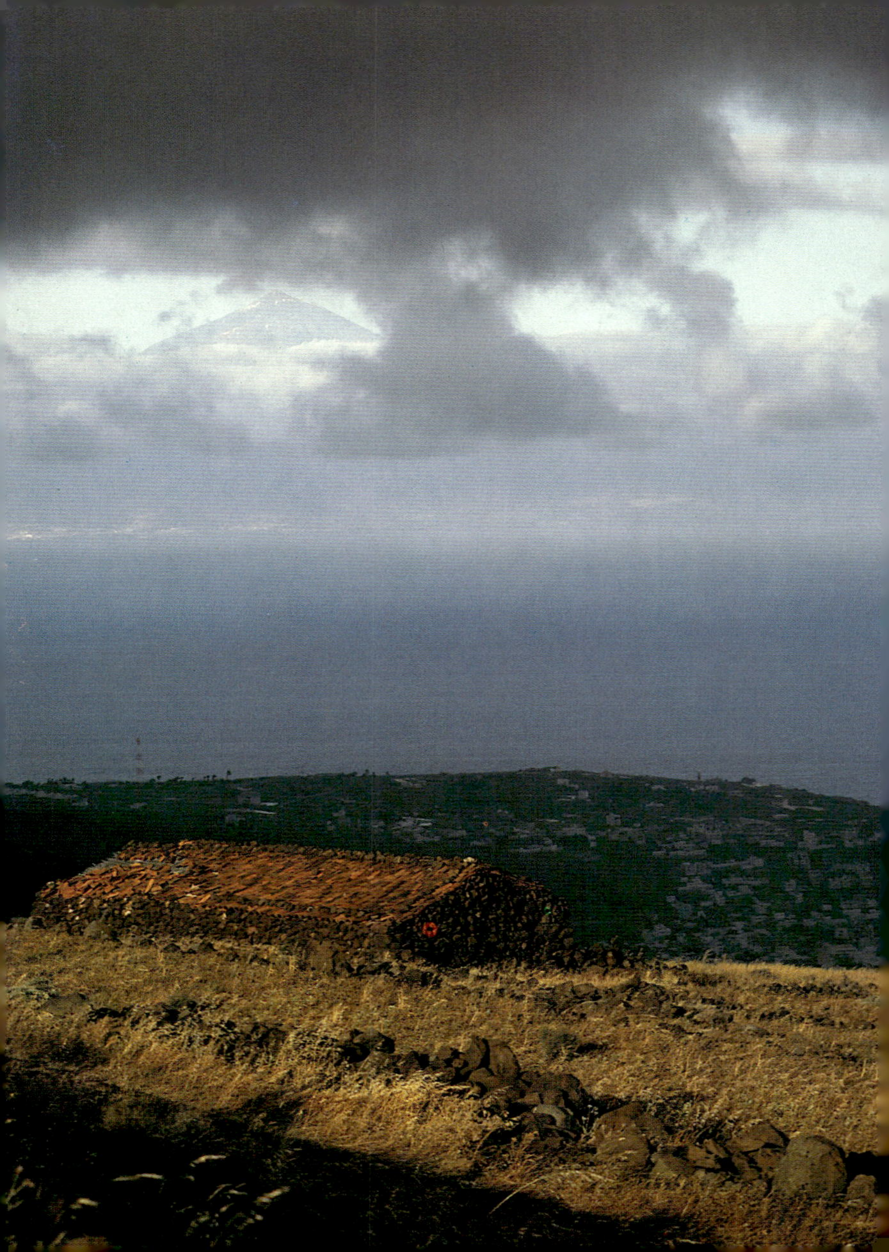

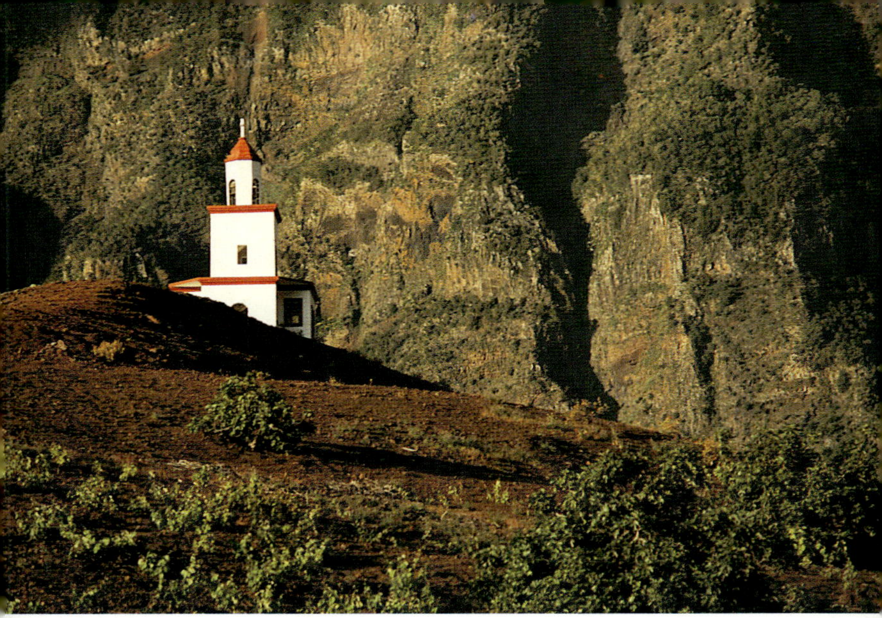

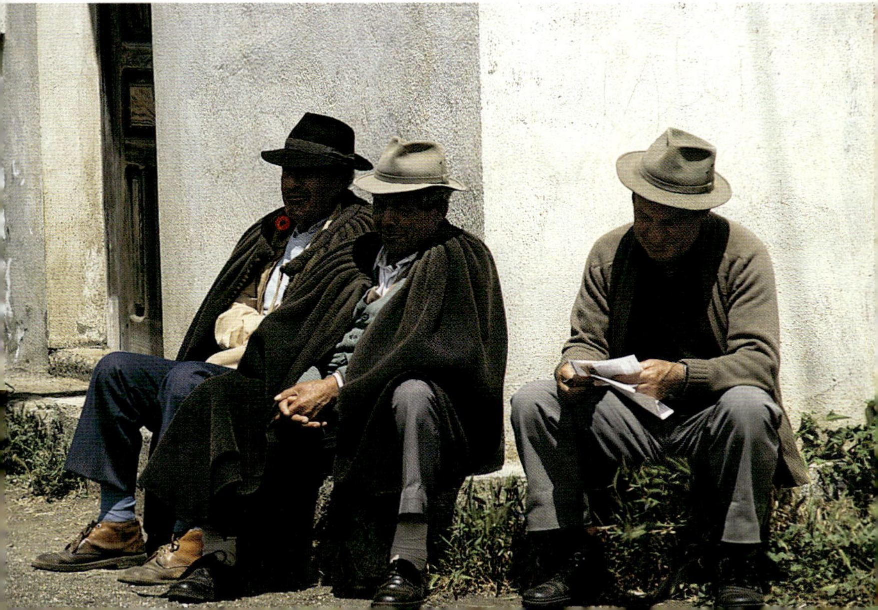

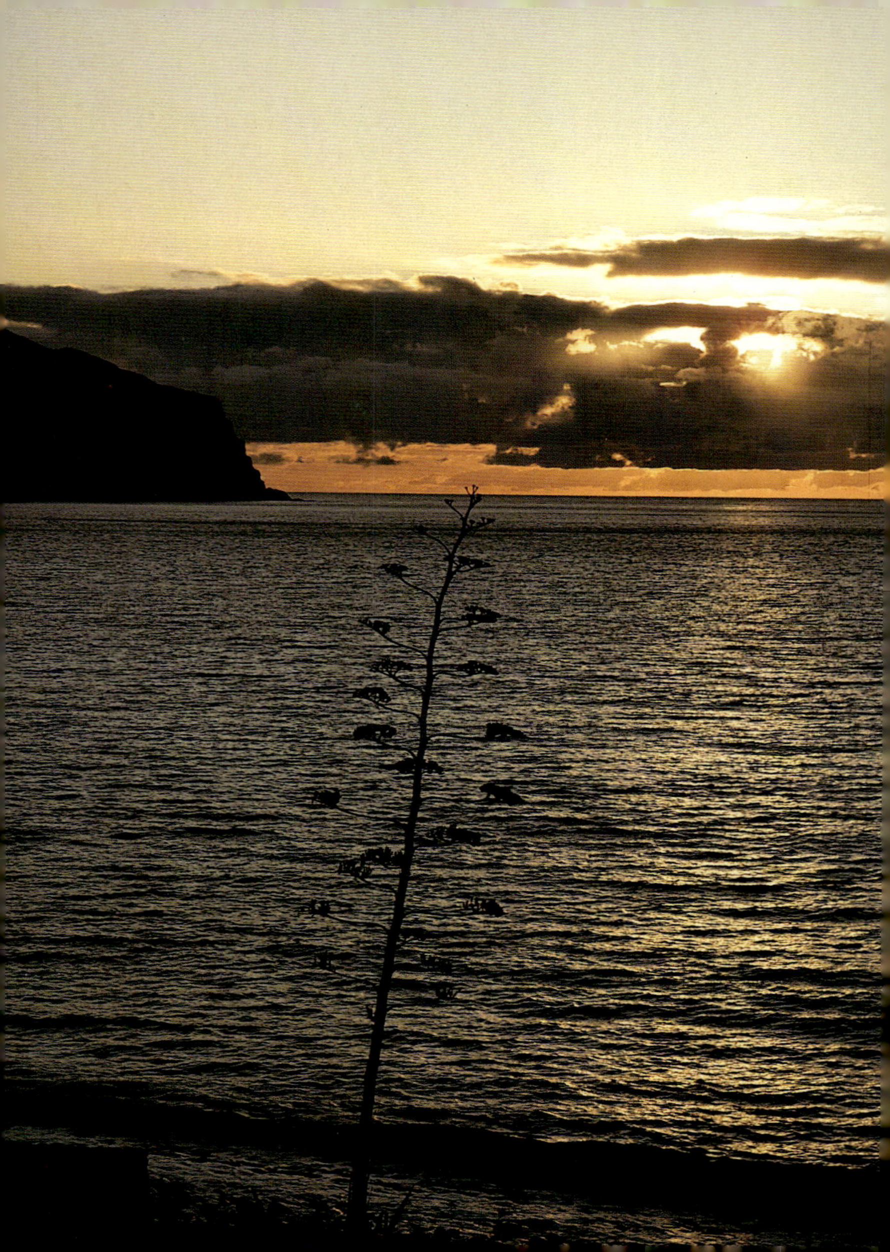

einen guten Überblick gewinnt, und steigt die Ausläufer des **Cumbre** hinan. Allmählich wird der subtropische Pflanzenwuchs der Ebene von La Laguna abgelöst durch Lorbeer und Baumheide.

Nach 15 Kilometern (6 Kilometer von La Laguna) erreichen wir den kleinen Ort

La Esperanza

Für die Bewohner des Dörfchens scheint die Zeit stehengeblieben zu sein. Während Frauen und Kinder in den Wäldern arbeiten, stehen die Männer, in dicke Ziegenhaardecken gehüllt, bewegungslos vor den Häusern und beobachten den spärlichen Autoverkehr.

Kurz darauf haben Sie einen herrlichen Blick zurück auf das gezackte Anaga-Gebirge hinter La Laguna, auf Stadt und Hafen Santa Cruz und, bei klarer Sicht, auf die Insel Gran Canaria. Die ansteigende Straße überschatten riesige kanarische Pinien, deren hartes, haltbares Holz von jeher für die Insel eine wichtige Rolle spielte: der **Wald von Esperanza** beginnt. Mit seinen lichten Pinienbeständen erinnert er an deutsche Kiefernwälder. Für schöne Wanderungen ist er wie geschaffen.

Vier Kilometer nach La Esperanza (Restaurant) lohnt sich ein kurzer Abstecher nach links zu einem **Las Raíces** (*die Wurzeln*) genannten Waldstück. An dieser Stelle versammelte Franco am 17. Juni 1936 die Garnison von Tenerife, um die Erhebung gegen die Rote Republik in Spanien und damit den Spanischen Bürgerkrieg einzuleiten. Ein Denkmal erinnert an dieses nationale Ereignis.

Es geht weiter auf der Carretera. Nach etwa zwei Kilometern sollten Sie erneut Halt machen: Von dem durch ein Schild gekennzeichneten Mirador **Pico de las Flores** (1310 Meter) haben Sie einen schönen Blick auf Tacoronte und einen großen Teil der Nordküste. Die Straße steigt weiter an, Kiefern und Eukalyptusbäume begleiten sie. In 1430 Meter Höhe fahren wir an einem Forsthaus (Casa Forestal) vorbei. Wenig später gelangen wir hinter dem **Pico de las Siete Fuentes** (*Gipfel der Sieben Quellen*) bei Kilometer 22 (31 Kilometer von Santa Cruz) zu einem weiteren Aussichtspunkt, dem **Diablillo** (*Teufelchen*, 1590 Meter). Hier hat man zum ersten Mal einen Blick auf beide Kü-

◁ *Sonnenuntergang auf Hierro.*

stenstreifen, den Süden und den Norden, und erlebt den Gegensatz zwischen dem Kulturland nördlich des Cumbre und dem mehr steppenartigen Charakter des Südens. Das ausgedehnte Tal von Güimar und Arafo entfaltet, von hier oben gesehen, einen eigenartigen Reiz; beeindruckend der Vulkan von Arafo, dessen Ausbruch 1704 die Lavamassen bis zu den Ortschaften Güimar und Arafo schleuderte.

Je höher die Carretera steigt, um so mehr nehmen die Kiefernbestände ab. Landschaft und Vegetation wechseln, je mehr wir uns dem Teide nähern, dessen Kegel immer wieder im Blickfeld erscheint. Die Vulkanregion über den Wolken beginnt, gekennzeichnet von den nun immer häufiger auftretenden Retamaginster-Büschen. Die Straße bietet weitere schöne Aussichtspunkte.

Einen besonders schönen Blick auf die herrliche, weite Kulturlandschaft des Orotava-Tals haben Sie vom Mirador beim imposanten **Roque Acebe** (2074 Meter).
Kurz darauf kreuzt beim *Paß* **Pedro Gil** der alte Weg von Orotava über Aguamansa nach Güimar die Carretera. Vulkanasche und Bims bestimmen in dieser Gegend den Charakter der Landschaft.
An der **Montaña Negrita** können Sie von der Straße aus die verschiedenen Schichtungen gut erkennen. Interessant für Geologen!

Bei Kilometer 37 (46 Kilometer von Santa Cruz) zweigt links eine Nebenstraße (2 Kilometer) zum 1909 gegründeten **Meteorologischen Observatorium** auf der **Montaña de Izaña** (2387 Meter) ab. Ein Besuch der weiten und kühlen Räume, in denen man viele Instrumente deutscher Herkunft findet, lohnt sich.

Nach weiteren sechs Kilometern Fahrt auf der nun fast gerade verlaufenden Carretera durch die typische Vulkanlandschaft des Teide-Massivs erreichen Sie **El Portillo**, das »Törchen« (Restaurants El Portillo und Teide). Hier mündet von rechts die von Orotava heraufkommende Straße ein, hier beginnt die Straße durch den **Las Cañadas** genannten Riesenkrater des Teide (s. S. 88).

Von Santa Cruz nach Tacoronte und Puerto de la Cruz

20 Kilometer, 39 Kilometer

Bis Tacoronte benutzt man die Autobahn über La Laguna. Hinter La Laguna fallen besonders auf der linken Seite die Villen mit den gepflegten Gärten auf. Man blickt auf die waldigen Hügel des Cumbre (Rücken), und bei klarem Himmel ist der Teide sichtbar. Hinter dem Flughafen der Golfplatz in 600 Meter Höhe mit 18 Löchern auf 4,5 Kilometer Strecke. Man durchfährt das hügelige Gelände von **Guamasa** und hat den hübschen Ausblick über Tacoronte vor sich.

Tacoronte

Der Ort liegt 475 Meter hoch und hat rund 10000 Einwohner. Er versorgt die Umgebung mit einem guten Rotwein. Die Pfarrkirche **Santa Catalina** ist ein Barockbau aus dem 17. Jahrhundert (1664). Ihrem Reichtum an Meßgeräten aus reinem mexikanischem Silber entspricht der Hochaltar aus dem gleichen Edelmetall, das mit den mexikanischen Silberflotten hierhergebracht wurde.

In der Klosterkirche **San Agustín** am Ende einer Platanenallee findet man schwarzweiße Marmorplatten, die wie in Italien als Bodenbelag benutzt werden. Sehenswert ist auch die schwere Holzdecke aus einheimischem Pinoholz, das ständig nachdunkelt. Die prächtige Genueser Arbeit aus dem 17. Jahrhundert, ein gemarterter Christus, ist bemerkenswert.

Ausflüge: Durch Orangenkulturen zu Fuß abwärts zum Meer (1½ Stunden). In den heute unzugänglichen Höhlen am Meer haben die Guanchen vor den anrückenden spanischen Eroberern Zuflucht gesucht.
Ebenfalls etwa 1½ Stunden braucht man, um zum Urwald von **Agua Garcia** (790 Meter) im Südosten von Tacoronte zu gelangen, der als der schönste Forst der Insel gilt.
Gigantische Erikabäume werden von Lianen umschlungen; herrliche Baumfarne, uralter Lorbeer usw. Die Madre Agua (Wassermutter) ist der Ausgang der Wasserleitung.

Von Tacoronte zunächst noch auf der Autobahn, dann auf der alten Küstenstraße (Weiterfahrt auch auf der Autobahn) geht es durch die Orte **La Matanza** (abseits der Straße) und **La Victoria.** Beide Ortsnamen erinnern an bedeutende geschichtliche Ereignisse: In Matanza (*das Gemetzel*) fügten die Guanchen den spanischen Eroberern am 31. Mai 1494 eine blutige Niederlage zu, bei La Victoria (*der Sieg*) erfochten die Spanier am 25. Dezember 1495 einen entscheidenden Sieg über die Guanchen (s. S. 10). In La Victoria gibt es eine sehenswerte Töpferei. Stets oberhalb der zerrissenen Felsenküste fahrend, erreichen wir als nächsten Ort

Santa Ursula

Der Ort hat 900 Einwohner und ist 31 Kilometer von Santa Cruz entfernt. Während bisher das Landschaftsbild durch den Anbau von Obst und Wein bestimmt war, beginnen hier die weiten Bananenplantagen, deren Wasserbehälter, charakteristische Merkmale dieser Landschaft, silbern in der Sonne glänzen.

Bei **La Cuesta de la Villa** erlebt man den ersten Blick auf das in seiner Einmaligkeit berühmt gewordene **Tal von Orotava** (s. S. 108). Bald hinter Santa Ursula gabelt sich die Straße, die linke führt zur **Humboldt-Ecke** (s. S. 168).

In der **Ladera de Santa Ursula** geht es abwärts in das Tal von Orotava, das man nun durchquert. Gleich hinter der Brücke über den **Barranco del Pinito** zweigt die Straße nach Puerto de la Cruz. Die ursprüngliche Straße beschreibt einen nach Norden offenen Bogen, ehe sie in Orotava mündet.

Nach wenigen Kilometern erreicht man **Puerto de la Cruz** (s. S. 99). Über Stadt und Land wacht der **Teide**. Puerto de la Cruz hat den schönsten Blick auf den Teide überhaupt. Ob im Sommer oder Winter, der erste Blick am Morgen geht zu seinem charakteristischen, oft noch bis in den Sommer schneebedeckten Gipfel, der jedoch nicht selten durch Nebel und Wolken verhüllt ist.

Von Santa Cruz nach Candelaria und Güimar und in den Süden der Insel nach Los Cristianos

22 Kilometer, 30 Kilometer, 103 Kilometer bis Los Cristianos; auch direkte Schnellstraße

Für diesen Ausflug haben Sie zwei Fahrtmöglichkeiten. Entweder Sie benutzen die neue Schnellstraße – sie ist um einiges kürzer (16 Kilometer bis Candelaria) und führt in Küstennähe vorbei an den Örtchen **Santa Maria del Mar, Tabaiba** und **Las Caletillas/Las Arenitas** – oder Sie nehmen die alte **Carretera del Sur (C 822)**, die in ihrer Fortsetzung in den Süden der Insel führt. Sie ist außerordentlich kurvenreich durch die vielen tiefeingeschnittenen Barrancos, die sie zu umgehen hat. Zwar wurden inzwischen viele Kurven einigermaßen begradigt. Dennoch kann sie für alle, die leicht seekrank werden, zur Strapaze werden. Die gesamte Strecke bietet an sich nicht viel Sehenswertes, da sie mit wenigen Ausnahmen durch öde Halbsteppen führt. Trotzdem: Wenn Sie sich ein vollständiges Bild von Tenerife machen wollen, darf dieser Landschaftseindruck nicht fehlen.

Die **Carretera del Sur (C 822)** zweigt von der Autobahn nach La Laguna links ab. Vorbei an dem roten Aschenvulkan **Montaña Taco** und durch das Örtchen **Taco** selbst erreicht sie nach etwa 15 Kilometern den mächtigen **Barranco Hondo** und den gleichnamigen kleinen Ort. Nach weiteren 7 Kilometern zweigt links die Straße zur Küste und nach Candelaria ab.

22 Kilometer: **Candelaria (5000 Einwohner)**

Ein kleines *Fischerdorf*, das als bedeutendster **Wallfahrtsort** der Insel im religiösen Leben der Bewohner von Tenerife eine besondere Rolle spielt.

Mittelpunkt Candelarias ist die mächtige, moderne **Wallfahrts-Basilika** (1958 vollendet). Sie steht an der Stelle der ursprünglichen Basilika, die Ende des 18. Jahrhunderts durch einen Brand zerstört wurde, und birgt die Nachbildung der 1826 verlorengegangenen **Statue der Virgen de Candelaria,** die 1830 von Fernando Estévez geschaffen wurde. Entlang der Uferseite des großen Vorplatzes stehen große steinerne Skulpturen, die die Guanchenkönige darstellen. Am 14. und 15. August pilgern Tausende von Wallfahrern, selbst von den anderen Inseln des Archipels, zur Virgen de Candelaria.
In dieser Zeit bietet der Ort ein turbulentes, buntbewegtes Bild, das einen Besuch besonders lohnend macht.

In der **Pfarrkirche Santa Ana** (18. Jahrhundert) ist das herrliche Kreuz aus dem 17. Jahrhundert sehenswert. In der **Grotte San Blas**, in der die ursprüngliche Statue der Virgen Maria aufgestellt war, befindet sich heute eine kleine, zum Teil in den Felsen gehauene Kapelle.

Von Candelaria zurück auf die Hauptstraße **C 822,** der Sie nach links folgen. Nach etwa fünf Kilometern können Sie rechts einen Abstecher (2 Kilometer) zu dem kleinen Ort **Arafo** (2500 Einwohner) machen. Er liegt am Fuße des **Vulkans von Arafo** inmitten von Wein- und Obstgärten und gehört zu den hübschesten Orten des südöstlichen Küstenstreifens. Geradeaus weiter durchschneidet die Carretera einen riesigen, dunkelbraunen Lavastrom und erreicht nach acht Kilometern Güimar.

Güimar (300 Meter, 12000 Einwohner)

ist ein malerisches Städtchen, das geschützt inmitten eines fruchtbaren Tales, des **Valle Güimar**, liegt. Der Ort bietet keine historischen Sehenswürdigkeiten; lediglich in der Pfarrkirche finden Sie einige interessante Kunstwerke. Eine gewisse Bedeutung hat Güimar jedoch als Umschlagplatz für die landwirtschaftlichen Produkte der Umgebung, die von dem vier Kilometer entfernt liegenden kleinen Hafen **Puerto de Güimar** verschifft werden.

Das **Valle de Güimar** ist eine erfrischende Unterbrechung der eintönigen Halbsteppe, die den größten Teil der Südküste bedeckt. Der Anbau von Wein, Tomaten, Zuckerrohr, Zitrusfrüchten und Bananen wurde durch eine der komplizierten Bewässerungsanlagen ermöglicht, die bereits seit früher Zeit die Voraussetzung für die Fruchtbarkeit vieler Inselteile sind. Vom **Volcán de Güimar** (276 Meter), einem erstarrten Vulkan mit 60 Meter tiefem Krater, haben Sie einen herrlichen Blick auf das Tal und die Landschaft ringsum. Für den Botaniker und Naturfreund ist ein Gang in den **Barranco del Rio** sehr lohnend. Im **Barranco de Bajadoz** gibt es einige Guanchenhöhlen.

Einen weiteren, noch schöneren Rundblick auf das Valle de Güimar und die Berge im Westen haben Sie vom **Mirador de Don Martín** (700 Meter), drei Kilometer weiter auf der Straße **C 822** in Richtung Granadilla. Im Westen beherrscht die **Ladera de Güimar** mit dem Berg **Izaña** (2387 Meter) und dem **Pico del Valle** (2020 Meter) die Landschaft. Der Izaña trägt ein staatliches Observatorium, das im Jahr 300 Sonnentage zählt (dafür steht es auch weit über der Wolkenzone!). Weiter nach Norden erblicken Sie den riesigen Aschenkegel von Arafo.

Von hier führt die Carretera del Sur über Fasnia und Arico weiter nach **Granadilla** (80 Kilometer) zu den Küstenplätzen im Süden und endet in **Los Cristianos** (103 Kilometer); Beschreibung in umgekehrter Richtung.

Puerto de la Cruz

Lage und Klima, nicht aber der Strand, haben **Puerto de la Cruz** (16 800 Einwohner) zum bedeutendsten Touristenzentrum von Teneriffe gemacht, in dem, ob Sommer oder Winter, die Zahl der Fremden die der Einheimischen bei weitem übertrifft. Puerto, wie man die Stadt allgemein nennt, liegt in unmittelbarer Nähe der beiden landschaftlichen Glanzpunkte der Insel: am Ausgang des berühmten **Orotava-Tals** und am Fuß des 3718 Meter hohen **Pico de Teide.** Dazu ist das Klima geradezu ideal. Ein Ausläufer des Golfstroms, der sogenannte Kanarenstrom, sorgt für ausgeglichene Temperaturen, die zwischen 17,8° Celsius im Januar und 23,3° Celsius im August schwanken und einen Aufenthalt während des ganzen Jahres angenehm machen. Gegen die zuweilen von Afrika zu den Inseln herüberwehenden heißen Südwinde schützt die Barriere des Tenerife durchlaufenden Gebirgsmassivs. Die von Norden wehenden Passatwinde bringen Frische. Sie sind jedoch auch für die Wolkendecke verantwortlich, die zuweilen (für die Touristen viel zu oft!) über Puerto liegt.

Vor der spanischen Eroberung gehörte das Gebiet um das heutige Puerto de la Cruz und Orotava zum *Guanchen-Königreich Taoro*, das von Mencey Bencomo, dem mächtigsten der Guanchen-Könige auf Tenerife, regiert wurde.

Schon damals war dieses Gebiet wegen seiner Fruchtbarkeit das am dichtesten besiedelte der ganzen Insel. Nach seinem ersten, vergeblichen Versuch, diesen Inselteil zu erobern, drang Fernández de Lugo nach seinem Sieg bei La Victoria Anfang 1496 bis zum heutigen Realejo (südwestlich von Puerto) vor. An die Guanchenzeit erinnern noch heute Höhlen in der Felswand, die die Playa de Martiánez nach Osten begrenzt, und die den Ureinwohnern als Wohnstätten dienten.

Auch manche Namen erinnern noch an diese Zeit (zum Beispiel Hotel Taoro auf dem gleichnamigen Hügel).

Puerto de la Cruz selbst wurde Anfang des 17. Jahrhunderts gegründet. Über Jahrhunderte war der Ort von Fischern bewohnt und diente gleichzeitig als Hafen, von dem aus der Wein aus dem Gebiet um La Orotava verschifft wurde und der sich deshalb Puerto de la Orotava nannte. Auch ein Dominikanerkloster gab es zu dieser Zeit, das jedoch 1788 durch Brand zerstört wurde. 1799 besuchte **Alexander von Humboldt** den Ort, von dem 30 Jahre später ein großer Teil durch ein Unwetter vernichtet wurde.

Wachsende Bedeutung erhielt Puerto erst, als zu Beginn unseres Jahrhunderts die englische Yoeward Line den Hafen durch eine Mole ausbaute und ihn für den Bananenexport aus dem Orotava-Tal nutzte (»Liverpooler Bananendampfer«). Schon vorher jedoch begannen die Engländer Puerto de la Orotava auch als Erholungsort zu schätzen, und 1927 nennt ein Teneriffa-Führer, herausgegeben vom »Hochwohlloeblichen Inselkapitel«, u. a. die Hotels Martiánez, Monopol und Marquesa, vor allem aber das Gran Hotel Taoro, das »nicht nur als das beste Hotel der Insel, sondern wegen seines Komforts, der Bedienung, der Größe und vor allem wegen seiner bevorzugten Lage als eines der besten Hotels der Welt betrachtet wird«. Puerto wurde also nicht erst in unseren Tagen »entdeckt«!

Ihren heutigen Namen erhielt die Stadt erst, nachdem die Verschiffung der landwirtschaftlichen Produkte des Orotava-Tals über den Hafen von Santa Cruz geleitet wurde. Der Name »Puerto« ist also heute irreführend, denn Puerto de la Cruz ist weder Passagier- noch Handelshafen.

Die überaus schnelle Entwicklung zum beliebten und belebten Weltbad mit internationalem Publikum (darunter neben Engländern vor allem Skandinavier und Deutsche) setzte in den fünfziger Jahren ein, zu Beginn des modernen Tourismus also. Seit dieser Zeit entstanden in schneller Folge Hotels und Apartmenthäuser aller Schattierungen, Restaurants und Geschäfte, und obwohl von Jahr zu Jahr neue Hotels hinzukommen, ist die Nachfrage auch heute noch größer als das Angebot. Eine rechtzeitige Buchung ist daher zu empfehlen.

Puerto bietet vieles, Altes und Neues, blauen Himmel, die Weite des Ozeans und bezaubernde Landschaftsbilder, dazu jede Art von Unterhaltung und Zerstreuung, nur eins bietet Puerto nicht: einen idealen Strand. Die **Playa de Martiánez** besteht aus Steinen und schwarzem Lavasand, der oft genug von der starken Brandung weggespült wird und dann mühsam wieder herangeschafft werden muß.

Zudem ist das Baden im offenen Ozean nicht ungefährlich. Dafür gibt es am **Lido San Telmo** drei große Meerwasser-Schwimmbecken, in denen Sie bei jeder Brandung gefahrlos baden können, und praktisch alle großen Hotels haben eigene, schön angelegte Piscinas, zum Teil sogar auf dem Dach, und manchmal auch Hallenschwimmbäder.

Anschriften und Hinweise von A bis Z
Auskunft: Oficina de Información Turistica, Calle de Béthencourt.
Autobusfahrten: Abfahrt von der Plaza Gen. Franco (Compañia »Trasportes de Tenerife, S. L.«). Verbindungen mehrmals täglich in die nähere Umgebung (Orotava, Botanischer Garten, Taoro Park, Los Realejos, Icod el Alto, Icod de los Vinos, La Guancha).
Außerdem gibt es regelmäßige Fahrten Los Rodeos – La Laguna – Santa Cruz, Garachico – Los Silos – Buenavista, Aguamansa – Portillo – Los Cañadas – Vilaflor – Granadilla und Médano (Badestrand).
Banken: Banco Exterior de España, Plaza Gral. Franco; Banco Hispano Americano, José Antonio, 9; und andere.
Bars: Oasis, Avda. Colon; Dinámico, Plaza Gen. Franco; Confitería Miramar, Corales 1; Moulin Rouge, Quintana 10; Frery, Dr. Ingram 6; Guanchita, José Antonio, Jaky, Santo Domingo; Berlín, Avda. Venezuela; Americano, Punto Fijo.
Bootsfahrten: Mit Motorbooten vom Fischerhafen aus zur Cueva del Negro beim Ort Santa Ursula, zum Badestrand San Marcos bei Icod de los Vinos und zum Hafen von Garachico.
Kinos: Cine Chimisay (mit Klimaanlage); Cine Olimpia, Plaza Gen. Franco.
Polizei: Calle de Cupido
Post- und Telegrafenamt: Avda. de Bethencourt 13
Reisebüros: A.T.E.S.A., Avda. Venezuela; Atlántida, Plaza de los Reyes Católicos; C.Y.R.A.S.A., im Hotel Bélgica; Ecuador, Plaza del Charco; Fram Inter, Quintana 13; I.C.A.B., Puerto Viejo 3; Insular, San Juan 20; Macari, Quintana 25; Solymar, Quintana 21; Wagons-Lits/Cook, San Telmo 20; Turistcanarias, Calle del Rey 1.
Restaurants (nach der amtlichen spanischen Klassifizierung): außerdem 15 Restaurants der vierten Klasse und zahlreiche nicht klassifizierte Bars und Bodegas. Auch die Restaurants der Hotels sind hier nicht aufgeführt. Sie entsprechen in Standard und Preisen der jeweiligen Hotelklasse.
Telefonamt: Calle Dr. Ingram 1
Verschiedene Anschriften: Rathaus (Ayuntamiento), Ecke Calle Blanco/Calle de Iriarte.

Stadtbesichtigung

Beginnen wir mit unserem Stadtbummel auf der **Plaza del General Franco,** dem Mittelpunkt des alten Puerto, kurz Plaza genannt. Besonders gegen Abend ist sie der Treffpunkt der Einheimischen, aber auch der Fremden. Hier, vor dem modernen Konzertkiosk, nimmt man unter schattenspendenden Lorbeerbäumen seinen Kaffee, seinen Drink. An der Plaza befindet sich auch die Endhaltestelle der Autobusse.

Wenige Minuten von der Plaza entfernt liegt der **Puerto Pesquero,** der alte Fischerhafen, der mit seinen malerischen Häusern und seinen beiden Molen an die Zeit erinnert, in der Puerto von Fischfang und Bananenverschiffung lebte und nicht, wie heute, von den Touristen. In dem laubenartigen Lokal neben dem Hafen ißt man preiswert besonders schmackhaft zubereiteten Fisch.

Biegen Sie nun vom Fischerhafen in die Calle Lonja ein: Der **Mercado** (Markt), auf den Sie nun treffen, ist mit seinem vielfältigen Angebot südlicher Früchte und Lebensmittel nicht weniger bunt und lebendig. Von hier führt Sie die Fortsetzung der Calle Lonja stadteinwärts zur **Plaza de la Iglesia**, einem mit Palmen und Blumenrabatten hübsch angelegten, parkartigen Platz. An seiner Ostseite erhebt sich die Pfarrkirche von Puerto, die **Iglesia Nuestra Señora de la Peña de Francia,** deren Bau auf das Jahr 1603 zurückgeht, auf die Zeit der Stadtgründung also. Ihr eindrucksvoller Barockaltar stammt von Luis de la Cruz y Río (geb. 1776 in Puerto de la Cruz).
Die Hauptstatue stellt Unsere Liebe Frau vom Rosenkranz (*Nuestra Señora del Rosario*) dar. Weitere bemerkenswerte Statuen (alle aus dem 17. Jahrhundert) sind die des Allmächtigen Christus (Cristo del Gran Poder) und von im Ort verehrten Heiligen (Santo Domingo, San Pedro). Die Kirche enthält außerdem weitere schöne Holzschnitzereien und Goldschmiedearbeiten aus dem 17. und 18. Jahrhundert.

Wenn Sie nun nicht die neben der Kirche beginnende **Calle de San Telmo** dazu verführt, von hier aus gleich zum Lido San Telmo, zum Strand und damit zum neuen Puerto zu bummeln, nehmen Sie nun die malerische **Calle de Quintana,** die an der Nordseite der Plaza de la Iglesia entlangführt. Sie kreuzt die **Calle de Agustín de Béthencourt,** in der sich (links) das *Post- und Telegrafenamt* (Correos y Telegrafos) und das *Verkehrsbüro* (Oficina de Información Turistica) befinden. Unmittelbar nach der Kreuzung rechts die **Iglesia San Francisco.** Die nächste Straße, die Sie überqueren, ist die **Calle de José Antonio,** die links zum Teatro führt. An ihrem Beginn **(Nr. 2)** finden Sie ein besonders schönes Beispiel alter kanarischer Architektur, die **Pension Iriarte,** mit schönem Patio. Wenige Schritte weiter auf der Calle de Quintana, und Sie stehen wieder an der Plaza, dem Ausgangspunkt dieses kurzen Rundganges.

PUERTO DE LA CRUZ

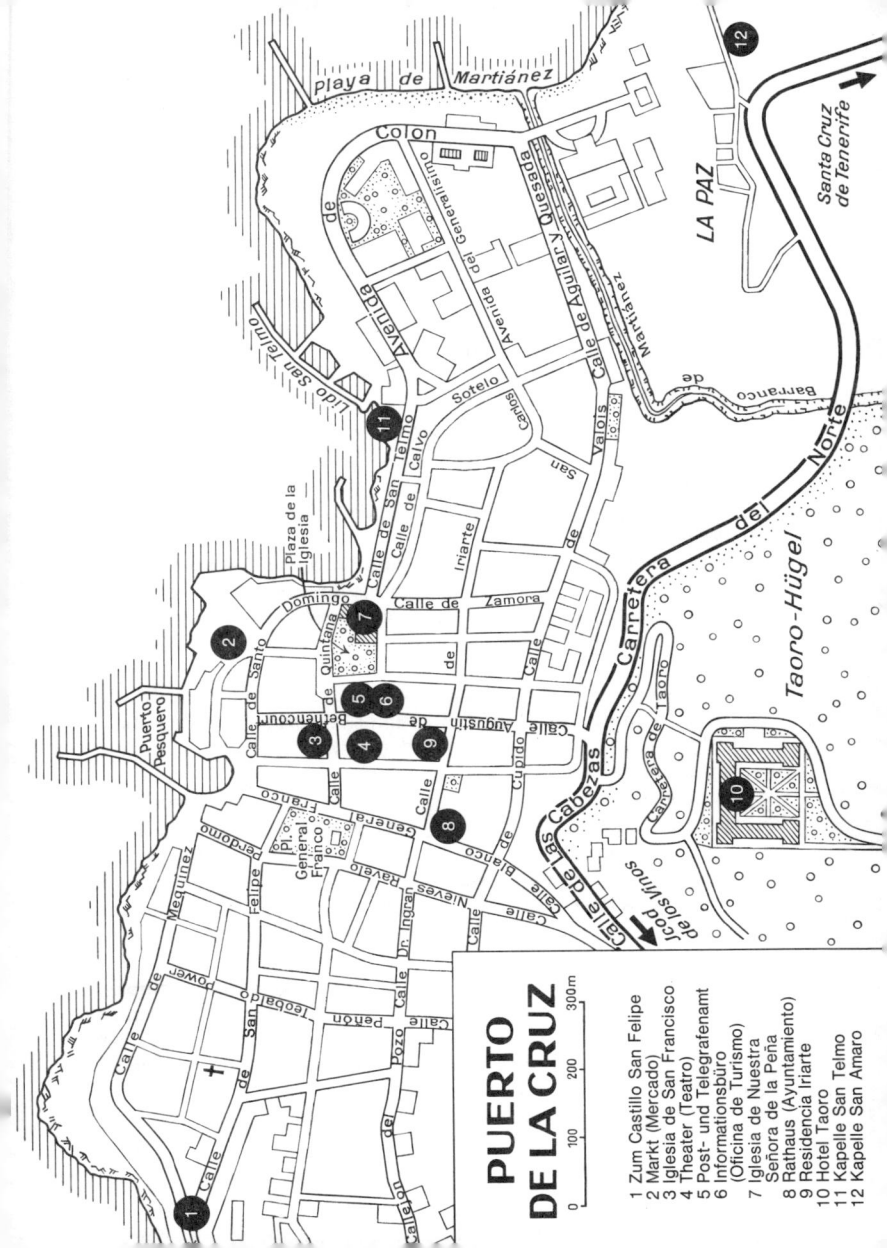

1 Zum Castillo San Felipe
2 Markt (Mercado)
3 Iglesia de San Francisco
4 Theater (Teatro)
5 Post- und Telegrafenamt
6 Informationsbüro
  (Oficina de Turismo)
7 Iglesia de Nuestra
  Señora de la Peña
8 Rathaus (Ayuntamiento)
9 Residencia Iriarte
10 Hotel Taoro
11 Kapelle San Telmo
12 Kapelle San Amaro

An der Ostseite der Kirche Nuestra Señora de la Peña beginnt die **Calle de San Telmo**, die stets mit buntem Leben erfüllte Basarstraße von Puerto. Hier gibt es Souvenirs aller Art, und nicht nur kanarischer Herkunft, sondern aus ganz Spanien und aus Afrika: Lederarbeiten, kanarische Spitzen und Stickereien, Holzgeschnitztes und vieles andere. Am Rande der dunklen Lavabucht führt die Calle San Telmo zur **Plaza Reyes Católicos.** Kurz vorher links die **Kapelle San Telmo.** Von Seefahrern und Fischern wurde sie 1626 für ihren Schutzheiligen erbaut, durch Brand (1788) und die Unwetterkatastrophe von 1826 stark beschädigt, wieder aufgebaut und in den letzten Jahren völlig restauriert. Das heutige Standbild des San Telmo stammt von 1783. Die Kapelle enthält außerdem weitere Heiligenstatuen (u. a. eine hübsche »Madonna der Guten Reise« aus dem 18. Jahrhundert), Altar- und Deckengemälde und daneben moderne Kult- und Ausstattungsgegenstände (sonntags Messen in verschiedenen Sprachen, auch deutsch; am zweiten Sonntag nach Pfingsten Fest des San Telmo). Von der Kapelle sind es nur wenige Schritte zum **Lido San Telmo** mit einem Terrassen-Café über den Lavaklippen und drei großen Meerwasser-Schwimmbecken, die von der Brandung gespeist werden und das Baden auch bei rauher See ermöglichen.

An der Plaza Reyes Católicos beginnt die **Avenida de Colón,** die Strandpromenade von Puerto. Urlauber aus aller Welt geben sich hier zu jeder Tageszeit ein Stelldichein, und wo noch bis vor etwa zwanzig Jahren die Bananenplantagen des Orotava-Tales bis an die Küste heranreichten, stehen jetzt an der Avenida selbst und in dem dahinter liegenden Viertel die modernen Hochhäuser der neuen Hotels und Apartmenthäuser, gepflegte Restaurants jeden Typs und moderne Geschäfte und Boutiquen. An nichts fehlt es, alles soll dem Feriengast den Aufenthalt so angenehm wie möglich machen.

Bummeln Sie die Avenida de Colón entlang zur **Playa de Martinánez,** dem belebten Strand von Puerto (Lavasand, zum Teil steinig; Vorsicht beim Schwimmen!). Wen das Getümmel hier stört, kann zu der kleinen Badebucht neben dem Castillo de San Felipe ausweichen. Die Playa de Martiánez wird durch eine felsige Steilküste begrenzt, in der sich Höhlen befinden, die den Guanchen als Wohnung gedient haben sollen. Unmittelbar am Meer die **Grotte San Telmo** mit Mineralquelle.

Die Avenida de Colón endet am **Barranco de Martiánez,** der hier ins Meer mündet. Bei stärkerem Winterregen (Dezember und Januar) kann sich der Barranco leicht mit lehmbraunem Wasser füllen, das jedoch über Nacht abfließt. Am nächsten Tag wechselt dann die Farbe des Meerwassers bis weit hinaus zwischen Braun, Grün und Blau. Vom Ende der Avenida de Colón führt ein hübscher Palmenweg, die **Calle de Aguilar y Quesade,** zur Calle Valois. Wenn Sie vorher rechts in die **Calle de Calvo Sotelo** einbiegen, kommen Sie zurück zur Calle San Telmo.

Zwei Gebiete haben wir nun noch nicht gesehen: den Westteil von Puerto und den Taoro-Hügel südlich der Stadt.

Im Westen ist vor allem das **Castillo de San Felipe,** am Rande des gleichnamigen Stadtteils und kurz bevor der Barranco de San Felipe ins Meer mündet, einen Besuch wert. Sie erreichen es am besten, wenn Sie vom Fischerhafen aus die **Calle de Mequinez** und den **Paseo de Luis Lavagi** entlanggehen. Das unmittelbar am Meer liegende Kastell aus dem 17. Jahrhundert ist heute ein erstklassiges Restaurant, dessen Einrichtung geschmackvoll den alten Mauern angepaßt ist. Der Festung gegenüber liegt der uns durch seine in Etagen übereinander angeordneten Grabstätten fremd anmutende **Friedhof.**

Ein besonderer Genuß ist ein Spaziergang auf den **Taoro-Hügel** (210 Meter), der unmittelbar am Südrand der Stadt ansteigt. Hier steht das seit langem berühmte **Luxushotel Taoro** inmitten einer der schönsten Parkanlagen der Insel mit zahllosen Palmen und einer Vielzahl subtropischer und tropischer Pflanzen. Zum Hotel gehören ein großes Schwimmbad, Sportanlagen aller Art: ein Eldorado selbst für Verwöhnte. Der Blick von hier oben hinunter auf Küste und Meer, auf das Orotava-Tal und über die grünen Ausläufer des Teide bis hinauf zu seinen Felshängen gehört zum Schönsten, das Ihnen Puerto bieten kann.

Unterhaltung in Puerto

Von den Agenturen und Reisebüros wird eine Fülle von Unterhaltungsmöglichkeiten angeboten, von denen hier nur einige genannt werden. In fast allen größeren Hotels sind täglich Tanzveranstaltungen. Ganz besonders zu empfehlen ist die Bar des etwas oberhalb Puertos gelegenen Hotels **Parque San Antonio**. In einem 1300 Quadratkilometer großen tropischen Garten mit Schwimmbecken und Flamingoteich kann man sich während der Tanzpausen erholen. In der Diskothek **Ali Baba** an der Plaza del Charco treffen sich die Freunde der modernen Tanzmusik. Weitere beliebte Diskotheken sind der **Tuset Street Club** (Avda. del Generalísimo) und der **Cintra Club** (Calle de Calvo Sotelo).

In der Nähe des **Fischerhafens** und der Calle Perez Zamora gibt es für den Liebhaber der guten kanarischen Küche eine Reihe preiswerter Speiserestaurants, in denen man zu niedrigen Preisen sehr gut essen kann. Es empfiehlt sich, nach 20 Uhr dorthin zu gehen, wenn der Hauptbetrieb vorbei ist.

Ausflüge von Puerto de la Cruz

Entfernungen

Nach	km	Nach	km
Aguamansa	12	Las Cañadas (Portillo)	35
Bajamar	33	La Laguna	29
Candelaria	52	Los Cristianos (Strand)	94
El Médano (Strand)	96	Los Realejos	7
Garachico	29	Mercedes-Wald	35
Güimar	60	Orotava	6
Icod (Strand San Marcos)	25	Pico del Inglés	6
Icod de los Vinos	24	Puerto de Santiago	58
Icod el Alto	16	Santa Cruz de Tenerife	39
La Guancha	20	Vilaflor	70

Zum Botanischen Garten und zum Mirador Humboldt

Der **Botanische Garten** (*Jardin Botánico*) liegt etwas oberhalb der Stadt an der Carretera General. Der Fußweg ist recht anstrengend, da er ständig ansteigt. Man nimmt am besten den halbstündlich verkehrenden Autobus oder ein Taxi. Der Garten ist die Stiftung eines spanischen Marquis aus dem 18. Jahrhundert. Zunächst war die 210×150 Meter große Anlage von Carlos III. von Spanien dazu vorgesehen, Pflanzen aus tropischen Regionen zu ziehen und zu akklimatisieren. Die Anlage des Gartens trägt deutlich die Merkmale der damals üblichen Gartengeometrie. Es sollte ein Überblick über die wichtigsten Tropengewächse gegeben werden. Das führte dazu, daß man nur mühsam mit Hilfe des auch in deutscher Sprache erschienenen Pflanzenführers einen Überblick bekommt.

Der Besuch lohnt sich jedoch auf jeden Fall. Bei einer Temperatur zwischen 17 und 22 Grad Celsius gedeihen Pflanzen aus dem *Amazonasgebiet neben solchen aus Westafrika* und *Indien*. Interessant ist der Brotbaum mit seinen großen Früchten, die gebacken oder gekocht wie Gemüse gegessen werden. Der Baum des Reisenden spendet aufgespeichertes Trinkwasser, wenn man die Blattstiele auseinanderzieht. Die scharlachfarbenen Blüten des Tulpenbaumes reizen nicht weniger die Neugier als der Seifenbaum mit seiner Rinde, aus der Seife hergestellt wird. Der Weiße Zimtbaum, der Rosinenbaum, der Pfefferbaum von Cayenne, der Papaya- und der Mangobaum stehen bei dem Kenner Mittelamerikas wegen ihrer köstlichen und heilsamen Früchte in gutem Ansehen. Nicht weniger der Mameybaum, die Kaffeestaude, der Reispapierbaum der Chinesen, der Kautschukbaum, die Amerikanische Ananas. Natürlich finden Sie dort auch zahlreiche Kakteenarten, Kamelien- und Gardeniensträucher und *die Fülle der kanarischen Flora*. Man könnte diese lange Liste noch fortsetzen.

Ein deutscher »Beschreibender Führer« des Botanischen Gartens führt nahezu 200 Pflanzen und Bäume auf. Sie sollten ihn sich besorgen, zumal nicht alle Pflanzen bezeichnet sind. Jedenfalls bietet der Garten eine solche Fülle an Wissenswertem und Schönem, daß es sich lohnt, ihn öfters zu besuchen. Und: Beginnen Sie Ihren Besuch nicht zu spät, denn der Garten wird pünktlich um 17 Uhr geschlossen. Beim Gärtner kann man einzelne Pflanzen kaufen. Ein besonderes Treibhaus für Orchideen befindet sich bei der Bus-Haltestelle La Vera.

Wenn sie sich hinter dem Jardín Botánico links halten (die rechte Straße führt nach Orotava, s. S. 108), kommen Sie nach etwa einem Kilometer zu dem berühmten **Mirador Humboldt** (*Humboldt-Blick*), von dem Sie die schönste und umfassendste Aussicht auf das weite **Tal von Orotava** (*Valle de la Orotava*) von der Küste bis hinauf zum Kegel des Teide haben.
Ein Gedenkstein erinnert an den weitgereisten Forscher und sei-

nen bemerkenswerten Ausspruch: »Nachdem ich die Ufer des Orinocco entlanggefahren bin, die peruanischen Gebirge und die herrlichen Täler Mexikos gesehen habe, muß ich gestehen, daß ich nirgends einem abwechslungsreicheren, harmonischeren und bezüglich der Vegetations- und Felsengruppierungen anziehenderen Bild begegnet bin.«

In dem nahen deutschen Café »Humboldtblick« können Sie eine Pause einlegen. Wandern Sie dann zu Fuß durch die Bananenplantagen zurück nach Puerto; es lohnt sich (etwa eine Stunde, auch Omnibusverbindung).

Nach Orotava

7 Kilometer

Die Straße von Puerto de la Cruz nach Orotava ist bequem. Manche ziehen ihr indessen die abkürzenden Fußwege zwischen den Grenzmauern der Bananenpflanzungen vor; die Wanderung auf dem abgeschliffenen, aber nicht polierten kleinen Basaltpflaster ist eine gute Fußmassage! Wer dagegen das Auto benutzt, hat eine nicht minder steile Anfahrt. Zu beiden Seiten erheben sich da und dort sogenannte Felsenmeere zerklüfteter Lava- und Aschenschlacken, deren unterschiedliche Färbung überrascht. Es sind die Reste der erkalteten Lava aus den Vorbergen des Piks, die sich ins Meer ergoß.

Schon, wenn Sie vom Flughafen auf der Küstenstraße oder der Autobahn nach Puerto de la Cruz gekommen sind, haben Sie das Tal von Orotava durchfahren und einen ersten Eindruck von dieser berühmten Landschaft bekommen. »Dies ist das Bezauberndste, das die Augen sahen«, sagte der weitgereiste Alexander von Humboldt über das Tal von Orotava, und dieser Satz mag auch heute noch seine Gültigkeit haben.

Das **Tal von Orotava** (Valle de la Orotava) ist 62 Quadratkilometer groß. Hier sieht man Bananenkulturen, Weinberge und Obstgärten, kanarische Palmen, Oleander und Tamarisken, Aloe und hohe üppige Fuchsiensträucher im Verein mit gewaltigen Geranien. Sorgfältig angelegte und steile Stufenkulturen klettern bis in die Wolkenregion und berühren sich dort mit den grünen Rändern des Waldes. Wir umfassen mit den Augen gewissermaßen alle Zonen der Erde; die subtropische, die tropische und die mittelmeerische Zone, die gemäßigtere Waldregion und die kalte Zone am Teide. Die See läuft mit weißleuchtender Gischt stets hart gegen die felsigen, stark zerklüfteten Ufer an.

Die vielen blanken Wasserbehälter wirken wie große silberne Tupfen in den grünen Flächen. Im Seewind bewegen sich ständig wie Riesenwedel die Blätter der Bananen mit ihren Fransen, die der Wind weiter zerzaust.

Viele Landhäuser und Herrensitze liegen verstreut außerhalb der zahlreichen Ortschaften. Die beiden Städte Orotava und der Puerto von Orotava, jetzt Puerto de la Cruz, beherrschen das Ganze, und über allem erhebt sich der mächtige Kegel des Teide.

Durch das einzigartige Bewässerungssystem wurde dieser Landstrich zu einem **großen Garten**. Der Eindruck einer gewissen Eintönigkeit wird durch den ständigen Wechsel der Stellung der Pflanzen, den Wechsel des Lichtes und der Färbung bald verwischt. Man hat das Gefühl, in einen riesigen Blumenkorb zu schauen. Besonders der **Frühling** macht das Tal mannigfaltig in der Gestaltung seiner Pflanzen und Blumen.

Dicht über dem Boden blühen in wundervoller Abwechslung Schlingpflanzen, Rosen und Lilien aller Art, Aronstab, Iris und Canna, Nelken, Tulpen, Zwergpalmen, Orangenbäume und unzählige andere Gewächse einer üppigen Flora.

Die bunte Palette der Blumen und Früchte wird umrahmt durch den von der Sonne angestrahlten Wolkenkranz, der sich in der Höhe um den Riesenkegel des Pik legt und von den Passatwinden gebildet wird. Diese streifen ihre Feuchtigkeit an den Kegelwänden über 3000 Meter Höhe ab.
Alexander von Humboldt schreibt darüber: »Ich habe im heißen Erdgürtel Landschaften gesehen, wo die Natur großartiger ist, reicher in der Entwicklung organischer Formen. Ich muß gestehen, nirgends ein so mannigfaches, ein so anziehendes, durch die Verteilung von Grün und Felsmassen so harmonisches Gemälde vor mir gehabt zu haben. Ich kann diesen Anblick nur mit den Golfen von Genua und Neapel vergleichen, aber das Orotava-Tal übertrifft sie bei weitem durch seine Ausmaße und die Reichhaltigkeit der Vegetation.«

Die Insel Tenerife

La Orotava (330 Meter, 24370 Einwohner)

liegt 7 Kilometer oberhalb von Puerto und erinnert von der Architektur her an La Laguna. Das Städtchen erstreckt sich über teilweise recht steile Hänge. Hohe und niedrige Häuser, auf deren Dächern üppige Hauswurz wuchert, stehen nebeneinander. Die engen, gewundenen Straßen und Gassen sind teilweise noch mit abgetretenen Kopfsteinen gepflastert.

Romantische, reichgeschnitzte Balkons, Türbalken und Fensterläden zeugen von dem einstigen Reichtum der Bürger. Wir lesen an einem Türbalken die Jahreszahl 1632. Mehrere Adelspaläste tragen ihre Wappen weithin sichtbar an der Frontseite. Nach dem etwas hektischen Trubel in Puerto empfindet man die schläfrige Ruhe und Gelassenheit Orotavas als besonders wohltuend. Der Guanchenname Ararutápala erinnert an die lange Geschichte dieses Ortes.

Mittelpunkt ist die blumen- und baumbepflanzte **Plaza**. In der Nähe steht die **Pfarrkirche La Concepción,** ein Meisterwerk der Rokokokunst aus dem 18. Jahrhundert.

Von Puerto nach La Romantica

5 Kilometer

Nur wenige Kilometer westlich von Puerto de la Cruz steht heute das terrassenartig angelegte Feriendörfchen **La Romantica** unterhalb von Realejos eine Ansammlung von Bungalows und Apartmenthäusern. Es trägt seinen Namen zu Recht. Die wunderbare Küstenlage weitab von dem üblichen Touristenrummel der Ballungszentren lockt immer mehr Urlauber an, die ruhige Ferien suchen. Ein Fußweg führt hinunter zum Meer. Man kann das Schwimmbecken benutzen. Es ist heizbar, so daß man auch im Winter jederzeit baden kann.

Nur etwa drei Kilometer von Romantica I in Richtung Puerto liegt Romantica II. Wer Unterhaltung braucht, kommt hier eher auf seine Kosten. Puerto selbst liegt sehr nahe und Romantica II hat zudem eine Diskothek und eine Bar. Eine Attraktion ist die als Flamenco-Bar ausgebaute Naturgrotte, **La Cueva,** ehemals Sitz eines Guanchenkönigs, in der gute Flamenco-Gruppen von der Halbinsel für Unterhaltung sorgen. Plätze reserviert das Romantica-Informationsbüro in Puerto, Calle San Telmo, Tel. 31 11 77, oder das Büro in Los Realejos, Tel. 410.

Nach San Juan de la Rambla, Icod de los Vinos und zum Strand von San Marcos

30 Kilometer

Der Linienbus fährt über Orotava und auf der **C 820** (Carretera del Norte), die parallel zur Küste den vielen Einschnitten der Barrancos folgt. Unvergeßlich ist die reiche Vegetation der Steilhänge zur Linken und der Blick über den Atlantik zur Rechten. Die Strecke wird zu Recht oft mit der weltbekannten Corniche an der französischen Riviera verglichen.

Der erste größere Ort, den wir berühren, ist **Los Realejos** (24000 Einwohner), genauer gesagt, Realejo Bajo.
Denn das weit auseinandergezogene Städtchen besteht eigentlich aus zwei Orten:
Realejo Alto, am Berghang der **Ladera Tigaiga** gelegen, und dem zur Küste abfallenden **Realejo Bajo**. In Los Realejos unterwarfen sich 1496 die letzten Menceyes (Könige) der Guanchen den spanischen Eroberern unter Fernández de Lugo und ließen sich taufen. Aus dieser Zeit (1498) stammt auch die **Kirche Santiago** in Relejo Alto, eine der ältesten Kirchen der Insel, deren Glocken ein Geschenk König Fernandos sind. Aus Realejo Alto stammt außerdem der spanische Historiker Don José de Viera y Clavijo (1731–1812), der Verfasser der auch heute noch als Standardwerk geltenden Geschichte der Kanarischen Inseln.

Unser Bus hält nach 15 Kilometern in dem malerischen Städtchen **San Juan de la Rambla**, das auf einem jungen Lavastrom errichtet wurde. Ringsum sind die zerklüfteten Hänge mit Bananenstauden bepflanzt. Die Straße fällt nun ab. Immer wieder schaut man weit zu den Bergen hinauf. Wir passieren den mächtigen **Barranco Ruiz**, kreuzen Lavaströme und werden wieder eingefangen von den Kronen der ausladenden Bäume.

Nach weiteren zehn Kilometern erreichen wir **Icod de los Vinos** (235 Meter, 16000 Einwohner). Das Tal de los Vinos unter dem Teide wetteifert an Fruchtbarkeit und Schönheit mit dem Orotava-Tal. Die Stadt wurde bereits 1501 gegründet. Einer der besten *Landweine* stammt von hier. An der gepflegten **Plaza** steht in einer kleinen Blumenanlage gegenüber dem staatlich geführten **Hostal del Drago** der berühmte **Drachenbaum** der Insel. Der Umfang beträgt 17,50 Meter, die Stammhöhe 22 Meter. Das mit 5000 Jahren angegebene Alter dürfte übertrieben sein. Die Guanchen verehrten den Drago als göttlich und bereiteten aus seinem rötlichen Saft Heilgetränke.

In der an der Plaza stehenden **Renaissancekirche San Marcos** aus dem 16. Jahrhundert finden wir einen prunkvollen barocken Hochaltar. Die Holzdecke aus dem eisenharten Kernholz der kanarischen Pinie (*corazón del pino*) stammt aus der spanischen Erobererzeit.

Bis zum **Strand von San Marcos** sind es von hier zwei Kilometer (Linienbus). Die Straße zweigt kurz hinter Icod nach rechts und fällt schnell zwischen Bananenplantagen zum Meer hin ab. Nach einer scharfen Kehre, an wenig einladenden Hochhäusern vorbei, halten wir vor dem kleinen Restaurant (mit Pension). Besonders an den Wochentagen lohnt es sich, einen Nachmittag an dem idyllischen Strand zu faulenzen (schwarzer Sand). Felsbarrieren schützen die Bucht vor dem Wind, und das Wasser ist fast immer ruhig. Auch der Anfänger kann mit Brille und Schnorchel die reiche Meeresfauna beobachten. An der steinigeren Ostseite der Bucht gibt es eine Menge von Muränen, die hier leicht zu erbeuten sind. Eingeweihte wissen, daß man hier die besten Fische ißt. Verlangen Sie *Vieja von papas arrugadas y mojo* (= karpfenähnlicher Fisch mit in Meerwasser gekochten Kartoffeln und pikanter Soße).

Oberhalb der Strandpension ist der versteckte Eingang zu einer der größten bekannten Höhlen. Wegen der labyrinthartigen Vielzahl der Gänge sollte ein Führer zu einer Begehung mitgenommen werden. Karbidlampen und eventuell ein Regenumhang sind zu empfehlen.

Über Icod nach Santiago del Teide und zur Playa de Santiago

60 Kilometer

Bis Icod (27 Kilometer). In Icod biegt die Straße hinter dem Hostal del Drago nach links ab, unterquert einen Tunnel und steigt dann ständig

Ausflüge von Puerto de la Cruz

an. Nach kurzer Zeit schaut man auf das **Tal von Icod** zurück und erreicht nun **El Tanque** (450 Meter), kurz nachdem der Lavastrom überquert wurde. Man schaut hinunter bis Garachico, das diesem Strom 1705 zum Opfer fiel. In Tanque bekommt man *einen der besten Weine der Insel*.

Wir befinden uns jetzt an der Wasserscheide zwischen Nord- und Westküste. Die Vegetation wird weniger üppig, die Pinien überwiegen, und bei **Genoves** und **San Juan del Reparo** blicken wir über eine weite Vulkanlandschaft bis zum Teide hinüber, dem der alte Krater vorgelagert ist. Auf unserer rechten Seite sehen wir die Osthänge des Teno-Gebirges. Nach 15 Kilometern erreicht die serpentinenreiche Hauptstraße über die Weiler **Ruigomez, Herjos** und **Valle Arriba** das Dorf **Santiago del Teide** (975 Meter). Von hier überblickt man den Westrand der Cañadas, einen guten Teil der Westküste, und man sieht den Umriß der Nachbarinsel La Gomera. Der Bus fährt an einem altertümlichen moscheeartigen Kirchenbau mit Kuppeln und seitlichen Türmen vorbei, in dem eine mittelalterliche Figur des Sankt Georg und eine Christusstatue (15. Jahrhundert) beachtenswert sind. Santiago del Teide ist der *Mittelpunkt eines üppigen Weinbaugebietes*.

Es folgen **Retamar** und **Tamaima**, zwei Dörfer, in denen noch in Heimarbeit die bekannten *Calados-Stickereien* gearbeitet werden. Wie eine Riesenschlange windet sich die neue, sechs Kilometer lange Nebenstraße, die man deutlich überblickt, von Tamaima aus abwärts. In schneller Fahrt erreicht der Wagen das Schwemmland der Küste und die Playa, die leider durch eine Kalkfabrik mit ihrem grauen Staub überschüttet wird. Eine Straße führt hinunter zur **Playa de Santiago**. Überall sind Terrassen angelegt. Der Boden wird durch einen Belag von Bimskies vor dem Austrocknen geschützt.

Durch vorbildliche Zusammenarbeit einiger deutscher und spanischer Landwirte wurde in dem Gebiet des **Pico Viejo** Wasser erbohrt und in Kanälen abgeleitet. Ein Riesenkapital war notwendig, um durch eingeführte Düngemittel den Boden für den Anbau von Tomaten und Blumen für den Export aufzubereiten. Eine einzigartige Pionierleistung.
Besonders die Tomate zählt heute mit zu den wichtigsten Wirtschaftsfaktoren der Insel. Auch neue Pflanzungen bei Buenavista nördlich vom Teno sind gut angeschlagen.

Bevor Sie nach Puerto de Santiago kommen, sollten Sie jedoch etwa drei Kilometer hinter Tamaima anhalten und von einer Anhöhe rechts neben der Straße den herrlichen Blick auf **Los Gigantes**, steil ins Meer abfallende, *imposante Felsen*, auf Brandung und Meer genießen.

In **Puerto de Santiago** endet die Fahrt. Eine schmale Sandpiste führt aus dem Dörfchen hinunter zum schwarzen Sandstrand. Auf der Anhöhe in der Mitte des Strandes steht lediglich ein kleines Restaurant.

Man kann sein Zelt auf dem davorliegenden, sehr verschmutzten Platz aufstellen, der mit Lavabrocken übersät ist. Der Besitzer hat nichts dagegen, wenn man die provisorische Duschanlage und die Toilette des Restaurants benutzt. Gebühren werden nicht erhoben, doch ist der Platz und die nächste Umgebung für einen längeren Aufenthalt nicht sehr einladend. In der ruhigen, felsenreichen Bucht kann man tauchen, mit etwas Glück auch einige Lisas erbeuten.

Nicht weit von diesem Strand liegt die **Playa de la Arena**, die von den Einheimischen bevorzugt wird und die mit ihrem grobkörnigen Lavasand und ihrer gemäßigten Brandung zu den schönsten Stränden Tenerifes zählt.

Nördlich von Puerto de Santiago, am Fuße von mächtigen Felsen, **Los Gigantes,** entstand eine moderne Hotelanlage gleichen Namens. Wegen der Abgelegenheit bietet das Haus seinen Gästen sehr viel Unterhaltung. Jeden Abend wird getanzt, an den Wochenenden finden Galaessen statt. Die organisierten Bootsfahrten entlang der steilen Teno-Küste gehören mit zu den unvergeßlichen Eindrücken. Man kann außerdem Tennis spielen, kegeln und Wasserski laufen. Der Fischreichtum an dieser Küste ist bei Sportfischern und Anglern bekannt.

Von Puerto über La Orotava zu den Cañadas und zum Teide

34 Kilometer

Wenn Sie nicht kurvenfest sind, sollten Sie vor Antritt der Fahrt mit Tabletten vorbeugen, denn die gesamte Strecke ist zwar gut ausgebaut, jedoch außerordentlich kurvenreich.

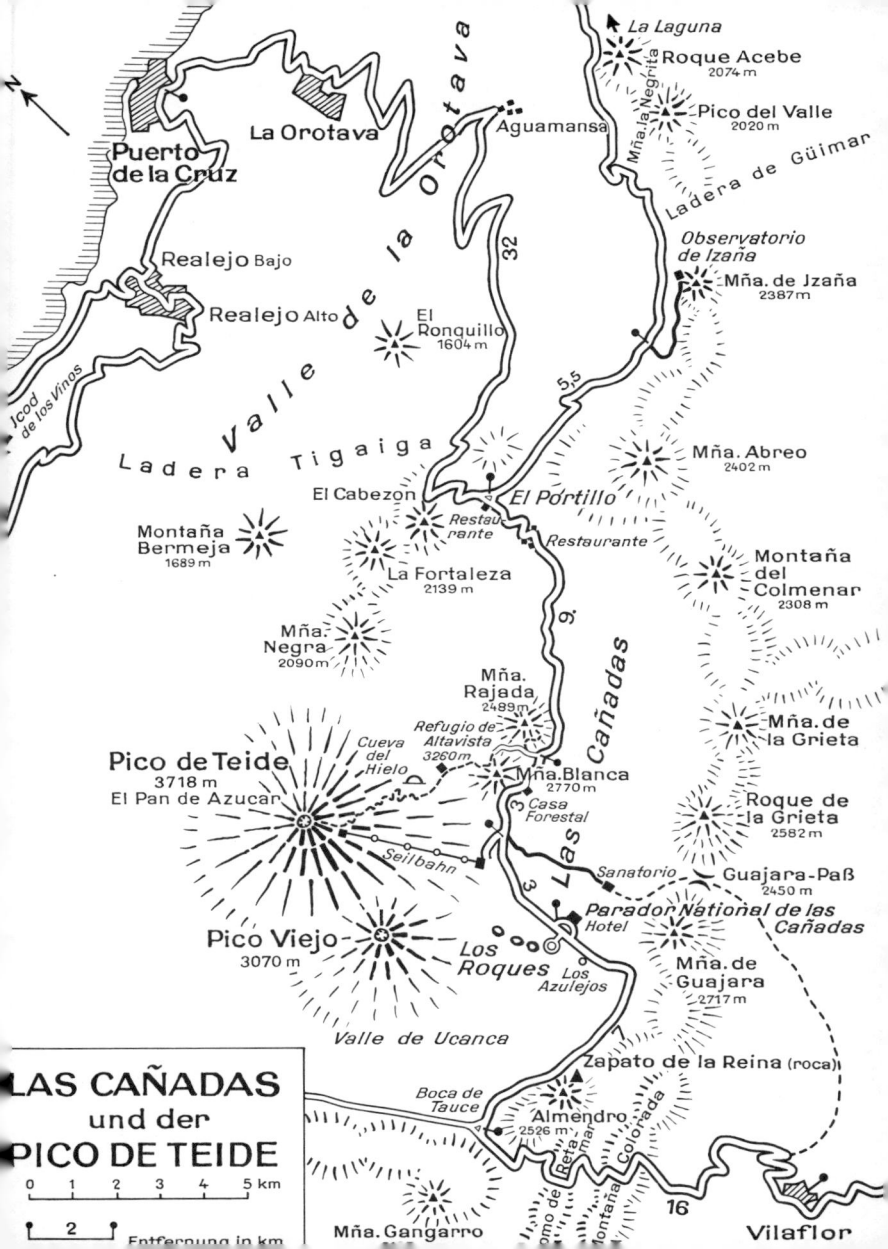

LAS CAÑADAS und der PICO DE TEIDE

La Laguna
Roque Acebe 2074 m
Pico del Valle 2020 m
Puerto de la Cruz
La Orotava
Aguamansa
Mña. la Negrita
Ladera de Güimar
Realejo Bajo
Realejo Alto
Valle de la Orotava
Observatorio de Izaña
Mña. de Izaña 2387 m
Icod de los Vinos
El Ronquillo 1604 m
32
5.5
Ladera Tigaiga
Mña. Abreo 2402 m
El Cabezón
El Portillo
Montaña Bermeja 1689 m
Restaurante
Restaurante
Montaña del Colmenar 2308 m
La Fortaleza 2139 m
Mña. Negra 2090 m
Mña. Rajada 2489 m
9
Las Cañadas
Mña. de la Grieta
Refugio de Altavista 3260 m
Pico de Teide 3718 m
El Pan de Azúcar
Cueva del Hielo
Mña. Blanca 2770 m
Casa Forestal
Roque de la Grieta 2582 m
Sanatorio
Guajara-Paß 2450 m
Seilbahn
Parador Nacional de las Cañadas
Pico Viejo 3070 m
Hotel
Los Roques
Los Azulejos
Mña. de Guajara 2717 m
Valle de Ucanca
Zapato de la Reina (roca)
Boca de Tauce
Almendro 2526 m
0 1 2 3 4 5 km
16
Mña. Gangarro
Vilaflor

Entfernung in km

Die Straßen nach **La Orotava** und den Ort selbst haben Sie bereits kennengelernt (s. S. 108). Hinter Orotava windet sich die Straße weiter in engeren Kurven bergwärts. Vorbei an Zuckerrohrplantagen kommen Sie zum *Lorbeerwald* von **Aguamansa**, einem ärmlich anmutenden Dorf, dessen Bewohner schlecht und recht von der Landwirtschaft leben. Ärmlich gekleidete Kinder bieten den Touristen Blumen und Obst zum Kauf an, und manchmal betteln sie auch, wenn sich die Gelegenheit bietet. Aguamansa liegt an der Südostecke des **Valle de la Orotava** und schon in der Region der Wolken.

Sie verlassen nun die Kulturlandschaft des Orotava-Tals. Die Straße steigt weiter kurvenreich an und führt an einer interessanten Lavaformation vorbei, die entsprechend ihrer Gestalt den Namen **Los Organos** (*Die Orgeln*) hat. An dem oberhalb gelegenen Krater von Aguamansa geht die Fahrt durch den neu aufgeforsteten **Monte Verde** (*Grüner Berg*). Nach einem letzten, herrlichen Blick hinab, der jedoch oft genug durch Wolken verhangen ist, kommen Sie an die Einmündung der **Carretera Dorsal**, die von Santa Cruz und La Laguna über den Cumbre führt, und zum **Portillo** (2000 Meter), dem »Törchen«, einem schmalen Zugang zu dem **Las Cañadas** (*Die Schluchten*) genannten Hauptkratergebiet des Teide (s. S. 88, 114, 126f).

Rundfahrt durch den Westteil von Tenerife

210 Kilometer

Diese Fahrt kann als Gemeinschaftsfahrt oder mit einem Taxi durchgeführt werden. Wegen der vielen verschiedenen Eindrücke und den ständigen Höhenwechseln ist sie sehr anstrengend und ermüdend. Für die Fahrt müssen Sie etwa zwölf Stunden rechnen; unterwegs mehrfach Bademöglichkeiten.

Nach der beschriebenen Strecke über **Orotava** zum **Portillo**, dem Beginn der Cañadas, und durch die Cañadas, vorbei am **Parador** und durch die **Ebene von Ucanca**, erreichen wir das Ende des Kraters. Die

Puerto de Tazacorte auf La Palma, der grünsten der Kanarischen Inseln. ▷

Blick auf den tiefen, im Durchschnitt ca. neun Kilometer breiten Kraterkessel Caldera ▷▷
de Taburiente. Hier werden Wandererträume wahr.

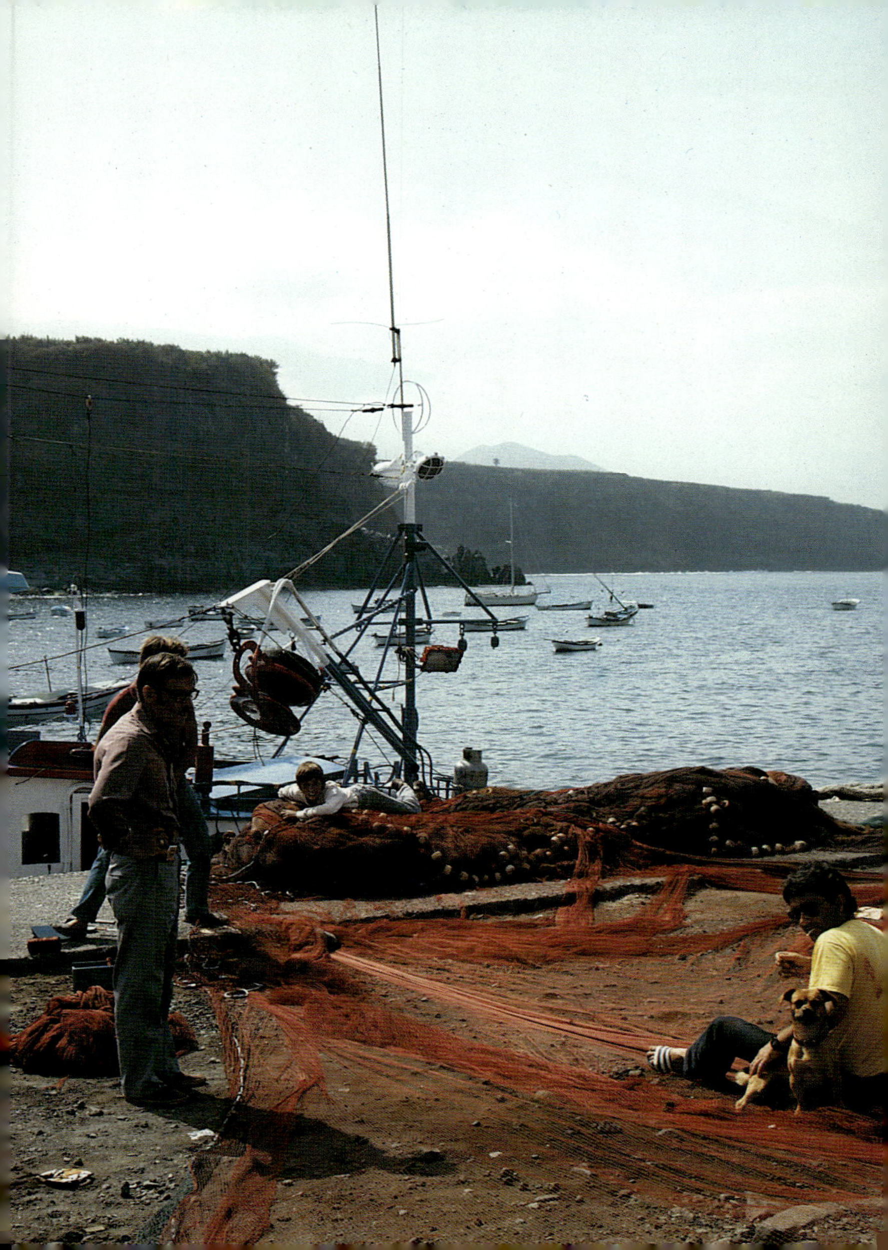

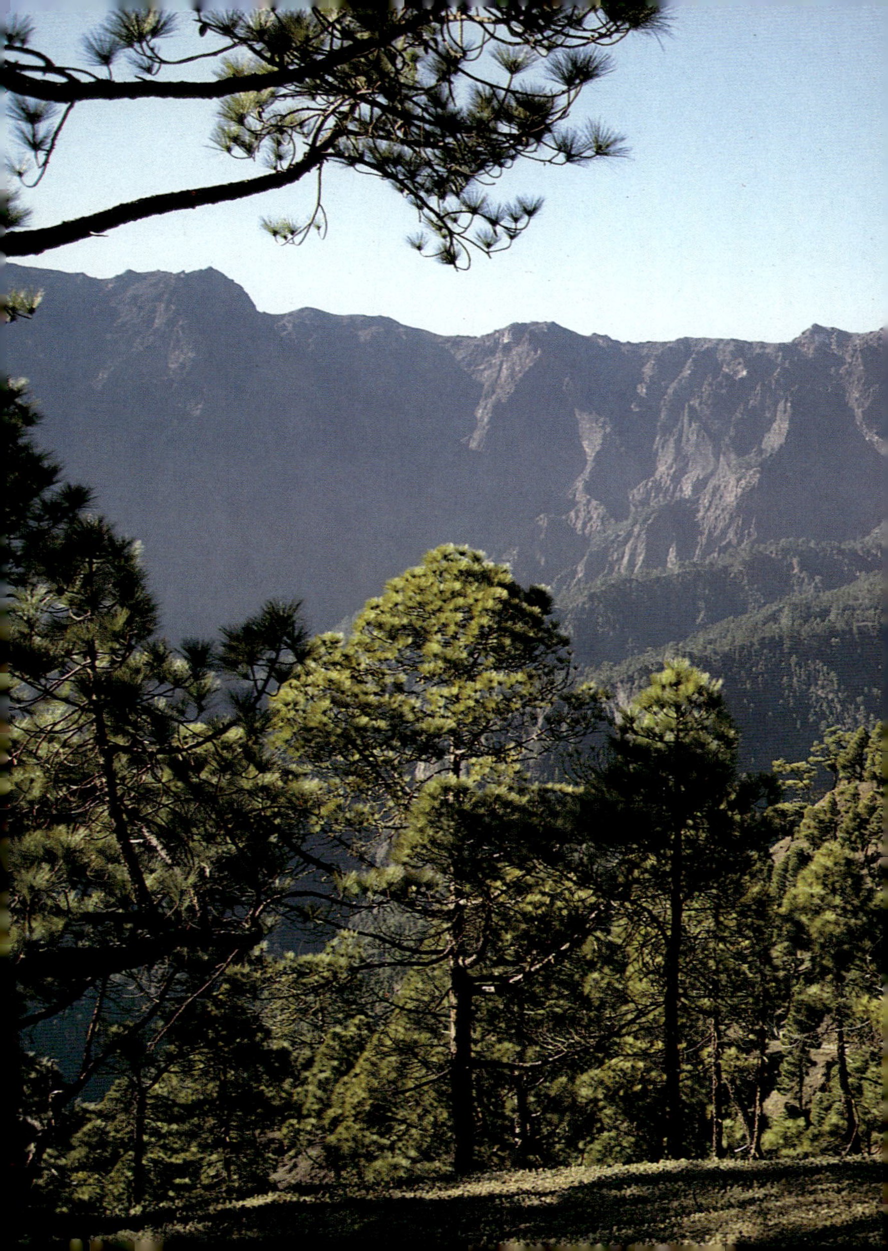

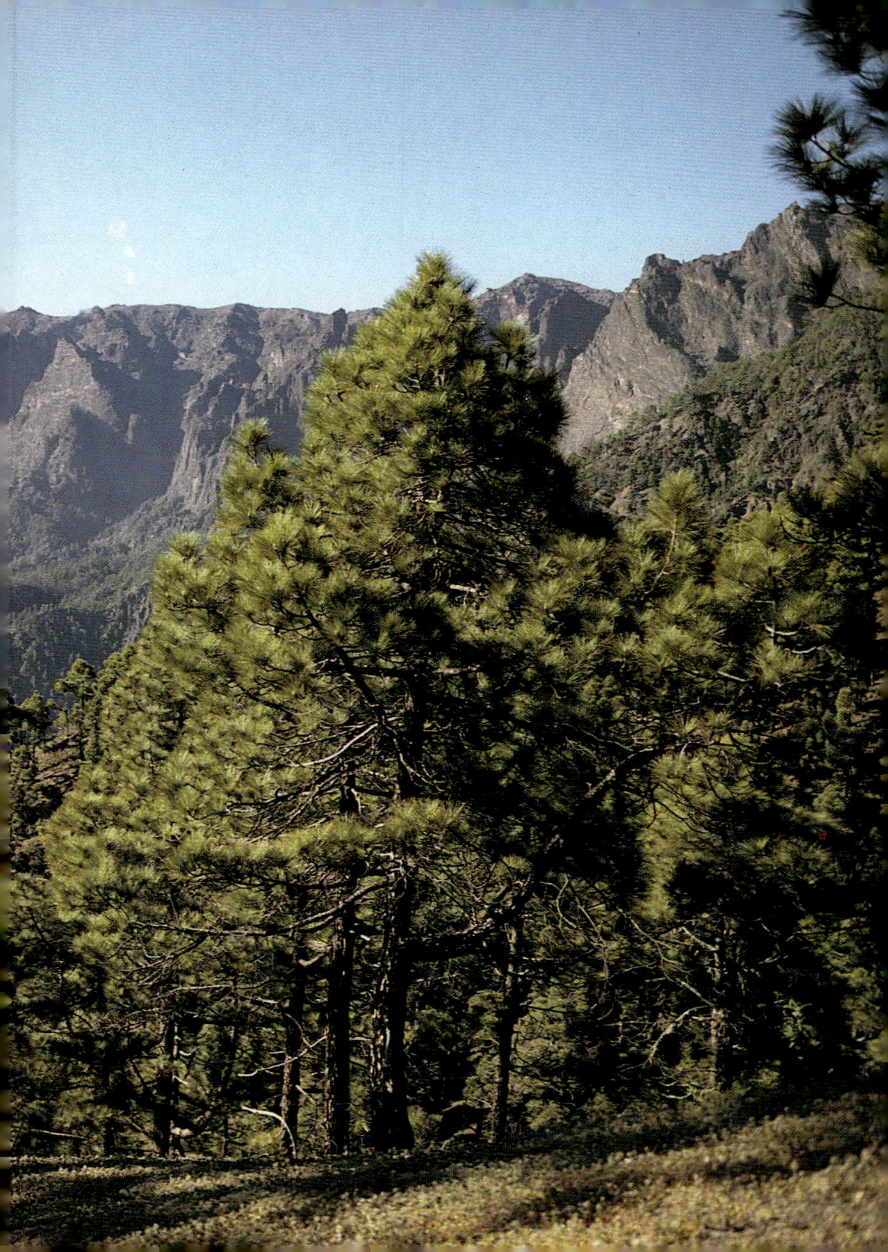

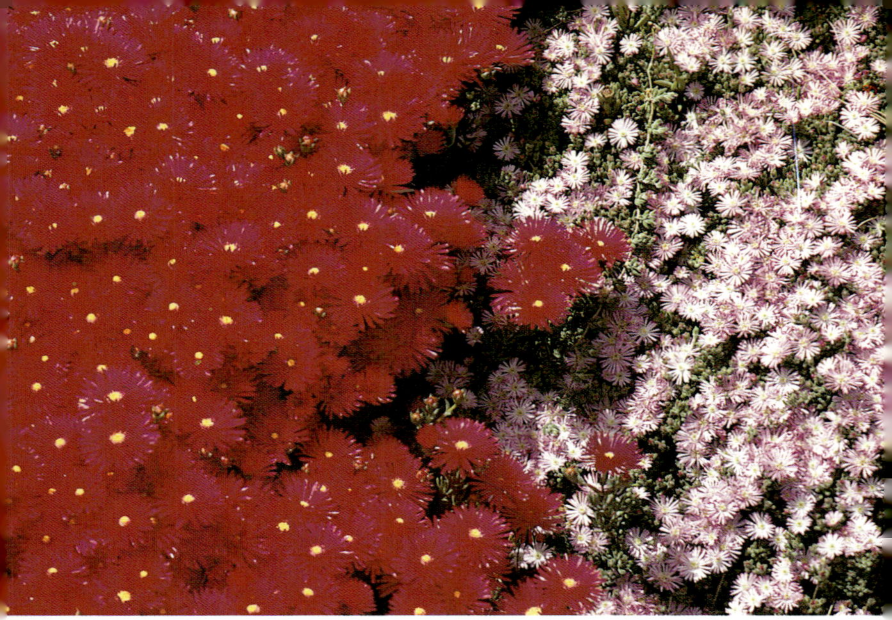

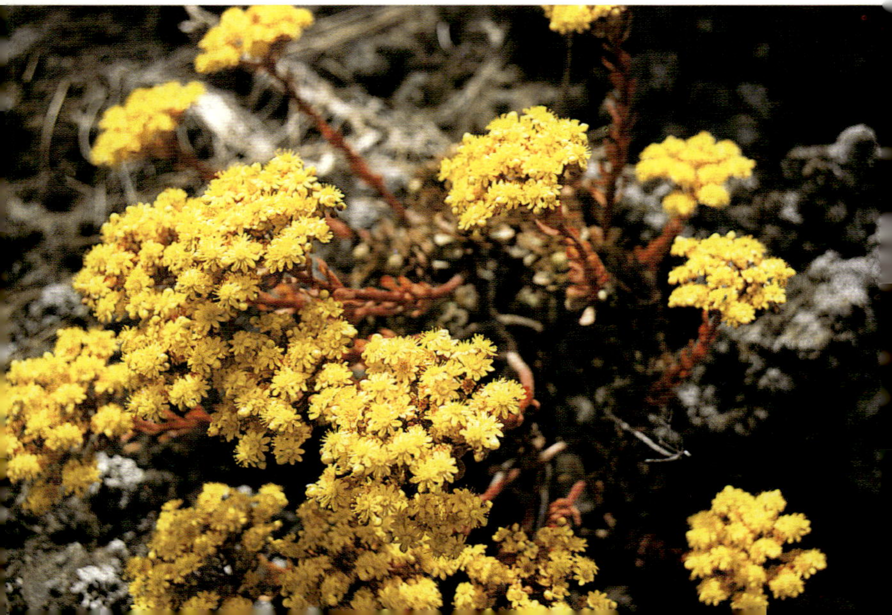

nach rechts abzweigende Schotterpiste endet nach vier Kilometern im **Llano de Santidad**. Sie soll später nach Chio durchgebaut werden. Man kann von hier durch das zerklüftete Gebiet junger und alter Lavaströme wandern und stößt überall auf Spuren der Ureinwohner.

Nach der **Boca de Tauce** erblicken wir durch die weit abfallenden Barrancos den Atlantik, am Horizont die Insel La Gomera und bei sehr klarer Luft auch Hierro. Ein alter Kiefernwald nimmt uns auf. Die Straße fällt nun in starken Windungen ab, führt am Forsthaus vorbei und zweigt dann nach **Vilaflor** ab. Durch die weiten Terrassenkulturen und Pflanzungen von Mandelbäumen, die den Blick freilassen über die Badeküsten des Südens, führt die Straße in sehr engen Kehren bis hinunter nach **Granadilla**, dem Knotenpunkt der Straßen nach Médano, Santa Cruz, Los Cristianos und Vilaflor. In **El Médano** haben wir Zeit zum Essen und Baden. Am Nachmittag wird die Fahrt fortgesetzt, vorbei an **Los Cristianos** (s. S. 122), über **Santiago del Teide** und **Icod** zurück nach Puerto de la Cruz. Beschreibung dieser Strecke bis Puerto de Santiago. Von hier über Icod zurück nach Puerto in umgekehrter Richtung.

Die Küstenplätze im Süden

Noch zur Jahrhundertwende konnte man die Orte im Süden von Tenerife nur mit einem Maultier erreichen. Erst seit 1967 ist auch dieses Gebiet durch zum Teil erst in jüngster Zeit fertiggewordene Straßen erschlossen. Diese Region hatte im Gegensatz zum Ostteil der Insel und zu ihrer Nordküste für den Fremden zunächst so gar nichts Anziehendes.

Erst seit die urlaubs- und sonnenhungrigen Mittel- und Nordeuropäer nach immer neuen Strandgebieten suchten und die Touristenzentren Santa Cruz und Puerto de la Cruz mit Hochhaushotels, Apartmenthäusern und Bungalowsiedlungen aus allen Nähten platzten, machten sich Unternehmer daran, an der Süd- und Südostküste neue

◁ *Oben/unten: Blütenimpressionen auf La Palma. In einem kanarischen Volkslied heißt es: »Spanien hat einen Garten – die Kanarischen Inseln.«*

Strandgebiete zu erschließen. Bis dahin waren diese Gebiete kaum von Fremden besucht worden. Inzwischen gehören sie aber schon seit Jahren zum festen Angebot der Reiseveranstalter.

Wer die trockene Sukkulenten-Steppe an der Südküste und das tote Land etwa bei Los Cristianos oder Las Galletas noch vor wenigen Jahren gesehen hat, muß anerkennen, daß hier gute Arbeit geleistet wurde. Die Strände mit dem hellen Sand in windgeschützten Buchten bieten ideale Bademöglichkeiten. Es regnet so selten, daß einige Hotels für einen verregneten Urlaubstag sogar das Pensionsgeld zurückzahlen wollten. Anfangs wurden die Urbanisationen isoliert von den Dörfern errichtet. Heute bemüht man sich mit Erfolg, sie in die Gemeinden zu integrieren, da das Lokalkolorit und die Begegnung mit Einheimischen wesentlich zu einem Urlaub im Ausland gehört.

Dieses Feriengebiet umfaßt die Küste von **Los Cristianos** im Westen bis **El Médano** nordöstlich der Punta Roja, zwei kleinen Fischerorten, die bis zu ihrer »Entdeckung« nur Einheimischen als Badeplätze bekannt waren.

Von Santa Cruz ist der Süden über Schnellstraßen zu erreichen.

Los Cristianos

Ursprünglich ein kleiner Fischerort, zeichnet sich **Los Cristianos** durch seine besonders *schöne und geschützte Lage* aus. Es war bis in die jüngste Zeit einer der beliebtesten Badeorte der Tinerfeñer. Der ursprüngliche Charakter eines idyllischen Fischerdorfes ist jedoch völlig verlorengegangen, seit große Wohnblocks mit Geschäfts- und Unterhaltungszentren überall aus dem Boden wuchsen und weiterhin wachsen. Heute ist der Ort besonders beliebt bei den Schweden, die hier ein bedeutendes Sanatorium für spastisch Gelähmte eingerichtet haben, wie sich überhaupt das Klima der gesamten Südküste positiv auf Gelenkkrankheiten (z. B. Rheumatismus) auswirkt.

Zwei Molen schützen Hafen und Strand gegen Seewind und Brandung. Der helle Sandstrand bietet gute Bademöglichkeiten, und von Jahr zu Jahr neu entstehende Einrichtungen sorgen für Sport und Unterhaltung. Nur eine amerikanische Zementfabrik im Südteil der Bucht wirkt etwas störend.

Nordwestlich von Los Cristianos, an der **Playa de las Américas,** steht das Apartmenthaus »Borinquen« mit 129 Zimmern. Es deckt eine Fläche von 5000 Quadratkilometern. Die Umgebung wurde, wie bei allen neuen Projekten, durch Gartenarchitekten sehr reizvoll gestaltet. Vorhanden sind: Restaurant, Bar, Boutique, Supermarkt, Schwimmbad und Tennisplatz.

Palm-Mar

Vom Hafen Los Cristianos durch einen ins Meer ragenden Berg getrennt, liegt der neue Badeort **Palm-Mar.** Schon durch seine Lage ist dieser Ort besonders bevorzugt: Im Norden erhebt sich eine etwa 100 Meter hohe Bergkette, die nicht nur vor Nordwinden schützt, sondern auch die Ruhe dieses Ortes garantiert. Nach Osten steigt das Gelände an, wodurch die Bewohner Palm-Mars die oft lästigen Ostwinde aus Afrika nicht zu spüren bekommen. Klima und Wetterbedingungen sind daher in Palm-Mar besonders günstig. Meer und Badestrand liegen genau im Westen.

Vor Palm-Mar liegt die Insel La Gomera, deren Anblick bei Sonnenuntergang immer wieder ein Erlebnis ist.
Breite Spazierwege wurden durch den ganzen Ort angelegt. Geplant sind ein großer Botanischer Garten, zusätzlich zu dem bereits vorhandenen Park, und ein Yachthafen.

Da von Beginn an Palm-Mar sehr großzügig angelegt wurde (übrigens von einem afghanischen Khan, der Künstler und mit einer deutschen Frau verheiratet ist), kaufte sich dort bereits ein internationales Publikum ein. Aristokratie und Hocharistokratie Europas sind ebenso vertreten wie Geschäftsleute und Akademiker aus Europa und Übersee.

Las Galletas (Costa del Silencio)

Bis vor wenigen Jahren war **Las Galletas** nichts als ein kleines Fischerdörfchen. An Bedeutung gewonnen hat es erst durch eine Reihe neuer Ferienzentren, und der Name **Costa del Silencio** (*Küste der Ruhe*) für den um Las Galletas liegenden Küstenstreifen ist heute bekannter als das Dörfchen selbst.

Da ist zunächst **Ten Bel**. Der Name dieses Ortes ist eine Kombination von Ten(erife) und Bel(gien), da die Initiatoren Belgier waren. Es liegt wenige hundert Meter von Las Galletas entfernt. Zu jedem Apartment gehört eine mit Geschmack angepflanzte Gartenanlage. Für 100 Pts. pro Woche kann man die reichlich angebotenen Sport- und Spielmöglichkeiten nutzen. Schwimmen ist von einem kleinen Sandstrand aus möglich. Außerdem gibt es ein großes Meeresschwimmbecken und zwei Kinderbecken.

Santa Marta, ebenfalls an der Costa del Silencio, umfaßt eine Fläche von 32 783 Quadratmetern. Die Einheimischen nennen es Klein-Marokko, da die geschmackvollen, 42 Quadratmeter großen Apartments in ihrem Stil an marokkanische Häuser erinnern. Sie sind mit spanischen Möbeln eingerichtet. Man hat die Möglichkeit, selbst zu kochen oder in einem Restaurant zu essen. Nahebei liegt **Santa Ana.** Die Bungalows bieten ebenfalls einen soliden Komfort und haben eine Wohnfläche zwischen 86 und 116 Quadratmetern.

El Médano

Das eben entstehende Touristenzentrum **El Médano** (*Die Düne*) ist bis voraussichtlich 1995 Baustelle.

Um die riesige Bucht zieht sich ein weiter, weißer Sandstrand, der jedoch zu jeder Jahreszeit den starken Seewinden ausgesetzt ist. Man plant deshalb Schutzmauern, um den Sandflug zu verhindern, da sich bisher nur die einheimischen Fischer an die knirschenden Steaks gewöhnen konnten. Die Schwimmmöglichkeiten sind auch für Kinder ideal.

Am Südende der Bucht erhebt sich die **Montaña Roja**, der rote Berg. An der Nordseite kann man zwischen den Dünen geschützt zelten. Wasser muß jedoch in Médano geholt werden. Vom Boot aus hat man vor der Steilküste der Montaña Roja sehr gute Möglichkeiten für die Jagd auf Wildtauben. Ebenso lohnt sich in den Riffen des Berges die Unterwasserfischerei.

Ausflüge von den Orten der Südküste

Über die Fahrtmöglichkeiten informiert man sich am besten in den Büros der örtlichen Touristikunternehmen. Jeden der vorgeschlagenen Ausflüge kann man als organisierte Gemeinschaftsfahrt, mit dem Taxi oder als Kombination von Taxi und Linienbus machen.

Nach Adeje und in die Höllenschlucht (Barranco del Infierno)

10 Kilometer von Los Cristianos

Ausgangspunkt der Fahrt ist die Kreuzung der Schnellstraße mit der von Granadilla kommenden Straße **C 822**, nordöstlich von Los Cristianos. Sie ist von den anderen Plätzen der Südküste auf der neuen Straße zu erreichen (von Palm-Mar 8 Kilometer, von Las Galletas/Costa del Silencio 13 Kilometer, von El Médano 21 Kilometer).

Nach sechs Kilometern zweigt von der Hauptstraße rechts die Straße nach Adeje ab, das man nach zwei weiteren Kilometern erreicht. **Adeje** (275 Meter, 5000 Einwohner) lebt vornehmlich von den Tomaten-Kulturen seiner Umgebung. Außer der zweischiffigen **Pfarrkirche Santa Ursula** (im Inneren einige schöne, jedoch stark zerstörte Rokoko-Gobelins) bietet der Ort wenig Besonderes. Nach etwa zwanzig Minuten Fußweg erreichen wir von hier die Wasserkaskade des

Barranco del Infierno *(Höllenschlucht)*, von der aus ein schmaler Maultierpfad durch einen der schönsten und botanisch interessantesten Barrancos der Insel führt.
Es lohnt sich, ihn zu durchwandern (es dauert etwa vier Stunden), zumal der Weg recht bequem ist. Die Vegetation ist vielfältig und üppig, und seine zu beiden Seiten steil aufragenden Felsen und Berghänge, in deren Höhlen sich einst die Guanchen vor den Angriffen der Spanier flüchteten, tauchen die Sohle des Barranco in grünes Halbdunkel.

Zu den Stränden von Puerto de Santiago

38 Kilometer bzw. 33 Kilometer von Los Cristianos

Bis zur Abzweigung nach Adeje (siehe oben) benutzen wir die gleiche Anfahrt. Von hier kommen wir auf der Hauptstraße nach etwa drei Kilometern (rechts mündet eine zweite von Adeje kommende Fahrstraße ein) an eine Abzweigung, die für die Weiterfahrt zwei Möglichkeiten bietet:

Geradeaus weiter führt die Straße durch eine karge, unfruchtbare Lavalandschaft, die nur hin und wieder durch Bananen- und Maiskulturen unterbrochen wird. Nach etwa 8 Kilometern erreicht man **Tejina de Guia** und nach weiteren 4 Kilometern das hübsche **Guia de Isora** (559 Meter), hinter dem links eine Straße zu dem Fischerort San Juan (9 Kilometer) abzweigt.

Auch nach Guia bleibt die Landschaft eintönig kahl, und nur Kakteen, Agaven und Ginsterbüsche beleben das Bild. Man passiert **Chio**, eins der typischen Bergdörfer Tenerifes, das einen kurzen Besuch lohnt. Nach 9 Kilometern treffen Sie in **Tamaima** auf die von Icod de los Vinos und Puerto de la Cruz kommende Straße. Etwa einen Kilometer vorher jedoch sollten Sie sich Zeit lassen und den eindrucksvollen Blick auf die Küste und die weißen Häuser von Puerto de Santiago genießen, das Sie von Tamaima nach 6 Kilometern erreichen.

Die zweite Möglichkeit, von Adeje aus (s. o.) nach Puerto de Santiago zu fahren, ist die landschaftlich reizvollere Küstenstraße. Sie zweigt von der Schnellstraße bei Adeje links ab und führt nach 13 Kilometern nach **San Juan**, einem hübschen Fischerdörfchen, das wie viele andere erst in jüngerer Zeit durch einen Hotelneubau als Ferienort erschlossen wurde (Straße mit schwarzem Lavasand). Von San Juan verläuft die Straße zum Teil in unmittelbarer Nähe der Küste. Über **Alcalá** kommen Sie nach 9 Kilometern nach **Puerto de Santiago**. Von Puerto de Santiago del Teide (12 Kilometer), Icod de los Vinos (33 Kilometer) und Puerto de la Cruz (60 Kilometer) siehe Routenbeschreibung auf Seite 112 in umgekehrter Richtung.

Zu den Cañadas und zum Teide

54 Kilometer von Los Cristianos

Für alle Küstenplätze im Süden von Tenerife ist Granadilla Ausgangspunkt für den Ausflug in die Cañadas und zum Teide.

Von **Los Cristianos** erreichen Sie Granadilla auf der Straße **C 822** nach 23 Kilometern. Nach etwa sieben Kilometern zweigt links eine Straße nach **Arona** ab (s. S. 184). Dort befinden sich zahlreiche Guanchenhöhlen, die zum Teil heute noch bewohnt sind.

Der Landschaftscharakter fängt an sich zu wandeln: das fruchtbare **Valle de San Lorenzo** (*Tal von San Lorenzo*) beginnt, auf das Sie von der Straße aus schöne Ausblicke haben. Nach dem gleichnamigen Ort kommen Sie nach 5 Kilometern zum **Mirador de Centinela**, einem Aussichtspunkt an enger Kurve. Von hier haben Sie einen großartigen Blick auf das Valle de San Lorenzo, auf zahlreiche Vulkankegel und die Küste. Die Straße senkt sich nun wieder und führt über El Roque und Tamaide nach **San Miguel**, blumengeschmückt inmitten von Zitrusplantagen, einer *Oase* in der sonst kargen Landschaft. Über **Charco del Pino** erreichen Sie nach 6 Kilometern Granadilla.

Von **Las Galletas** (Costa del Silencio) fahren Sie nach Granadilla, indem Sie zum Teil die 5 Kilometer entfernte neue Schnellstraße benutzen. Von ihr zweigt nach 3 Kilometern links eine Straße nach San Miguel (19 Kilometer von Las Galletas, s. o.), nach 10 Kilometern eine weitere Straße links ab. Sie kommt von **El Médano** und führt über **San Isidro** direkt nach Granadilla (7 Kilometer von der Schnellstraße, 11 Kilometer von El Médano).

Granadilla (650 Meter, 11 000 Einwohner),

mit vollem Namen Granadilla de Abona, ist der Hauptort des Südens von Tenerife und Mittelpunkt eines fruchtbaren, landwirtschaftlich genutzten Gebietes, in dem neben *Wein*, *Mais*, *Tomaten* und *Kartoffeln* die besten *Orangen* der Insel geerntet werden.

Bedeutung hat der Ort außerdem als Verkehrsknotenpunkt: Hier schneidet die von Santa Cruz nach Los Cristianos führende Carretera del Sur die Nord-Süd-Verbindung von Puerto de la Cruz über die Cañadas und Vilaflor nach El Médano. Sehenswürdigkeiten im üblichen Sinne werden Sie in Granadilla vergebens suchen.

Von Granadilla führt die Straße zunächst durch Terrassenkulturen (Wein, Tomaten) weiter nach Nordwesten und steigt in zahlreichen, zum Teil engen Kurven steil bergan. Immer wieder haben Sie schöne Rückblicke auf die Küste und den Südteil der Insel. Nach 15 Kilometern kommen Sie nach

Vilaflor (1476 Meter, 2000 Einwohner)

Vilaflor ist ein hübsches, blumengeschmücktes Bergdorf inmitten von Gärten und Wein, umgeben von einem ausgedehnten Kiefernwald, das höchstgelegene Dorf Spaniens überhaupt.
Zwei Dinge haben den Ort bekanntgemacht: sein besonders günstiges Klima, das Lungen- und Asthmakranken Linderung und Erholung schenkt, und die »Vilaflor-Spitzen«, die hier von den Frauen geklöppelt werden, eine Kunst, die inzwischen so gut wie ausgestorben ist.
Am schönen Dorfplatz die kleine Kirche San Pedro mit geschnitzten Altären und einem Standbild des Heiligen (16. Jahrhundert). Beliebt ist Vilaflor nicht zuletzt auch als Ausgangspunkt für Wanderungen durch die umliegenden Kiefernwälder und für Bergbesteigungen.

Durch Kiefernwälder geht es von Vilaflor aus weiter in engen Serpentinen den **Montaña Colorada** genannten Südabfall des Teide-Massivs hinauf. Von verschiedenen Aussichtspunkten haben Sie herrliche Fernblicke zurück zur Südküste, hinunter auf den westlichen Küstenstreifen und, bei klarem Wetter, bis zu den Inseln La Gomera und Hierro. Nach einem letzten schönen Blick vom **Lomo de Retamar,** einem Ausläufer des **Almendro** (2526 Meter), erreichen Sie bei der **Boca de Tauce** im **Valle de Ucanca** die **Cañadas,** das riesige Kraterrund des Teide. Von hier sind es noch sieben Kilometer zum **Parador Nacional,** dem bekannten staatlichen Hotel.

Nach Güimar, Candelaria und Santa Cruz

103 Kilometer von Los Cristianos; auch direkte Schnellstraße

Wie bei dem Ausflug in die Cañadas ist der Ausgangspunkt auch bei dieser Fahrt **Granadilla**, wenn Sie nicht auf der Schnellstraße die Strecke abkürzen wollen. Auf der alten Straße C 822, der **Carretera del Sur,** bleibt die Fahrt trotz der inzwischen einigermaßen begradigten, zahlreichen Kurven anstrengend für alle, die empfindlich gegen die »Autokrankheit« sind. Gegenüber anderen Strecken auf Tenerife

Ausflüge von den Orten der Südküste

mag sie zudem weniger reizvoll sein, da die Landschaft wenig Abwechslung bietet. Trotzdem: Auch der Halbsteppen-Charakter des südlichen Küstenstreifens und die bis zu 2000 Meter aufsteigenden kahlen Lavahänge gehören zu einem Gesamteindruck von Tenerife, auf den Sie nicht verzichten sollten.

Wenn Sie unserer Route folgen, fahren Sie von Granadilla aus auf der Carretera del Sur in kurvenreicher Fahrt nach Nordosten. Die Gegend wird kahl und ursprünglich, im Westen beherrscht von den vulkanischen Berghängen des **Pico de Guajara** (2717 Meter), des dritthöchsten Berges der Insel, und des **Roque de la Grieta** (2582 Meter). Über **Chimiche** und **El Rico** erreichen Sie nach 16 Kilometern **Arico** (570 Meter, 6000 Einwohner), eine Großgemeinde, die sich um das kleinere **Lomo de Arico** und das ältere **Arico Viejo** gruppiert. Die Bewohner Aricos leben hauptsächlich vom Verkauf ihrer landwirtschaftlichen Erzeugnisse (viel Tomaten). Das Wasser dazu wird aus dem Cañadas-Gebiet des Roque de la Grieta herangeführt. Die Pfarrkirche aus dem 17. Jahrhundert und die Iglesia de San Juan lohnen einen Besuch. Außerdem gibt es typische, kühle Bars, die zu einer Pause bei Wein und Ziegenkäse einladen. In Arico Viejo zweigt rechts eine Straße nach **Poris de Abona** (6 Kilometer) ab, in dessen Nähe sich den Touristen weitgehend unbekannte, einsame Sandstrände befinden, die an Wochenenden vorwiegend von den Einheimischen der Umgebung besucht werden (kleiner Hafen, Leuchtturm, Feriensiedlung). Bei Poris de Abona trifft man auch auf die von Los Cristianos kommende Schnellstraße.

Auf der Weiterfahrt erheben sich links die kahlen Vulkanberge der **Montaña de Calmenar** (2308 Meter) und der **Montaña Abreo** (2402 Meter).
Das nächste größere Dorf, das wir nach 13 Kilometern erreichen, ist **Fasnia** (450 Meter, 4500 Einwohner). Die ersten Siedler kamen im 17. Jahrhundert hierher. Unterhalb, an der Küste, liegt der winzige Hafen von **Los Roques** mit kleinem Strand.
In der Nähe des Ortes bietet der **Volcán de Fasnia**, der die kleine Kapelle Nuestra Señora de las Dolores trägt, eine großartige Fernsicht. Etwa fünf Kilometer hinter Fasnia passieren wir **El Escobonal;** von hier lohnt ein Ausflug in den **Barranco de Herque,** in dem sich eine große Guanchenhöhle befindet.

Nach weiteren sieben Kilometern kurvenreicher Fahrt sollten Sie beim **Mirador de Don Martin** (700 Meter) haltmachen (Restaurant) und den großartigen Blick auf das üppige **Valle de Güimar** und die Berglandschaft im Westen genießen. Von diesem Aussichtspunkt sind es noch drei Kilometer nach **Güimar** (s. S. 98). Fortsetzung der Route nach Candelaria und Santa Cruz (28 Kilometer) siehe Streckenbeschreibung in umgekehrter Richtung, Seite 96.

Las Cañadas und der Pico de Teide (3718 Meter)

Wo auch immer Sie auf Tenerife Ihr Quartier aufgeschlagen haben: ein Besuch der Cañadas gehört zu den unvergeßlichen Erlebnissen der Insel und erst recht natürlich eine Besteigung des Teide, die jedoch heute keine »Besteigung« mehr zu sein braucht. Seit 1971 ist die schon seit langem geplante Seilbahn in Betrieb, die Sie zum Gipfel bringt. Ungleich größer jedoch ist das Erlebnis der Besteigung zu Fuß, die zwar anstrengend, aber ungefährlich ist.

Die Cañadas und damit auch der Ausgangspunkt zur Teide-Besteigung sind von Santa Cruz, Puerto de la Cruz und von den Küstenplätzen im Süden ohne Schwierigkeiten auf guten bis mittelmäßigen Straßen zu erreichen, und zwar

von **Santa Cruz** auf der Carretera Dorsal (»Rückenstraße«) über La Laguna (53 Kilometer, s. S. 79);
von **Puerto de la Cruz** über Orotava (32 Kilometer);
von den **Küstenplätzen im Süden** über Granadilla und Vilaflor (von Los Cristianos 54 Kilometer, von El Médano 42 Kilometer).

Auch in den Wintermonaten, wenn das Massiv des Pico de Teide bis tief hinunter mit Schnee bedeckt ist, ist eine Fahrt in die Cañadas möglich. Hinweisschilder an den Zufahrten zur Cañadas-Straße geben Auskunft, wenn die Cañadas für den Autoverkehr gesperrt sind. Auch die Hotels und Reisebüros sind informiert.

Von fast allen Urlaubsorten werden Ausflugsfahrten zu den Cañadas angeboten. Mit den regelmäßig verkehrenden Omnibuslinien der Insel, mit Taxi oder Leihwagen können Sie das Gebiet jedoch auch selbständig erreichen. Das empfiehlt sich vor allem, wenn Sie eine Fahrt zu den Cañadas mit einer Besteigung des Teide verbinden wollen. Wegen der Fahrpläne erkundigen Sie sich am besten in Ihrem Hotel oder in einem örtlichen Reisebüro.

Las Cañadas von El Portillo bis zur Boca de Tauce

22 Kilometer

Wenn Sie von Santa Cruz oder Puerto de la Cruz kommen, gelangen Sie beim **Portillo** (*Törchen*) in das **Las Cañadas** (*Die Schluchten*) genannte Riesenrund des Teide-Kraters, während die **Boca de Tauce** den südlichen Zugang von Vilaflor aus bildet.

El Portillo ist ein kleiner Paß zwischen Lavahügeln, bei dem sich die Straßen von Santa Cruz und Puerto treffen. In einem kleinen Restaurant rechts der Straße ißt man zur Jagdzeit besonders gut zubereitetes Wildkaninchen. Ein weiteres Restaurant befindet sich etwa einen Kilometer weiter.

Wir befinden uns in 2000 Meter Höhe in einem runden Riesenkrater, in einer hellen Sand- und Bimssteinwüste größter Ausdehnung. Beim ersten Blick auf diese Gegend steht einem der Atem still, so erbarmungs- und gnadenlos, so grausam wirken die Cañadas, erst recht, wenn man kurz vorher im subtropischen Märchengarten des Orotava-Tals geweilt hat. Und doch rechnet man diese Kontrastwirkung zu den Vorzügen der Insel. Der Durchmesser des Kraters beträgt 10 bis 12 Kilometer, sein Umfang ca. 70 Kilometer. Aus ihm erheben sich die beiden jüngeren Vulkangipfel, der **Pico de Teide** (3718 Meter) und der **Pico Viejo** (3070 Meter).

Die Kraterwände im Süden und Südwesten, die etwa 500 Meter über den Kraterboden hinausragen, sind geschlossen, aber im Laufe von geologisch langen Zeiten bei Ausbrüchen teilweise geborsten. Erstarrte Riesenströme von Lava und sekundär aufgetürmte Kegel verstärken noch den Gesamteindruck des Leblosen. Es ist eine Mondlandschaft mit unzähligen Vulkantrichtern. Der hellere Tuff wechselt mit porphyrähnlichen und basaltenen Felsgebilden in den seltsamsten, verzerrtesten Formen. Das Rote an den Abstürzen des eigentlichen Teide-Kegels ist Rost und stammt von dem Eisengehalt, den jedes vulkanische Mineral besitzt. Die Grundfarbe auf dieser einzigartigen buckligen Farbpalette ist ein Gemisch aus Weiß, Grau, Rot, Braun und Schwarz.

Kurz hinter El Portillo passieren wir einige Sommerhäuser, die teils von Einheimischen, teils von Ausländern gebaut wurden. Die Straße durchschneidet gewaltige Lavazöpfe. Links erblickt man gelegentlich den weißen Bimssandstreifen der **Cañadas Grieta.** Etwa 9 Kilometer nach dem Portillo zweigt rechts die 2 Kilometer lange Straße zur Montaña Blanca (2770 Meter) ab, dem Ausgangspunkt zur Besteigung des Teide-Gipfels. Vorbei am Posten der Guardia Civil (Polizeistation, 2350 Meter) fahren wir, dem Rund des Teide folgend, weiter nach Südwesten. Etwa einen Kilometer nach dem Haus der Guardia Civil rechts die Talstation der Teide-Seilbahn.

Eine Piste biegt nach links zur **Casa Julian** ab, einem sehr beliebten kleinen Speiselokal. Links der Straße und etwa 3 Kilometer von ihr entfernt liegt ein verlassenes Sanatorium für Lungenkranke, deren Heilung das Höhenklima der Cañadas günstig beeinflußt.

Kurz darauf halten wir vor dem **Parador Nacional de las Cañadas** (2250 Meter), einem jener staatlichen Hotels, die durch ihre Qualität bekannt sind. Wenn Sie Lust haben und Ihnen das Wasser nicht zu kalt ist, können Sie hier ein erfrischendes Bad nehmen: beim Parador befindet sich Spaniens höchstgelegenes Schwimmbad.
Kurz hinter dem Parador biegen wir ab zu der **Los Roques** genannten eigenartigen Felsformation, die Sie wohl schon von vielen Postkartenbildern kennen. Von hier aus bekommt man einen guten Eindruck von dem vielfältigen Charakter der Cañadas-Landschaft. Nach Norden schauen wir zu dem von den Roques eingerahmten Teide-Gipfel hinauf.
Gegenüber zieht sich das Halbrund des Cañadas-Kraters mit dem Pico de Guajara (2717 Meter), und nach Süden öffnet sich vor uns, gleich einer Mondlandschaft, das weite Tal von Ucanca.

Die Straße fällt nun ab in das **Valle Ucanca** (auch **Llano de Ucanca**). Sie passiert **Los Azulejos,** die »blauen« Felsen, wo sich an der linken Straßenseite eine gefaßte Trinkwasserquelle befindet. Weniger kurvenreich und fast wie mit dem Lineal gezogen führt die Straße durch das Valle Ucanca, entlang dem südlichen Kraterrand. Vorbei am Felsen **Zapato de la Reina** (*Schuh der Königin)* gelangen wir zu einer großen Biegung. Das Haus rechter Hand gehört einem Ziegenhirten, bei dem Sie den guten Teide-Honig kaufen und sich mit einer Schüssel Gofio mit Ziegenmilch stärken können. Hier zweigt rechts eine Piste ab, deren Ausbau als Verbindung zur Südwestküste geplant ist. Kurz darauf verlassen wir durch die enge **Boca de Tauce** (*Tauce-Mund*) den Riesenkrater der Cañadas. Von hier fällt die Straße in engen Serpentinen ab und gibt herrliche Blicke auf die Südwestküste frei. Durch Pinienwälder führt sie nach Vilaflor (16 Kilometer) und weiter nach Granadilla (31 Kilometer).

Wanderungen im Gebiet der Cañadas

Wenn Sie die Cañadas wirklich kennenlernen wollen, sollten Sie diese fremdartige Welt nicht nur vom Auto aus erleben. Solche Wanderungen sind zwar anstrengend, aber gefahrlos. Allerdings sollten Sie unbedingt feste Schuhe anhaben!

Der Pico Viejo (3070 Meter)

Der **Pico Viejo** (Alter Berg), auch **Pico Chaberra** genannt, ist trotz seiner im Vergleich zum Teide geringeren Höhe wegen seines eindrucksvollen Kraters für den, der eine längere Wanderung nicht scheut, ein lohnendes Ziel. Von der Straße Richtung **Boca de Tauce** beginnt der Aufstieg bei Kilometer 54. Man überquert einen schmalen Bimssandstreifen und hält sich dabei etwas rechts. Am Anfang des Lavagebietes muß man sich einen der kaum erkennbaren Jägerpfade suchen, die sich immer wieder verlieren. Am einfachsten ist der Anstieg, wenn man sich in einem leichten Bogen auf der rechten Seite des Berges zwischen den Lavakämmen hält. Um den an der tiefsten Stelle ca. 100 Meter tiefen Krater zu umgehen, braucht man wegen der teilweise schwierigen Stellen etwa zwei Stunden. Der Abstieg erfolgt genau in Richtung der beiden Vulkankegel am Fuße des Viejo. Die Jäger nennen sie **Las Narizes** (*Die Nasen*). Man stößt bald auf einen ehemaligen Flußlauf (Schmelzwasser), der sehr bequem und schnell zum Ausgangspunkt der Wanderung zurückführt. Gesamtdauer der Tour ohne Umgehen des Kraters: ca. sechs Stunden.

La Guajara (2717 Meter)

Vom **Parador** aus geht man in Richtung Cañadas-Rand und biegt nach Erreichen des Bimssandstreifens an dessen Fuß nach links, bis man einen deutlichen Fußpfad unterhalb der **Montaña de Guajara** erreicht. Dieser Pfad führt durch die bunten Sandsteinfelsen bis zum **Guajara-Paß** auf dem Kamm.

Von hier aus hält man sich auf einem der Jägerpfade rechts in Richtung Gipfel. Man kommt an mehreren »Waffenschmieden« der Guanchen vorbei (runde, steinumrandete Stellen, die mit abgeschlagenen Obsidiansplittern bedeckt sind). Vom Gipfel aus hat man einen überwältigenden Rundblick über das gesamte Cañadas-Gebiet. Das größere Gebäude im Vordergrund ist ein nicht in Betrieb befindliches Lungensanatorium, das kleinere Gebäude links davon die Casa Julian, das bereits erwähnte kleine Speiserestaurant. Dauer der Tour: ca. fünf Stunden.

Zur Mondlandschaft (Paisaje Lunar)

Über mehr als zwei Generationen blieb dem Wanderfreund eine kleine Kostbarkeit der Natur verborgen, die **Mondlandschaft** zwischen **Vilaflor** und dem Berg **Guajara**. In einem unberührten, engen Barranco erheben sich eigenartige Säulen aus Sandstein, die in ihrer Anordnung und Farbe einmalig sind.

Es gibt *zwei Möglichkeiten*, die **Paisaje Lunar** zu erreichen:
Aufstieg vom **Sanatorium** im Cañadas-Krater auf schmalem Saumpfad bis zum Kamm unterhalb des Guajara-Gipfels. Hier teilt sich der Pfad. Man folgt dem weniger ausgetretenen Weg nach rechts und erreicht nach 200 Metern eine mit großen Steinen übersäte Hochebene.

Geht man bis zu der Stelle, von der aus die Ebene abfällt, sieht man deutlich auf der gegenüberliegenden Seite des dazwischenliegenden Barrancos auf einem stark geneigten Bimsfeld die Fortsetzung des Pfades. Nach etwa vierzig Minuten erreicht man dann die Mondlandschaft. Der Weg verläuft in Richtung auf ein einsam gelegenes Gut und führt durch riesige Bestände von **Echium**. Etwa 400 Meter vor dem Gutsgebäude kommt man auf eine Forststraße. An der nächsten Kreuzung geht man geradeaus weiter. Bis Vilaflor sind dann noch 14 Kilometer zu gehen. Gesamtdauer der Wanderung: sieben Stunden.

Anfahrt mit dem Taxi in Richtung **Vilaflor.** Ca. vier Kilometer über dem Dorf steht in einer engen Kurve ein Schild mit der Aufschrift Lomo Blanco. Zwanzig Meter oberhalb des Schildes geht ein Forstweg ab.

Man fährt ihn bis Kilometer 17 und gelangt bis zu einem verfallenen Gemäuer. Schon ab Kilometer 14 sieht man halb links einen großen, gelb-grünen Flecken an einem Felsen, der genau die Stelle der Mondlandschaft markiert.

Bei Kilometer 17 läuft ein Barranco aus, auf dessen linkem Rand man bergauf geht. Nach fünfzehn Minuten ist man am Ziel.

Hinweis: Etwa 500 Meter von der Felsgruppe entfernt in Richtung Bauernhof gibt es eine etwa einen Quadratkilometer große Fläche, die voller **Echium** steht. Wir finden diese Pflanze mit ihren violetten oder weißen Blüten und breiten Rosetten hier in allen Stadien des Wachstums und in einer Menge, wie sonst nirgendwo auf dem Archipel. Hauptblütezeit: Februar – April.

Guanchen-Touren

Vorweg sei gesagt, daß das Sammeln von prähistorischen Gegenständen nicht erlaubt ist.

Das Cañadas-Gebiet war ehemals das Weidegebiet aller Herden der Guanchen-Fürstentümer. Man lebte hier in den Bergen in einer Art Burgfrieden miteinander. Abseits von den Touristenstrecken stößt man immer wieder auf Reste aus der Guanchenzeit, seien es Berge von Topfscherben oder Obsidiansplitter, die bei der Herstellung von Waffen und Werkzeugen abfielen.

Tour 1: Gegenüber dem **Parador** stehen die zum obligatorischen Besichtigungsprogramm gehörenden Roques. Man geht rechts daran entlang bis ans Ende. Nach weiteren 50 Metern findet man auf den Bimssandflecken kreisrunde Lagerplätze der Ureinwohner, um die sehr viele Scherbenreste verstreut liegen. Für den Rückweg steigt man auf der rechten Seite der Roques zwischen Echium-Beständen hinab zum Valle Ucanca. Auch hier stößt man auf Spuren der Guanchen. Dauer: ca. eineinhalb Stunden.

Tour 2: Kurz bevor die Straße im **Valle Ucanca** nach links zur Boca de Tauce abbiegt, biegt man rechts in die unbefestigte Stichstraße ein, die am **Llano de Santidad** vor einem Lavastrom endet. Sie führt am Anfang durch ein fast schwarzes Lavagebiet. An dessen Ende verlassen wir die Straße und gehen nach links auf einen etwa 800 Meter entfernten Kamm zu, auf dem einzelne Pinien stehen. Auf den höchsten Punkten dieses kleinen Höhenzuges befinden sich mehrere »Guanchenburgen«, von denen aus man einen herrlichen Blick über die Südwestküste hat.

Auf den Pico de Teide (3718 Meter)

Seit 1971 können Sie den Gipfel des Pico de Teide mit der Seilbahn erreichen. Sie überwindet von der Talstation in den Cañadas (2356 Meter) bis zur Bergstation (3555 Meter) am Fuß des **Pilón de Azúcar** einen Höhenunterschied von 1200 Metern und benötigt für die 2,5 Kilometer lange Strecke eine Fahrzeit von acht Minuten. Das letzte Stück bis zur Spitze des Vulkankegels müssen Sie dann zu Fuß hochsteigen (etwa eine halbe Stunde).

Die Seilbahn verkehrt nur in den windmäßig ruhigeren Sommermonaten (Mai bis September), da bei den im Winter am Pico vorherrschenden starken Winden das Risiko zu groß ist und zudem in dieser Zeit der Teide bis weit hinunter mit Schnee bedeckt ist. Auch im Sommer wird der Betrieb bei zu starkem Seitenwind zeitweise eingestellt. Erkundigen Sie sich also bei ihrer Reiseleitung, ob die Seilbahn verkehrt.

Die zugegebenermaßen sehr viel bequemere und schnellere Seilbahnfahrt ersetzt jedoch nicht das Erlebnis einer Gipfelbesteigung. Zwar ist sie beschwerlich, für den sportlich einigermaßen Trainierten jedoch kein allzu großes Problem.

Dafür erleben Sie auf diese Art am tiefsten die Großartigkeit des Vulkankegels, der sich wie eine abgestumpfte Pyramide 1700 Meter hoch aus dem Riesenkrater der Cañadas erhebt und den auch Alexander von Humboldt während seines kurzen Aufenthaltes auf Tenerife am 22. Juni 1799 bestieg.

Weder mit der Seilbahn noch zu Fuß sollten jedoch Herz- und Kreislaufleidende die Gipfeltour unternehmen. Immerhin ist der Teide fast so hoch wie der Großglockner (3798 Meter), und die Höhenluft ist dünn! Aber keine Sorge – auch für Sie gibt es auf der Insel genügend Wandermöglichkeiten.

Die günstigste Zeit für die Besteigung ist zwischen Mai und Oktober. In den Wintermonaten sind Führungen wegen der großen Unfallgefahr von den Behörden verboten worden. Außerdem ist das **Refugio Altavista** (siehe nächste Seite) während dieser Monate geschlossen.

Die schon vor Jahren erfolgte Anlage einer neuen Piste bis zur **Montaña Blanca** (2770 Meter), die von der Cañadas-Straße abzweigt, erleichtert die Besteigung wesentlich, da sie bis zu der Stelle mit dem Auto befahrbar ist, wo der eigentliche Aufstieg zu Fuß oder mit dem Maultier beginnt.

Auf den Pico de Teide 137

Alpinistisch ist der Aufstieg nicht schwierig, das Ausrutschen in der Lavadecke muß man allerdings in Kauf nehmen. Bis zur Hütte **Altavista** gehen Maultiere (für 2½ bis 3½ Stunden zu mieten), so daß der eigentliche Fußmarsch nur 1½ Stunden erfordert. Diesen letzten Teil von Altavista (3260 Meter) bis zum Gipfel (3718 Meter), also 458 Meter, sollte jedoch nur gehen, wer ausdauernd und berggewohnt ist, nicht zuletzt auch wegen der in dieser Höhe dünneren Luft. Mithin ist besonders an den langen Sommertagen der Auf- und Abstieg ohne Übernachtung möglich. Eine Übernachtung empfiehlt sich jedoch, weil sie die Möglichkeit bietet, *Sonnenaufgang* oder *Sonnenuntergang* auf dem Gipfel zu erleben, Bilder, die zu den unvergeßlichen Eindrücken auf Tenerife gehören. Normalerweise erübrigt sich die Mitnahme eines Führers.

Es wird jedoch dringend davon abgeraten, den Aufstieg ganz allein zu unternehmen. Die Gefahr einer Fußverletzung ist groß, und es kann lange dauern, bis man Sie in dem unübersichtlichen Gelände findet. Zudem treten, allerdings meist in den Herbst- und Wintermonaten, Nebel auf.

Bei der Besteigung sollte man stets warme Kleidung mitnehmen, denn auch in den Subtropen ist es auf 3700 Metern recht kühl. Auch festes Schuhwerk ist angebracht.

Unterkunft in Altavista: gut ausgestattete Hütte mit einfachen Betten, Übernachtung in Räumen mit 14, 6 und 2 Betten.
Decken können zu einem Mehrpreis entliehen werden. Wasser knapp, keine Verpflegung. Führer und Maultiere können über die Junta Insular del Turismo, Santa Cruz, oder über die Reisebüros bestellt werden.

Der Aufstieg: Die Pistenfahrt bei Kilometer 40 zur **Montaña Blanca** (2770 Meter) ist durch ein großes, weithin sichtbares Schild an der rechten Straßenseite gekennzeichnet und nicht zu verfehlen. An einer Skizze kann man sich noch einmal über den Weg informieren. Die Piste endet auf der Montaña in einer Schleife. Bis hierhin können Sie also mit dem Auto fahren.

Der Fußpfad zum Teidegipfel beginnt in der tiefer gelegenen Senke. Auf vielen Zickzackwindungen über den **Lomo Tieso** erreicht man nach etwa zwanzig Minuten eine flachere Stelle mit zwei riesigen Vulkanbomben, im Volksmund **Los Huevos del Teide** (*Die Eier des*

Teide) genannt. Nach einer weiteren Stunde Anstieg sind wir bei der Schutzhütte **Altavista** (3260 Meter) angelangt. Sie ist einfach und zweckmäßig eingerichtet. Hier kann man übernachten (siehe oben) und in beschränktem Maße Getränke kaufen, für Verpflegung muß man selbst sorgen. Von Altavista sind es noch etwa eineinhalb Stunden bis zum Gipfel.

Auch wer Maultiere gemietet hat, ist nun auf sich selbst angewiesen. Wer mit einer größeren Gesellschaft bis hierher aufgestiegen ist, kann die Wirkung der Höhenkrankheit in allen Stadien beobachten. Der weitere Aufstieg beginnt gleich hinter der Schutzhütte. Ein schmaler Steg klettert zwischen meterhohen Brocken schwarzbrauner Lava empor. Nach etwa fünfzehn Minuten kommen wir zur **Cueva del Hielo** (*Eishöhle*). Sie liegt auf der rechten Seite etwa 10 Meter abseits vom Pfad. Über eine Eisenleiter steigt man in das Innere, in dem sich ein ständig vereister kleiner Tümpel befindet. (Im Jahre 1963 verunglückte hier ein englischer Reisender, der sich von seiner Gesellschaft getrennt und bei einem Sturz den Fuß verletzt hatte. Erst nach drei Tagen konnte er erfroren geborgen werden.)

Nach etwa einer Stunde anstrengenden Marsches hört die grobe Lavaformation auf. Wir sind auf der **Rambleta,** 3580 Meter hoch, einem flachen, breiten Streifen, über den man schräg nach links, zum letzten Gipfelstück, dem **Pan de Azúcar** (*Zuckerbrot*), geht. Der lose gelbe Bims liegt hier knöcheltief, und bei Sturm können diese letzten Meter bis zum schützenden Krater zur Qual werden.

Der Durchmesser des etwas ovalen Kraters beträgt ca. 70 Meter, seine tiefste Stelle liegt 30 Meter unter dem Rand. Man spürt stark den fauligen Geruch der *Schwefeldämpfe*, die aus vielen finger- bis handgroßen Löchern in der Kratersohle in unregelmäßigen Abständen mit einer Temperatur von 80 Grad ausgestoßen werden. Wenn wir mit der Stockspitze in den Boden stoßen, steigen Dämpfe hoch, und wenn Sie die Spalten im kalten Fels abtasten, spüren Sie den heißfeuchten Dampf an Ihren Händen.

Der Rundblick von der höchsten Stelle des Kraterrandes ist unbeschreiblich, und auch wer öfter auf dem Gipfel stand, wird nie das gleiche empfinden. Je nach Tages- und Jahreszeit verändern die unterschiedlichsten Farbnuancen die Welt zu unseren Füßen. Man wird sich vor dem unermeßlich weit gespannten Bogen des Himmels und des Atlantiks der eigenen Winzigkeit bewußt. Der gesamte kanarische Archipel ist sichtbar, und je nach Tageszeit und Wolkenlage überblicken Sie die gesamte Insel Tenerife. Südwestlich schauen Sie in den Krater des Pico Viejo (3070 Meter). Die Umrisse der übrigen Inseln wirken wie die Rücken riesiger Walfische. Im Westen sieht man auf die Insel La Palma, links daneben liegen La Gomera und Hierro. Im Osten erblicken Sie, zum Greifen nahe, Gran Canaria.

Der Abstieg dauert insgesamt nicht länger als eineinhalb bis zwei Stunden.

Besonders eindrucksvoll ist die Teide-Besteigung *vor Sonnenaufgang.* Sie sollten dazu mindestens zwei Stunden vorher (im August etwa um 5 Uhr) von Altavista aufbrechen, um rechtzeitig »oben« zu sein. Unterwegs ist man den Winden aus allen Himmelsrichtungen ausgesetzt, und die Luft ist schneidend. Beim Aufstieg auf den Pan de Azúcar wird es lichter, und die Helligkeit nimmt rapide zu, befinden wir uns doch in den Subtropen, die kaum eine Morgendämmerung kennen.

Auf dem Gipfel angelangt, erleben Sie eins der großen und unvergeßlichen Naturschauspiele unserer Breiten: In prachtvollem Orange bestrahlt die aufgehende Sonne den großartigen Schauplatz der Urelemente Feuer, Erde, Wasser und Luft. Schwefelgase und heiße Dämpfe bringen Sie der Urgeschichte unserer Erde nahe. Am Horizont geht wie eine duftig blaue Schale der Meeresspiegel über in das Blau des Firmaments, und der Blick scheint den gesamten Globus umspannen zu wollen. Das fast gleichschenklige Dreieck der Insel Tenerife nimmt sich eigenartig aus. Im Westen ragen die Gipfel der Insel La Palma aus der weißen Wolkenunterlage. Wo die Sonne aufgeht, nimmt die Insel Gran Canaria ein Lichtbad, und in unmittelbarer Nähe projiziert sich der Schatten des Teide über Land und Meer.

La Gomera

La Gomera liegt westlich von Tenerife und ist mit einer Oberfläche von 378 Quadratkilometern die zweitkleinste der Inseln, wenn man von den unbewohnten Eilanden im Nordosten der Kanaren absieht. Sie zählt etwa 24000 Einwohner.

La Gomera hat einen fast kreisförmigen Umriß. Bis zu einer Höhe von 900 Metern steigt die Insel gleichmäßig steil auf und erhebt sich dann sanfter, ohne zu einer größeren Hochebene zu führen. Der mit 1487 Metern höchste Gipfel **Alto de Garajonay** ist vom Mittelpunkt etwas nach Süden verschoben. Das gesamte Inselrund ist in dichter Folge von *mächtigen Barrancos* durchzogen, die die Hauptursache für die Unerschlossenheit La Gomeras bilden. Im Süden und Osten sind die größten Einschnitte die **Schluchten von Santiago** und **La Villa,** im Westen das eindrucksvolle **Valle Gran Rey** (*Tal des großen Königs*) und im Norden die **Barrancos de Hermigüa** und **Vallehermoso,** deren breite Ausläufer fruchtbare Täler bilden. Wie alle Inseln des kanarischen Archipels zeigt sich La Gomera nach Süden kahl und trocken, fast unwirtlich, während der Norden üppig grün ist.

Geologie: Die Untersuchungen über die geologischen Gegebenheiten der Insel sind noch nicht abgeschlossen. Die Trachyte und Phonolithe stammen wahrscheinlich aus dem unteren Tertiär. Nach einer vulkanisch unaktiven Phase entstanden etwa im Pliozän und Frühquartär die Basalt- und Labradositgesteine. Spätere Vulkanausbrüche gab es auf La Gomera nicht.
Erosionen und die üppige Vegetation verbergen den vulkanischen Ursprung. Es gibt kaum Calderas oder Lavaströme. An einigen Stellen blieben lediglich Schlotfüllungen als Härtlinge stehen.

Neben La Palma besitzt La Gomera das reichste *natürliche Wasservorkommen* der Inseln. Besonders an der Nordseite findet man zahlreiche Quellen, die durch die Barrancos hinab zur Küste geleitet werden. **El Cedro** im Zentralmassiv ist der Ursprung der Wasserläufe, die durch die Schluchten von Vallehermoso, Aguló und Hermigüa fließen. Das reichliche Grundwasser wird durch zwölf Galerias leicht erschlossen. Dank des natürlichen Wasserreichtums wird nur an wenigen Stellen der Südostseite Trockenfeldbau betrieben. *Bananen*, *Tomaten*

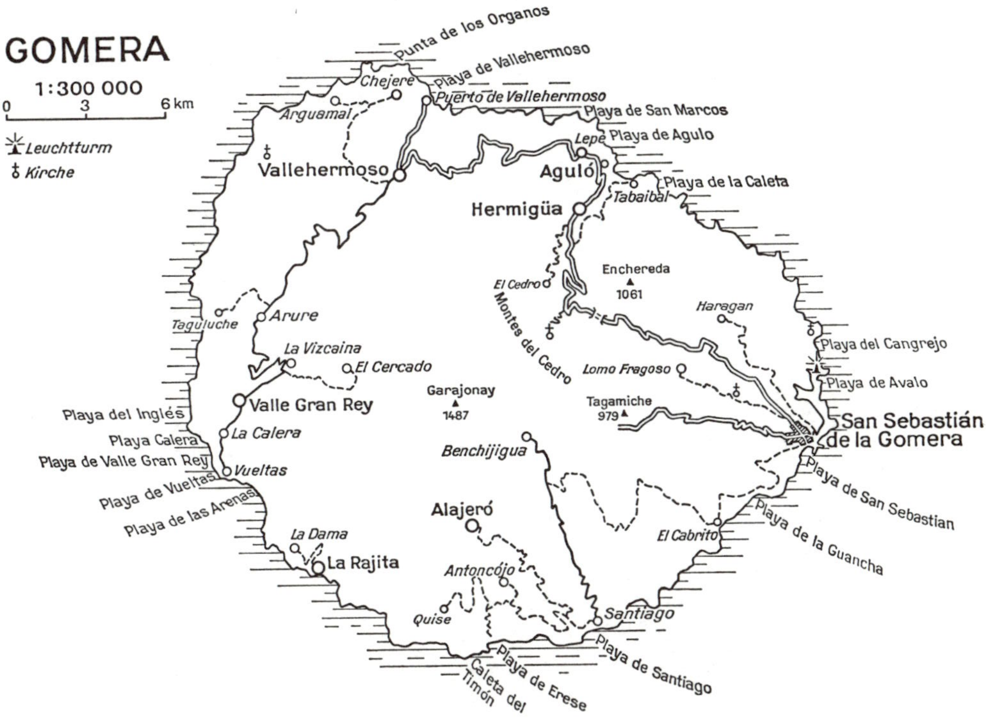

GOMERA
1:300 000
0
3
6 km
Leuchtturm
Kirche
Punta de los Organos
Playa de Vallehermoso
Chejere
Puerto de Vallehermoso
Arguamal
Playa de San Marcos
Lepe
Playa de Agulo
Vallehermoso
Agulo
Playa de la Caleta
Tabaibal
Hermigüa
Enchereda
1061
El Cedro
Montes del Cedro
Haragan
Taguluche
Arure
La Vizcaina
El Cercado
Lomo Fragoso
Playa del Cangrejo
Playa de Avalo
Garajonay
1487
Tagamiche
979
San Sebastián
de la Gomera
Playa del Inglés
Valle Gran Rey
Playa Calera
La Calera
Playa de Valle Gran Rey
Vueltas
Benchijigua
Playa de Vueltas
Playa de las Arenas
Playa de San Sebastian
Alajeró
Playa de la Guancha
El Cabrito
La Dama
La Rajita
Antoncójo
Quise
Santiago
Playa de Santiago
Playa de Erese
Caleta del
Timón

La Gomera

und *Kartoffeln* sind die Hauptexportgüter. Daneben werden *Zuckerrohr* und *Mangos* angebaut. Die Zucht der Cochenille-Laus ist sehr zurückgegangen, seit die Chemie ein besseres und billigeres Rot liefert als das aus ihr gewonnene Karminrot.

Wie alle Kanaren, so wurde auch La Gomera im 14. Jahrhundert in unregelmäßigen Abständen von Genuesen und Mallorquinern zur Ergänzung von Vorräten angelaufen. Auch **Columbus** *unterbrach in San Sebastián seine Entdeckungsreisen* nach Amerika. Damit begann der spätere Seemannsbrauch, auf den Kanarischen Inseln die Fahrt nach Amerika ein letztes Mal zu unterbrechen. Wohnung und Kirche, die Columbus bewohnt und betreten hatte, sind heute noch zu besichtigen.

Während 1702 Jean de Béthencourt und Gadifer de la Salle Lanzarote, Fuerteventura und die Nachbarinsel Hierro eroberten, blieb La Gomera dank seiner geologischen Gegebenheiten zunächst noch unberührt. Fast vierzig Jahre später erfolgte durch Fernan Peraza die Unterwerfung. Bis zum Jahre 1812 bestand gemeinsam mit der Insel Hierro eine Feudalherrschaft (*señorio*). Die europäischen Kolonisatoren gingen mit der einheimischen Urbevölkerung mehr als auf anderen Inseln eine friedliche Koexistenz ein, die bald zu einer Verschmelzung beider Bevölkerungsgruppen führte.
Wir finden deshalb heute noch auf Hierro und La Gomera starke typologische Merkmale der Guanchen. Zur Zeit der Inquisition siedelten sich viele jüdische Familien hier an.

Mit der Besiedlung Südamerikas setzte eine starke **Abwanderung** ein, eine zweite Welle erfolgte nach der wissenschaftlichen Erschließung *Venezuelas*. Besonders im Inneren der Insel finden wir Dörfer fast ohne Männer. Die »Venezuela-Witwen« sind ein soziales Problem, das in Zukunft nur durch die Möglichkeit einer zweiten Eheschließung gelöst werden kann, da die ausgewanderten Männer zum größten Teil nicht zurückkehren.

Für Ethnologen ist die Tatsache interessant, daß sich die Bewohner La Gomeras noch heute einer Pfeifsprache, des sogenannten **Silbo**, bedienen, um sich über die tiefen Barrancos hinweg verständigen zu können. Es handelt sich nicht bloß um verabredete Pfiffe, sondern jede Silbe (*silbo* = Pfiff) hat eine besondere Tonhöhe und Tonstärke.

Die Lippen werden dabei entweder gespitzt oder in die Breite gezogen. Auch die Zunge tritt in Tätigkeit, und zudem legt man einen oder zwei Finger in den Mund. Allem Anschein nach ist diese Sprache durch die zerklüftete Gebirgsnatur der Insel entstanden. Die Entfernung in der Luftlinie ist zwar gering, aber das gesprochene Wort verhallt unverstanden. So hilft man sich mit dem gellenden Pfeifen, das allmählich zu einem System geworden ist.

Für den Tourismus ist La Gomera noch **wenig erschlossen**. Es fehlen Unterkunftsmöglichkeiten, wie sie andere Inseln des kanarischen Archipels in reicher Vielfalt bieten. Es gibt nur wenige Badestrände, und die zerklüftete Insel ist nur schwer durch Straßen zugänglich zu machen. Außerdem kann man La Gomera nicht direkt erreichen, sondern nur per Schiff in siebenstündiger Fahrt von Santa Cruz de Tenerife nach San Sebastián. Erst in jüngster Zeit kommt die Insel durch Ausflugsfahrten von Tenerife aus und durch den neuen Parador Nacional in San Sebastián ein wenig mehr ins Gespräch. Es gibt eine Fährverbindung von Los Cristianos (Tenerife). Auch der Bau eines Flugplatzes (allerdings nicht für Düsen-Jets!) ist geplant. Trotzdem wird La Gomera wohl noch für einige Zeit ein *Paradies für Naturfreunde und Wanderlustige* bleiben und für alle, die das Getriebe der modernen Zentren des Tourismus nicht schätzen.

San Sebastián de la Gomera

Die Hauptstadt La Gomeras liegt am Ausgang des Barranco de la Villa de San Sebastián an einer Sandbucht und ist von kahlen Bergen umgeben. Nur Palmen und Bananenplantagen bringen Farbe ins Bild. Die Stadt hat etwa 5900 Einwohner. Die ausgebaute kleine Mole genügt für die Schiffe der Transmediterránea. Mittelpunkt des sauberen Städtchens ist die parkähnlich angelegte **Plaza de Calvo Sotelo** mit mächtigen *Lorbeerbäumen*. In ihrer Mitte steht ein moderner Kiosk, bei dem sich abends Jung und Alt zu Tanz und Unterhaltung zusammenfinden. Ringsum gibt es eine Reihe der typischen Bars und Bodegas, in denen man preiswert und sehr gut essen kann.

Nahe der Plaza steht die **Iglesia de la Asunción** mit einer Statue Unserer Lieben Frau von Guadelupe aus dem 17. Jahrhundert. In die-

La Gomera

ser Kirche soll Columbus vor seinem Aufbruch gebetet haben. Ein kleines Gemälde der Jungfrau mit Kind wird *Velásquez* zugeschrieben, doch ist es unsachgemäß restauriert worden. An der linken Seite des Altars befindet sich das sehr schlecht erhaltene Wandgemälde einer Schiffsschlacht des einheimischen Künstlers José Mesa aus dem Jahre 1780. Es stellt den Angriff der holländischen Flotte auf La Gomera im Jahre 1599 dar. In der **Hauptstraße Nr. 60** steht das teilweise wiederhergestellte Haus, in dem sich Columbus vor seiner ersten Entdeckungsreise aufhielt. Die neuere spanische Geschichtsforschung vermutet galante Beziehungen zur Herrin von La Gomera, der schönen Beatriz de Bobadilla, der Witwe von Hernán Peraza.

Aus dem 15. Jahrhundert stammt der viereckige Turm **Torre del Conde.** Er ist das älteste Bauwerk der Stadt. Heute steht er inmitten moderner Flachbauten. Im **Cabildo** gibt eine ständige Ausstellung einen guten Überblick über die Töpferkunst der Insel. Der Maler José Aguiar gestaltete eine Wand des Saales mit interessanten volkstümlichen Motiven.

Autobusse: Plasencia Lugo, Plaza de Calvo Sotelo 2
Banken: Banco de Bilbao, Gen. Franco, 47.
Auskunft: Cabildo Insular.
Verkehrsverbindungen: Autobus nach Vallehermoso. Schiff: Playa de Santiago – Valle Gran Rey.
Zu den einzelnen Orten der Südküste nach Vereinbarung oder Gelegenheit mit Fischern. Zur Playa de Santiago etwa 600 Pts., rund um die Insel etwa 2000 Pts. Auskunft am Kiosk der Plaza de Calvo Sotelo. Mit der Transmediterránea (General Franco 41, Tel. 477), **Taxi** nach Vereinbarung (verhältnismäßig teuer!).
Verschiedene Anschriften: Rathaus, General Franco 6, Tel. 6; Polizei, Calvario, Tel. 41; Fernsprechamt, José Antonio 13; Club Nautico, Calle del Conde, Tel. 529.
Badestrände: Der Badestrand von San Sebastián ist wenig einladend (Abwässer).
Besser ist ein Steinstrand 500 Meter entfernt unter der Steilküste. Besonders zu empfehlen jedoch ist der Strand von Avalo (s. unten).

Gran Canaria – Insel der goldenen Strände. Doch die Landschaftsvielfalt der Insel ▷ erschöpft sich nicht in herrlichen Stränden, was beispielsweise die wildromantische Gebirgsregion zwischen Mogán und San Nicolas mit ihren Obst- und Gemüseplantagen zeigt.

Puerto Mogán ist ein malerischer kleiner Ort und dazu ein idealer Hafen für den Hoch- ▷▷ seefischfang.

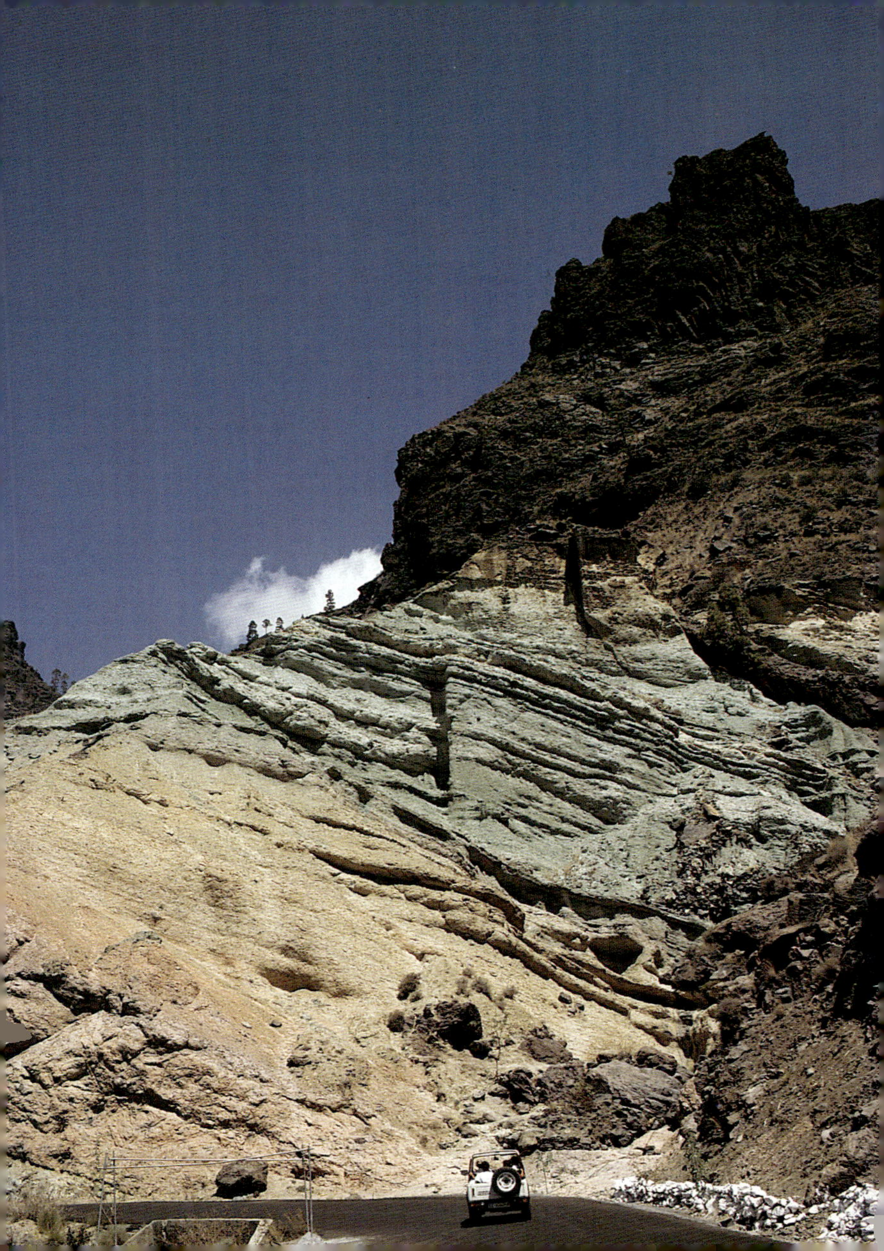

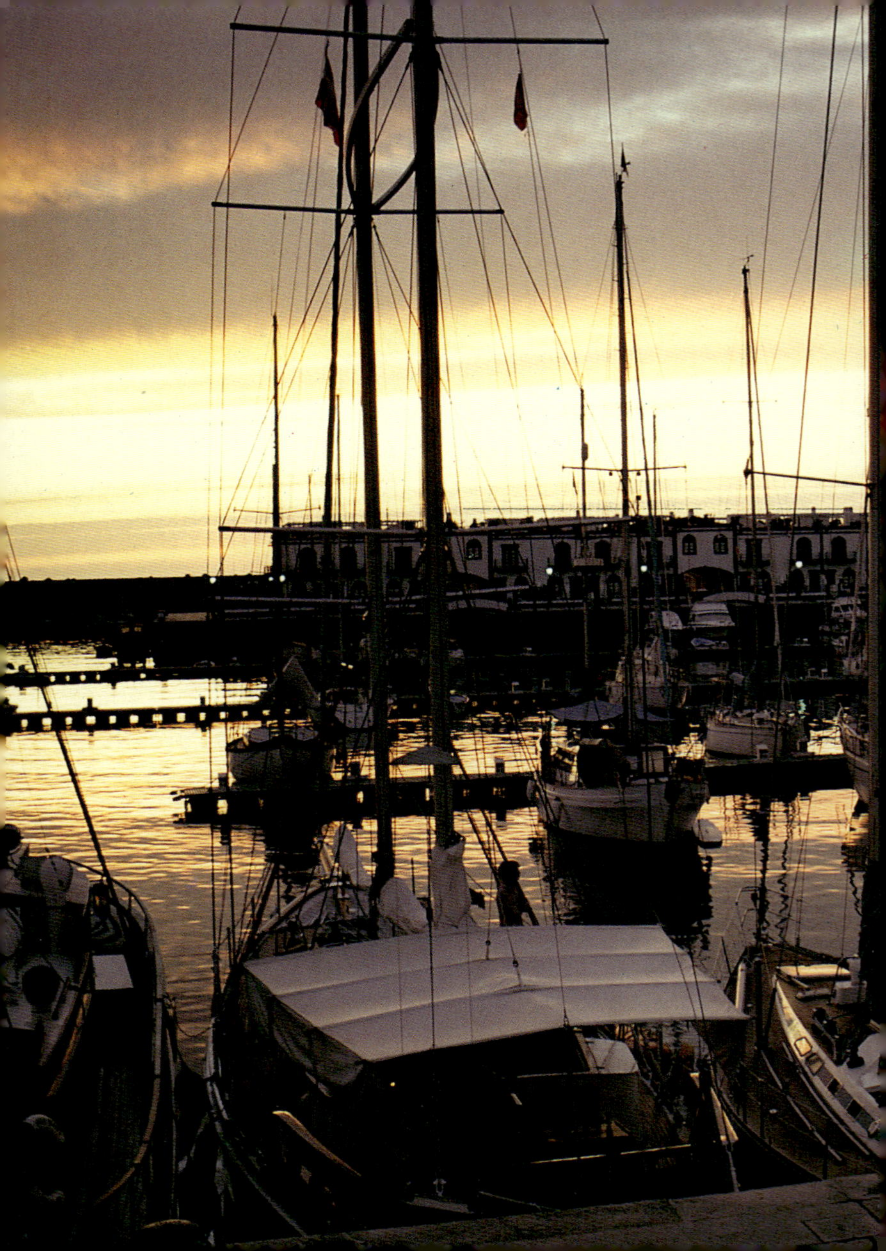

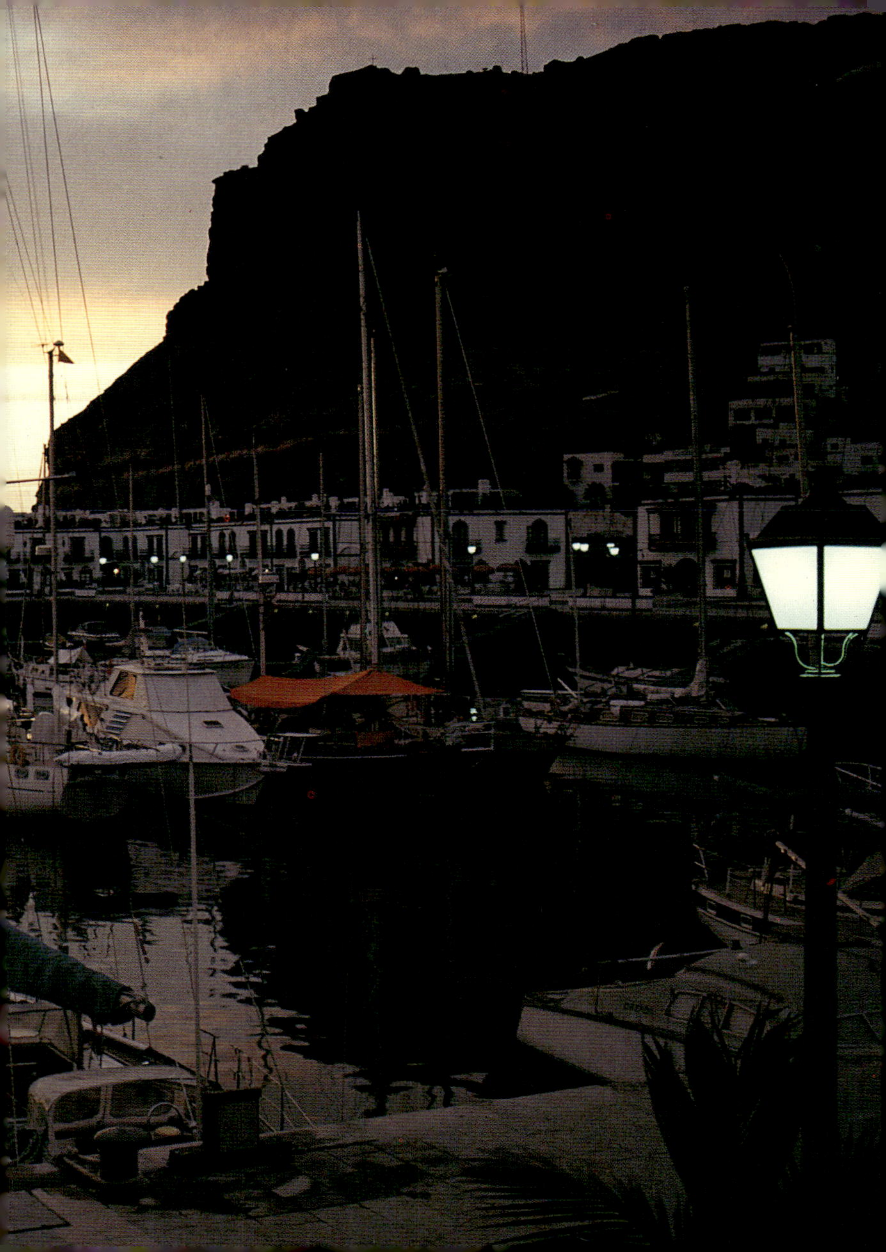

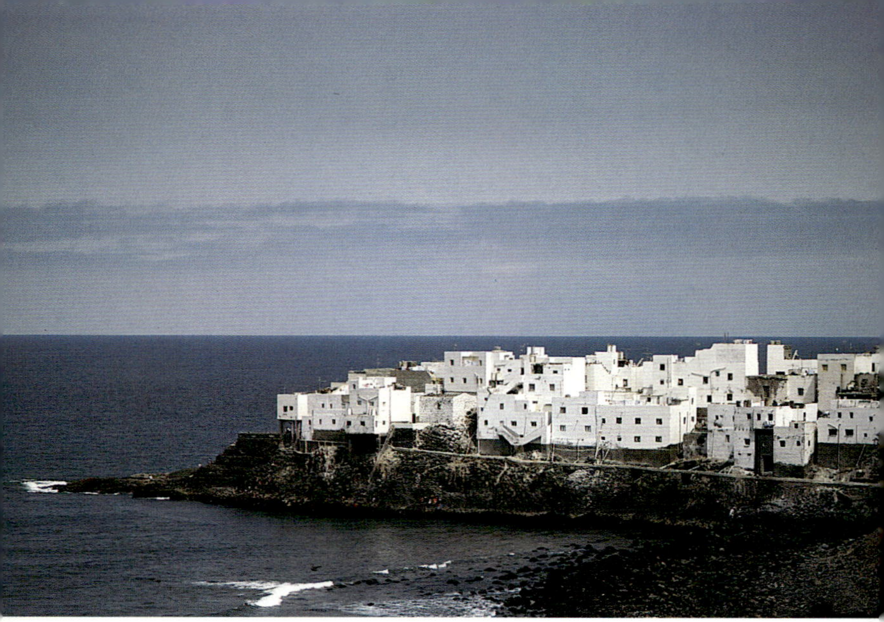
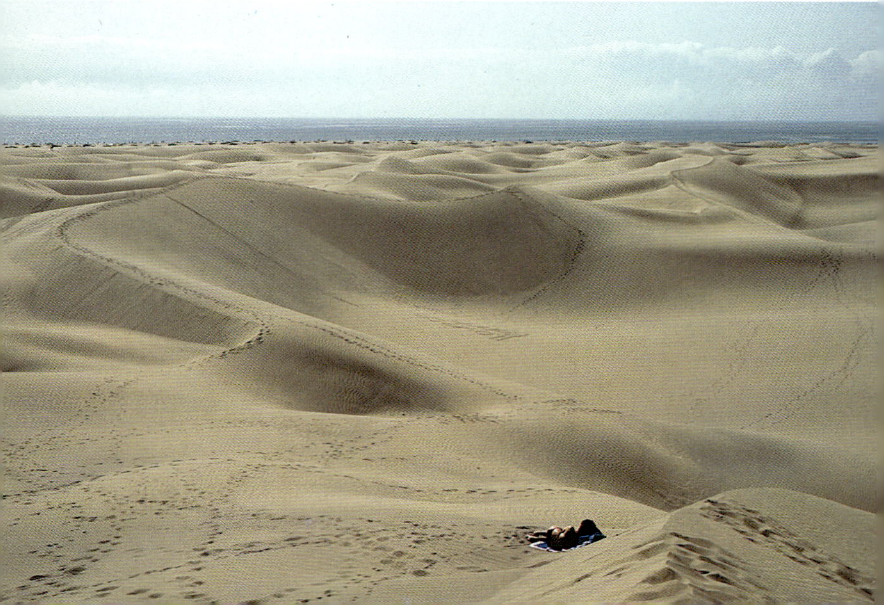

Ausflüge auf La Gomera

Mit nur 66 Kilometer Straße ist La Gomera nur zum kleinen Teil (Nordseite) verkehrsmäßig erschlossen. Neben diesen ausgebauten Straßen gibt es jedoch verschiedene Forststraßen und Pisten, gegen deren Benutzung durch die Taxifahrer niemand etwas einzuwenden hat.

Zur Playa de Avalo

Mit dem Taxi fährt man Richtung Norden etwa fünf Kilometer. Ein steil abfallender Fußweg führt zu dem reizvoll gelegenen Strand von Avalo mit feinem Lavasand. Gute Möglichkeit zum Angeln.

Zur Playa de Santiago

Ca. 40 Kilometer

Santiago liegt an der Südküste La Gomeras. Wer etwas von der Landschaft sehen möchte, fährt mit dem Taxi über einen unbefestigten Waldweg. Billiger ist die Fahrt mit dem täglich nach dem Valle Gran Rey fahrenden Postdampfer, der in Santiago anlegt. Gelegenheitsfahrten mit Fischern fast täglich möglich. Santiago hat einen schönen Sandstrand und mehrere nahegelegene Buchten, in denen man völlig ungestört ist. Übernachtungsmöglichkeit im Gästehaus Carmen und Padilla. Von Santiago führt ein serpentinenreicher Fahrweg 15 Kilometer steil bergauf nach **Benchijigua** mit einem Felsenzirkus mit prachtvollen Felsspitzen.

◁ *Oben: Blick auf El Pagador mit seinen sich eng aneinanderschmiegenden Häuserreihen. In der Nähe gibt es das Naturschwimmbecken Charco San Lorenzo.*

Unten: Die Dünen von Maspalomas – sandige Attraktion Gran Canarias! Einst ein kleines Fischerdorf, ist Maspalomas heute das größte Touristenzentrum der Insel mit weiten Dünen und Stränden und nicht ganz ungefährlich hohen Wellen.

Von San Sebastián über Hermigüa nach Vallehermoso

40 Kilometer

Wer leicht reisekrank wird, sollte mit Tabletten vorbeugen. Die Strecke ist kurvenreich, die Höhenunterschiede sind sehr extrem. Es werden sieben Tunnels durchfahren, deren längster 450 Meter mißt.

Von San Sebastián aus steigt die Straße steil an. Der erste Eindruck trockener Hänge wird gemildert durch die üppigen Oleanderbüsche am Straßenrand. Linkerhand sieht man in den mächtigen **Barranco Seco** (Trockene Schlucht). Schon bald erreicht man die Ausläufer der Lorbeerwälder. Nach 21 Kilometer Fahrt sind wir in **Hermigüa** (5781 Einwohner). Seine sauberen Häuser sind über die Ausläufer des **Barranco de Monteforte** (Bananenanbau) verstreut. Es gibt eine kleine Pension im Ort. Unterhalb Hermigüas befindet sich ein hübscher kleiner Strand. Die Straße klettert nun auf das drei Kilometer entfernte Aguló zu. Diese kurze Strecke gehört mit zu den stärksten Eindrücken der Fahrt. Bei klarer Sicht schauen wir auf die Insel Tenerife, und der Teide erscheint greifbar nahe. **Aguló,** ein Dorf *inmitten von Bananenkulturen,* liegt eingepreßt zwischen hoch aufragenden Steilwänden.

Nach weiteren 16 Kilometern kurvenreicher Fahrt erreichen wir **Vallehermoso** (782 Einwohner). Es ist der Mittelpunkt der Bananen- und Tomatenkultur. Der mächtige Fels **El Roque** ist ein reizvoller Kontrapunkt zu den sanft geschwungenen Hängen des Tales. Vom Ort aus führt ein vier Kilometer langer Weg zur **Punta de los Organos** (*Kap der Orgelpfeifen*); die eigenartige Anordnung der hohen Basaltsäulen ist sehenswert. In den steilen Klippen gibt es außerdem schöne Höhlen. Drei Kilometer nördlich liegt Puerto de Vallehermoso, ein kleiner Hafenort mit bescheidenem Strand.

Von Vallehermoso gibt es eine Straßenverbindung nach Südwesten, auf der Sie nach 13 Kilometern **Arure** und von hier aus das **Valle Gran Rey** und bei La Calera die Küste erreichen können (14 Kilometer von Arure). Vorzuziehen ist jedoch die Fahrt dorthin mit dem Postschiff (s. u.).

Wenn es das Wetter erlaubt, lohnt sich ein Abstecher in das 11 Kilometer entfernt liegende **Chipude,** ein typisches Bergdörfchen.
Auf den Kanaren ist Chipude als

der Wilde Westen der Inseln verrufen. Bei den häufigen Festen wird regelmäßig Verstärkung für den Ortspolizisten angefordert, um die handgreiflich ausgetragenen Streitigkeiten zu schlichten.
Den seltenen Fremden gegenüber sind die Einwohner, wie überall auf der Insel, außerordentlich gastfreundlich. Auf dem Weg durch das Dorf wird man fast zu häufig zu einem Gläschen eingeladen. Auf der Hochebene von Chipude mit der 1423 Meter hohen Basaltkuppe **La Fortaleza** jagt man übrigens gut Wildkaninchen und Rebhühner.

Nach La Calera und zum Valle Gran Rey

Die Fahrt ist angenehm mit dem Postdampfer oder einem Fischerboot zu machen. Man bekommt einen guten Eindruck von der Küstenstruktur. **La Calera** ist ein unbedeutender Ort. Das **Valle Gran Rey** jedoch, das »Tal des großen Königs«, erinnert an eine Oase. *Riesige Palmenbestände* bedecken die Hänge, und die besten Mangos kommen von hier. Viele Bewohner San Sebastiáns und Besucher von anderen Inseln verbringen ihre freien Tage an dem Sandstrand.

Zum Lorbeerwald von El Cedro

25 Kilometer

Die Fahrt ist nur mit einem Taxi möglich. Kurz vor Hermigüa zweigt eine Forststraße nach links ab. In engen Steilkehren windet sie sich an den Hängen der Barrancos empor und bietet immer wieder schöne Ausblicke. Bald gelangen Sie in den El Cedro genannten Wald, einen Urwald, der noch aus der Tertiärzeit stammen soll. Erikabäume (Erica arborea) und Lorbeerbäume (Laurus canariensis) bis zu einer Höhe von 20 Metern und seltene Farnarten hüllen den Weg in ein mildgrünes Licht. Überall sickern klare Quellen. Entlang eines Baches kommen Sie nach etwa drei Stunden in eine Lichtung auf dem **Monte del Cedro** mit einer kleinen Kapelle. Hier steht im Sommer ein Jugend-Zeltlager. Das gesamte Gebiet um El Cedro ist für den, der Natur und Einsamkeit liebt, ein Paradies. Auch den **Garajonay** (1487 Meter) können Sie durch den Cedro erreichen. Von seiner Spitze, dem höchsten

Punkt der Insel, blicken Sie bei klarem Wetter zu den Inseln Tenerife und Hierro, La Palma und Gran Canaria.

Der Rückweg führt von der Lichtung in den mit Mais, Salat und Wein bepflanzten Barranco El Cedro. Von einem kleinen Bauernhof aus, dessen Besitzer Sie gastfreundlich empfängt und Ihnen die auf La Gomera noch übliche Pfeifsprache vorführt, können Sie noch einen lohnenden Abstecher zu einem Wasserfall machen, mit schönem Blick auf Hermigüa und das Meer. Von hier geht es durch einen Tunnel zurück zum Taxi-Treffpunkt.

Zum Roque de Salmor

Mit Maultier und Führer (Auskunft Cabildo) kann man einen interessanten Ausflug in die Gegend des **Roque de Salmor** unternehmen. Mit etwas Glück lassen sich dort zwei naturgeschichtliche Merkwürdigkeiten finden: die *Riesenechse Lacerta Simonyi* und den *wasserspendenden Baum El Garoe*, wahrscheinlich eine Lorbeerart.

Hierro

El Hierro ist mit 278 Quadratkilometern und 14000 Einwohnern die kleinste und westlichste aller bewohnten Inseln der Kanaren und mit einem Alter von etwa drei Millionen Jahren auch noch die jüngste. Der Name **Hierro**, in älteren Quellen *Ferro*, konnte bisher nicht gedeutet werden. Wegen ihres herrlichen Golfs im Norden nennt man Hierro auch die Halbmondinsel. Die Insel ist ein riesiger Halbkrater. Zahlreiche Vulkanausbrüche in vorgeschichtlicher Zeit haben deutliche Spuren hinterlassen. In Steilwänden ragt das Gebirge im Hintergrund auf. Selbst hier hat sich durch die Nebelfeuchtigkeit vom Meer her stellenweise ein Pflanzenkleid entwickelt.

Überall erheben sich Aschenkegel, die sogenannten *Lomos* bei der Hauptstadt Valverde sind die ältesten. Am schärfsten gezeichnet sind diese Kegel auf der **Meseta von Nisdafe** und im inneren Bogen des **Golfo**. Die Menge der ausgeworfenen Asche verdeckt die Lavaschicht.

Es gibt auf der Insel nur wenige fließende Gewässer und Quellen. Der *Mangel an Wasserschluchten* (Barrancos) erklärt sich aus dem gleichen Grund der Überdeckung mit Asche oder Lapilli. Nur bei den Bergrücken (*lomos*) im Norden stoßen wir auf tiefe Schluchten, die sich durch die überlagernde Decke von Tuff und Lapilli durchgearbeitet haben.

In früheren Zeiten füllte das Meer den Krater des Golfo. Die Erosion des Wassers schliff die inneren Kraterwände zu fast senkrechten Wänden ab. Dies zeigt sich am klarsten bei den sogenannten **Riscos** (Felsen) **de Tibataje** im Norden des Golfes. Spätere Ausbrüche warfen ihr Material vom oberen Rand in den Krater. Dieses vermengte sich mit dem anderen Eruptionsmaterial in einer Weise, daß man heute schwer feststellen kann, was Arbeit des Meeres und was Folge der Eruptionen ist.

Die beiden höchsten Berge stehen hinter dem Bogen des Golfes und heißen **Pico de Tenerife** (1417 Meter) und **Malpaso** (1501 Meter). Ganz im Süden bildete sich in der Gemarkung **El Julan** eine braunschwarze jüngere Schlackenwüste mit jähen Rissen und Abstürzen, die sich westwärts in den sanfteren Abhängen des Bezirks **El Sabinar** verläuft.

> Hierro hat eine der *unwegsamsten Küsten* und ist mit blinden und mit sichtbaren Klippen gespickt, hauptsächlich vor dem Golf. Die Gezeitenwelle des Meeres verläuft südlich der Kanaren zwischen ihnen und dem Festland nach Nordosten und drückt außer von Süden auch von Westen und Norden her: der Archipel ist eingekesselt, und das Hochwasser tritt somit an allen Stellen fast gleichzeitig auf.

Getreidearten, Wein, Feigen, Bananen und Ananas werden gezogen. Bei dem kühlen *regnerischen Klima* gedeihen daneben Tabak, Pfirsiche, Mandeln und andere Früchte.

Die Hierreños haben es bisher geschafft, ihre kleine Insel aus dem großen Touristengeschäft herauszuhalten. Deshalb ist Hierro der Geheimtip für alle, die in einer unverbauten Landschaft unter originellen, liebenswerten Menschen Urlaub machen wollen.

Von den »Bimbachos«, wie sie von den anderen Inselbewohnern genannt werden, fühlt sich der Fremde sehr schnell angenommen. In den wenigen kleinen Kneipen geht es hoch her, und man meint, daß die lauten Gespräche und Diskussionen jeden Moment in eine Schlägerei ausarten könnten. Gefeiert wird bis in den Morgen. Irgendein Anlaß findet sich immer.

Wirtschaftlich ist die Insel noch sehr wenig entwickelt. Deshalb arbeiten viele Insulaner über Jahre in *Venezuela*. Man schätzt, daß es etwa 12 000 sind. Ein Teil der Männer verdingt sich als Saisonarbeiter auf der Halbinsel.

> Wie auf fast allen Inseln ist der Wassermangel ein großes Problem. Aus vier Tiefbrunnen in Caleta, Tamaduste, Temijiraste und Puerto Estaca werden die Haushalte auf Bestellung mit Tankwagen versorgt, soweit sie nicht über eigene Zisternen verfügen. Um Strom zu sparen, werden vorwiegend 25 Watt Glühbirnen und als Zusatzbeleuchtung einfache Haushaltskerzen benutzt. Die überall angebrachten Schilder »*no malgaste el agua y energias!*« – »Verschwende kein Wasser und keine Energie!« werden von allen sehr ernst genommen.

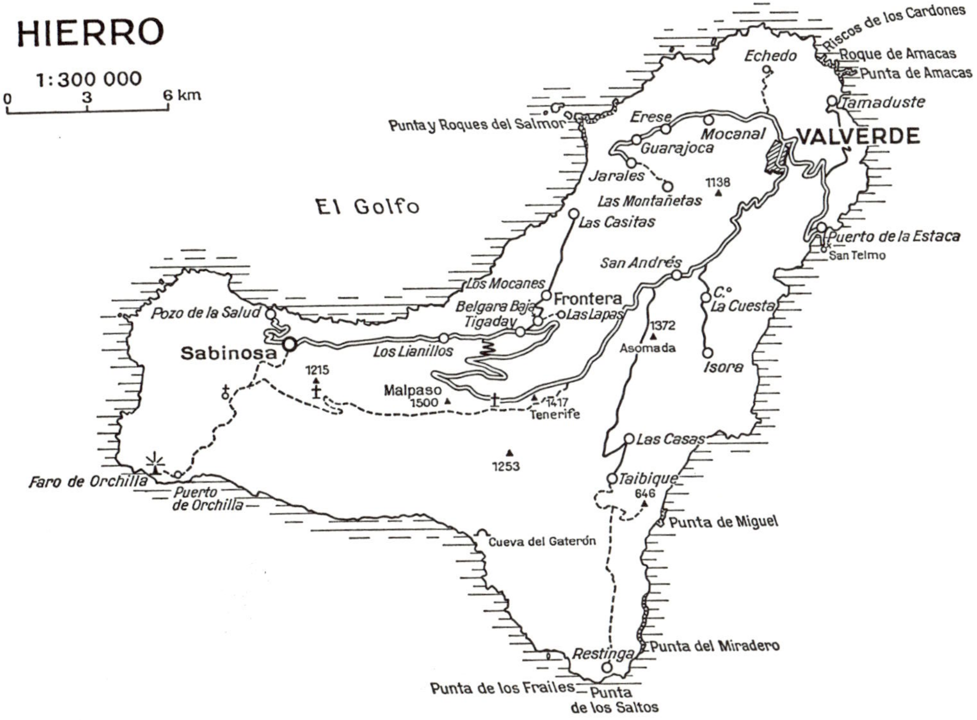
HIERRO
1:300 000
0
3
6 km
El Golfo
Riscos de los Cardones
Roque de Amacas
Punta de Amacas
Echedo
Tamaduste
VALVERDE
Punta y Roques del Salmor
Erese
Mocanal
Guarajoca
Jarales
1138
Las Montañetas
Las Casitas
Puerto de la Estaca
San Telmo
San Andrés
Los Mocanes
Frontera
Belgara Baja
Las Lapas
Tigaday
C.°
La Cuesta
1372
Asomada
Pozo de la Salud
Sabinosa
Los Lianillos
Isora
1215
Malpaso
1500
1417
Tenerife
Las Casas
1253
Faro de Orchilla
Puerto
de Orchilla
Taibique
646
Punta de Miguel
Cueva del Gaterón
Punta del Miradero
Restinga
Punta de los Frailes
Punta
de los Saltos

Valverde

Die Hauptstadt (1400 Einwohner, 62 Quadratkilometer) liegt im Nordosten der Insel und ist durch eine 8 Kilometer lange Straße mit dem Hafen **Puerto de Estaca** und dem kleinen Flughafen verbunden. Die Häuser liegen weit verstreut an einem terrassenförmig angelegten Hang. Dem zentralen Teil, **La Calle** (*Die Straße*), sind nach oben der Stadtteil **El Cabo**, nach unten hin **Tesina** angegliedert. Valverde, das »Grüne Tal«, ist seit der Eroberung durch Jean de Béthencourt im Jahre 1405 Hauptstadt. Wenn man von der kleinen Kneipe Zabagu absieht, was man wirklich nicht tun sollte, ist der Mittelpunkt des Ortes ein kleiner, fliesenbelegter Platz *El Teatro*, der von der Kirche Iglesia de la Concepción überragt wird. Sie wurde zwischen 1767 und 1776 als dreischiffiges Gebäude vorwiegend aus gestampftem Lehm errichtet. Die Figur auf dem Hauptaltar stellt die heilige Katharina dar, auf dem Nebenaltar stehen die Figuren des Señor de los Grillos, Herr der Grillen und des heiligen Rochus. Die Marmorstatue eines Genueser Künstlers aus dem 18. Jahrhundert ist ein »Christus an der Säule«.

Gegenüber dem Cabildo Insular gibt es ein recht interessant und eigenwillig ausgestattetes **Museum**. Es vermittelt sehr lebendig einen Eindruck von der *Volkskunst* und *Lebensart der Bimbachos*. Sie sollten im Patronado Insular nach Don Luis Espinósa Krawany fragen. Don Luis spricht ausgezeichnet Deutsch und wird Ihnen bei einem oder mehreren Gläsern Wein viele gute Tips über die Inseln geben können.

Unterkunft: »Hotel Boomerang«, Calle Dr. Gost, 1, Tel. 550222, Valverde; »Hostal Casañas«, Calle San Francisco, 9, Tel. 550254, Valverde; »Hostal Sanfleit», Calle Santiago, 18, Tel. 550857, Valverde; »Pension Castañeta«, Calle Jesús Nazareño, 10, Valverde
Restaurants: »Zabagu«, *die* Dorfbar, am Wochenende auch Diskothek, Calle San Fransisco, 6, Tel. 550016, Valverde; »La Parilla«, Calle La Lajita, 5, Tel. 550765, Valverde
Post: Calle Correo, 3, Tel. 550291, Valverde

Polizei: Verkehrspolizei (Policía Municipal), im Rathaus, Tel. 550025–26; Guardia Civil (bei Delikten jeder Art), Avenida Dacio Darias, Tel. 550105
Klinik: Hospital Insular, Carretera General, Tel. 550079/95
Inselverwaltung: Cabildo Insular, Calle Dr. Quintero Magdaleno, 11, Tel. 550087/550260
Touristeninformation: Calle Licenciado Bueno, 1, Tel. 550302, geöffnet täglich von 9–15 Uhr, außer an Sonn- und Feiertagen
Rathaus (Ayuntamiento): Calle Pérez Galdós, 3, Tel. 550025–26

Ausflüge auf Hierro

Mit 46 Kilometern hat die kleinste der Kanaren auch das kleinste Netz ausgebauter Straßen. Rundreisen für Touristen werden nicht organisiert. Man kann fast jeden Ort mit den Linienbussen erreichen, aber nicht immer am gleichen Tag zurückfahren. Ein Leihwagen kostet, je nach Größe, um 4000 Pts. pro Tag. Für besonders Eilige ist es leicht, an einem Tag einen Rundtrip zu schaffen, um einen Gesamtüberblick zu bekommen. Allerdings besteht die Verbindung von **Sabinosa** im Nordwesten zur südlichen Nordoststraße aus einer etwas holprigen Piste. Wenn Sie kein erfahrener Rallyefahrer sind, sollten Sie für einen Besuch des »Gesundbrunnens« bei Sabinosa und der alten Gesteinsinschriften »Los Letreros« bei El Julán an der Südwestküste besser einen erfahrenen Taxifahrer nehmen. Die beiden Pisten sind buchstäblich halsbrecherisch, wie etliche Autowracks unten in den Schluchten beweisen.

Nordroute Valverde – Frontera

Den schönsten Blick auf **El Golfo** hat man von der Einsiedelei Eremita Virgen de la Peña aus. Eine schmale Straße nordwestlich von Valverde führt nach **Guarazoca** (9 Kilometer). Bis zu der Eremita sind es weitere zwei Kilometer.

El Golfo ist eines der schönsten Panoramen des Archipels. In diesem Gebiet wird der größte Teil der landwirtschaftlichen Produkte erzeugt, unter anderem auch die Ananas.	Mit sehr viel Glück und einem guten Fernglas kann man gelegentlich auf dem **Roque Salmor** eine der faszinierenden Riesenechsen sehen, die hier seit der Vorzeit leben.

Frontera – Sabinosa – Dozo de Salud

Auf der kurvenreichen Südweststraße eröffnen zahlreiche Aussichtspunkte den Blick über die Insel. Einer der »aussichtsreichsten« ist der Mirador de **Jinama**, 10 Kilometer hinter Valverde mit der **Eremitade la Caridad**, einer kleinen Kapelle. Vorbei an dem **Malpaso**, dem Schlechten Land. Dieser Berg ist mit 1501 Metern der höchste Berg

Hierros. Nach weiteren 32 Kilometern kurvenreicher Straße kommt man nach **Frontera** (3600 Einwohner). Hier ist ein Teil der Inselverwaltung untergebracht. Die weißgestrichenen Häuser sind weit über das Tal gestreut. Die vielen alten Weinpressen weisen auf das Hauptprodukt dieser Region hin. Hoch über dem Ort wurde im Jahre 1615 die Kirche erbaut. Im Inneren stehen die Skulpturen der Jungfrau von Candelaria, die der Schmerzensreichen Mutter Gottes und des Herrn Jesus Christus, dargestellt als Herr der Demut und Geduld.

> Eine *Weinprobe* sollte man nicht auslassen.
> Die kleinen Bodegas sind von den anderen Häusern leicht daran zu unterscheiden, daß bergeweise Kisten mit Flaschen daneben gestapelt sind. In vino veritas!

Inzwischen kann man auch in Frontera den Urlaub verbringen:
»La Brujita«/*Das Hexchen*
Hotel und Restaurant mit Tennisplatz und Pool. Herrlicher Ausblick auf El Golfo, ideal auch für Sportfischer.
»Las Toscas« –
Tigaday
Frontera, Tel. 559327

»Apartementos Frontera«
Carretera Principal Tigaday
Tel. 559246 / 559291

»Club Puntagrande«
In die Landschaft eingepaßte kleine Bungalows mit altem restauriertem Landhaus als Hotel.
Las Puntas, Tel. 559081

Von Frontera aus führt die Straße weiter nach **Sabinosa** im westlichen Teil des Golfgebietes. Die Bewohner sind als recht kauzig bekannt. Der Ort besteht aus zwei »Unterdörfern«, *Rosa Cabrera* und *El Lugar* (Der Ort). Aus Gründen, die heute keiner mehr kennt, sind die Leute miteinander verfeindet. Jeder Ortsteil hat sich einen eigenen Dorfplatz gebaut. An den Festtagen oder auch aus keinem sichtbaren Anlaß kommt es zwischen den Bewohnern im innerdörflichen »Grenzbereich« regelmäßig zu Schlägereien.

Im unteren Dorfzentrum ist ein kleines Museum eröffnet worden. Die Besitzer weben oder schnitzen den Besuchern gerne etwas vor.

Wer Sinn für Außergewöhnliches hat, stürzt sich in das kleine Abenteuer **Pozo de Salud** (*Gesundbrunnen*). Gleich hinter Frontera im Westen zweigt eine extrem steile, unbefestigte Geröllpiste in Richtung Meer ab. Wer den Horrortrip heil überstanden hat, findet direkt am Meer das »Sanatorium« Doña Maria. Das malerische alte Gebäude ist während der Sommermonate für Patienten geöffnet, die Probleme mit der Verdauung haben. Aus einer schwefelhaltigen Quelle wird, teilweise im Handbetrieb, das Heilwasser durch außen am Haus angebrachte Leitungen in große Fässer auf dem Dach gepumpt. Im Haus kann es dann für eine Trink- oder Badekur abgezapft werden. Die Küste um den **Pozo** ist malerisch, das fischreiche Meer direkt vor der Tür, also ideal für Angler.

Taibique – Restinga

Von Valverde aus in Richtung Westen zweigt bei dem Mirador de Jimana die Straße in Richtung Süden ab nach **Taibique**. Hier lebt ein origineller Künstler, Don **Eloy**. Er baut Instrumente, schnitzt typisch kanarische Gegenstände, baut einheimische Instrumente und fertigt Hirtensäcke. Er ist im ganzen Dörfchen als Original bekannt und zeigt jedem gerne bei einem oder besser zwei Schlückchen Wein seine Werkstatt. Er ist übrigens ein Meister des (inzwischen verbotenen) *kanarischen Stockkampfes* und muß nicht lange gebeten werden, eine Reihe von Kampffiguren zu zeigen.

Die Straße fällt dann weiter zu dem südlichsten Ort der Insel, **Restinga**. Die kleinen *Fischerhäuser* stehen teilweise willkürlich in der felsigen Landschaft herum. Eine große Mole schützt die Boote vor dem Sturm. Wegen der günstigen Lage denkt man daran, vielleicht, und wenn, dann irgendwann *mañana*, einen Jachthafen zu bauen.

Man kann hier sehr gut Fischgerichte essen und auch, etwas bescheiden, übernachten:

»Pension Casa Matias«
Tel. 55 81 89

»Pension Kai Marino«
Tel. 55 80 34 / 55 80 35

Wer Fisch mag und einen originellen Urlaub sucht, der wird von den Preisen angenehm überrascht sein.

El Julan – die alten Felsenschriften »Los Letreros«

Nur die Hirten kannten die geheimnisvollen, auch heute noch nicht gedeuteten *Felseninschriften* von **El Julan**. Der Wissenschaftler D. Aquilino Padrón entdeckte sie erst im Jahre 1870 für die Archäologen. Der Sprachforscher Meter. Torres hat die Zeichen systematisiert und zu erklären versucht. Er fand heraus, daß sie eine sehr starke Ähnlichkeit mit Schriftzeichen aus dem Gebiet der Westberber im nordafrikanischen Atlasgebirge haben. Fast gleiche Symbole existieren auf den anderen Inseln. Vermutet wird, daß die Felstafeln einmal eine Art Nachrichtenumschlagplatz waren. Die Inschriften stehen unter Denkmalschutz.

Der Weg zu den Letreros ist ein Abenteuer besonderer Art. Zunächst sollte man möglichst ein geländegängiges Fahrzeug mit einem guten Fahrer auftreiben. Von Valverde aus fährt man die Südstraße. Hinter San Andrés geht es Richtung Restinga. Nach ca. drei Kilometern folgt man dem Hinweisschild »Hoya de Morcillo« und fährt auf einem Forstweg etwa 8 Kilometer. Rechts von uns sehen wir den **Monte Mercadel** (1085 Meter). Bei einer Gabelung folgen wir der linken Piste in das eigentliche Gebiet El Julan. Der Weg fällt sehr steil ab, ist durch Geröll rutschig und besonders in den engen Haarnadelkurven vorsichtig anzugehen. Entgegenkommenden Fahrzeugen kann man nur an drei Stellen ausweichen. Schwieriger ist es, wenn man unvermutet in eine Ziegenherde hineingerät. Oberhalb eines weißen Fischerhauses geht es zu Fuß weiter. Wir gehen parallel zur Küstenlinie in südlicher Richtung. Es müssen vier kleinere Barrancos durchstiegen werden, bis man einen breiteren Lavastrom erreicht. Wenn man diesem abwärts folgt, findet man die Felschriften.

Hierro – Unterkunft

Viele Jahre eine Baustelle, nun ist er fertig, der **Parador Nacional**.

Er steht am **Cabo Bonanza** an der steinigen Südostküste. Unterwassersportler und auch alle, die bei gutem Komfort und freundlichem Service direkt am Atlantik entspannen wollen, sind hier gut aufgehoben. Für weniger geübte Schwimmer steht ein Pool zur Verfügung, Tel. 55 80 36.

Gran Canaria

Diese nach Tenerife und Fuerteventura **drittgrößte Insel des Archipels** (Karte siehe hintere Einbandinnenseite), fast rund an Gestalt, hat 600 000 Einwohner, von denen fast zwei Drittel in der **Hauptstadt Las Palmas** leben. Die Gesamtfläche der Insel beträgt 1532 Quadratkilometer. Gran Canaria rühmt sich, keine Öfen und Zentralheizungen zu besitzen, die natürliche Heizung des Klimas macht sie entbehrlich. Danach ist der August mit 25 Grad Celsius der heißeste und der Januar oder Februar mit 17 Grad Celsius der kälteste Monat. Die **Badeplätze** mit dem weißen, flachen Strand sind als *ideal* zu bezeichnen.

Die Insel nennt man einen *Miniaturkontinent*, weil sie bei ständigem Wechsel des Panoramas die Wüsten Afrikas und dichten Wälder des Nordens, liebliches und bebautes Hügelland, zerrissene Felsen und alpenähnliche Berge, Obstplantagen und düstere vulkanische Bezirke mit tiefen Kratern und leeren Lava- und Aschenfelder aufweist. So groß wie auf Tenerife ist die Fülle der Kontraste auf Gran Canaria jedoch nicht.

Im Innern herrschen kahle, braune Gebirge vor, deren buckliges Rückgrat sich von West nach Ost zieht und **Cumbre** genannt wird. Beinahe im Mittelpunkt erhebt sich der **Pozo de las Nieves** *(Schneebrunnen)* bis zu 1980 Meter. Von ihm zweigen viele Barrancos ab, die strahlenförmig der Küste zustreben. Die Barrancos bilden hier nicht so sehr V-Schluchten, sondern sind muldenartiger und breiter gestaltet. Das kommt daher, daß meist je zwei Barrancos die sie trennende Lavabarriere durchbrochen haben und zu einem Tal zusammengewachsen sind. Unweit des Pozo de las Nieves steht unter anderem der **Roque Nublo** *(Wolkenfels)* als Zeuge für die abgetragene Decke, die durch die Erosionskraft ins Meer verfrachtet wurde. An den steilen Einzelfelsen dagegen war die Erosion machtlos. Im Gegensatz zu den fruchtbaren Hängen auf der Westseite fällt der Ostteil sanfter zur Küste ab. Die Westküste besteht aus ungemein steilen hohen Klippen.

Eine Diagonale teilt Gran Canaria in zwei Hälften: *Nordost-* oder *Neu-Canaria* und die *alte Insel* mit engen, tiefen Abgründen. Diese Linie beginnt im Nordwesten bei Guia und verläuft über das **Cruz de Tejeda** und auf dem Grat zwischen den Schluchten von **Guayadeque** und **Tirajana** bis zur Küste.

Neu-Canaria ist bevölkerungsmäßig der Schwerpunkt. Hier liegen Hafen und Stadt **Las Palmas** mit rund 380 000 Einwohnern sowie die Mittelstadt **Telde** mit 39 500 Einwohnern.

Im Südwesten ist die Oberfläche zerklüftet und beinahe unzugänglich. Die Wasser laufen über 20 Kilometer weit bei 2000 Meter Gefälle zum Meer (bei 10 Metern also ein Meter Gefälle zur Küste) und schleppen viel Erde mit. Zwei gewaltige Schluchten, die von **Agaete** und **Tejeda**, umschließen in westlicher Richtung die **Hochfläche von Tamadaba,** die *herrliche Kiefernwälder* trägt und von weiteren tiefen Schluchten zersägt wird. Die Küstenfelsen stürzen senkrecht ins Meer. Der **Pico de Faneque** liegt zum Beispiel nur einen Kilometer vom Meer entfernt und steigt schon bis 1086 Meter auf. Der **Barranco de Tejeda** hat eine breite Ausmündung ins Meer. Der letzte Barranco der Steilküste, der von Tirajana, birgt die *Caldera* (Krater) *de Tirajana,* die an Umfang nur von den Cañadas am Teide auf Tenerife und dem Kessel der *Caldera de Taburiente* auf La Palma übertroffen wird.

Der vulkanische Klingstein oder Phonolith ist hier vorherrschend. Sedimentäre Schichten umgeben beim **Kap Maspalomas** sowie südlich und nördlich des Kaps **Gando** die Küste und stellen u. a. das Gelände des Flughafen Gando. Im Südosten ist dem gebirgigen Innern eine weite Flußebene vorgelagert. Die trockene, harte Erde läßt nur die relativ karge Flora der Steppe zu, jedoch nicht ohne liebliche Oasen.

Bei **Maspalomas** wurde *goldgelber Sand* von Afrika herübergeweht, und herrliche Dünen bedecken so den Strand. Er gilt als *idealer Badeplatz*. Palmen und Teiche fehlen hier so wenig wie in **Florida** (USA), dessen Miami fast auf der gleichen Breite wie Maspalomas liegt. Nur zwanzig Minuten Autofahrt ist diese Badestelle vom Flughafen Gando entfernt.

Hinter Las Palmas bauen sich miozäne Konglomerate auf. Von der Nordwestecke bei **Kap Sardina** begleitet alter Basalt die Seefront in westlicher Richtung. Das Innere besteht aus Andesit, einem jungen vulkanischen Gestein, das auch in den südamerikanischen Anden vorkommt. Überall überwiegen parasitäre Schlackenkegel. Unter ihnen ist die **Caldera de Bandama** ein anschauliches Schulbeispiel, leicht von Las Palmas aus zu erreichen.

Die Ureinwohner sind noch Zeugen der jüngeren Ausbrüche gewesen, die durch Lavaüberschüttung die *Malpaises* (Schlechte Länder) geschaffen haben. Etwa die Hälfte (NO) von Gran Canaria ernährt mit ihrer Fruchtbarkeit die andere unfruchtbare Hälfte.

Gran Canaria verfügt über *Heilquellen* und *Mineralwasserquellen*: *Azuaga* und *Agaete (Berrazales)* für Hautkrankheiten, Frauenleiden, Arthritis und Rheuma. Sie sind säurehaltig, eisenhaltig und diuretisch, die die Funktion der Leber und die Verdauung fördern (Thermalbäder). *Santa Catalina* in der Stadt Las Palmas: Chlorat, Soda, Magnesia, für Dermatosis, Scrofula und Arthritis. Die Schwefelquelle *San Roque* (Kohlensäuresalz gegen Verdauungsstörungen) entspringt in *Valsequillo*. Mineralwasser in *Firgas* und *Teror* (eisen- und säurehaltig). *La Pollina* in *Arucas* mit hochradioaktiven Wassern. Schwefelhaltige Wasser in Jinamar, im Barranco von Roxana, in Tirajana.

Das äußerst rührige **Cabildo Insular**, als Präsidium der Junta Provincial del Turismo, hat für die Erschließung der Insel Außerordentliches geleistet und gute Autostraßen mit Asphaltdecken geschaffen. Nun ist auch die Strecke zwischen **Mogan** im SW, tief im Gebirge, bis nach **San Nicholas** befahrbar. Damit ist eine Rundfahrt um die Insel (235 Kilometer) möglich geworden. Der Saumpfad durch den Forst des Hochplateaus Tamadaba bis nach Agaete ist ideal für eine Tageswanderung.

Auch der äußerst verwöhnte Tourist wird Ausflüge über den Umkreis von Las Palmas hinaus, etwa zum nahen Krater **Bandama,** genießen. Eine Autostunde weiter ins Gebirge, und man hat am Cruz de Tejeda einen Ausblick auf *eine der großartigsten Landschaften des Erdballs* vor sich.

Las Palmas, die Hauptstadt von Gran Canaria

Las Palmas ist die *Hauptstadt der Insel* Gran Canaria und der *gleichnamigen autonomen Republik,* zu der außer Gran Canaria die Inseln Fuerteventura und Lanzarote und die dem Archipel nordöstlich vorgelagerten unbewohnten Eilande gehören. Las Palmas ist außerdem *Bischofssitz*.

Nachdem es einige Jahre vorher den Spaniern gelungen war, die Guanchen, die Ureinwohner auch von Gran Canaria, zu besiegen und sich auf der Insel festzusetzen, wurde 1478 Las Palmas von dem spanischen General **Juan Rejón** gegründet, der von hier aus die Insel endgültig für die spanische Krone eroberte. Die bedeutendsten Ereignisse in der Stadtgeschichte in der Folgezeit waren die mehrmaligen Besuche von **Christoph Columbus**. Auf dem Wege nach Indien, der zur Entdeckung Amerikas führen sollte, lief er 1492 zum ersten Mal Las Palmas an, um hier seine Schiffe »Santa Maria«, »Nina« und »Pinta« zu reparieren und ihre Ausrüstung zu ergänzen. Nach seiner Rückkehr nach Spanien machte Cristobal Colón, wie sein spanischer Name lautet, ein Jahr später, auf seiner zweiten Amerikafahrt, erneut in Las Palmas Station, diesmal mit vierzehn Karavellen und drei Lastschiffen, und auch bei seiner vierten Reise verweilte er in der Stadt (1502). In dieser Zeit bereits wird Las Palmas und der Hafen **Puerto de la Luz** (*Hafen des Lichtes*) zum wichtigen Stützpunkt für die Reise in die Neue Welt.

Im 16. Jahrhundert war Las Palmas oftmals das Ziel von *Überfällen* englischer, holländischer, französischer und portugiesischer Piraten, die jedoch von den inzwischen gebauten Hafen- und Stadtbefestigungen (Castillo de Nuestra Señora de la Luz und Castillo de San Francisco) stets erfolgreich abgewehrt werden konnten. Ebensowenig gelang es englischen und holländischen Truppen, Spanien den Besitz von Stadt und Insel streitig zu machen: 1595 wurde Las Palmas von der gesamten Bevölkerung unter Führung des Gouverneurs Alfonso de Albaredo gegen Angriffe englischer Freibeuter unter Sir Francis Drake heldenhaft verteidigt, und vier Jahre später wurden holländische Piraten unter Van der Doez, die die Stadt zunächst besetzen konnten, nach harten Kämpfen zum Abzug gezwungen.

In den folgenden Jahrhunderten entwickelte sich Las Palmas als **Ausfuhrhafen** für die landwirtschaftlichen Produkte der Insel, unter denen seit dem 18. Jahrhundert Bananen eine zunehmend bedeutende Rolle spielten, zu einer reichen Stadt. Maßgeblich für diesen Aufschwung war (und ist) jedoch vor allem, ähnlich wie bei Santa Cruz de Tenerife, die Lage des Hafens an den großen Schiffahrtsstraßen zwischen Europa, Afrika und Südamerika und die Erklärung des gesamten kanarischen Archipels zum Freihafengebiet durch Königin Isabel II. (1852). In dieser Zeit entstanden auch die meisten Palacios und Kirchen der Stadt. 1820 wird Las Palmas Hauptstadt der Insel Gran Canaria, 1927 Hauptstadt der Provinz Gran Canaria.

Eine sprunghafte Entwicklung setzte durch das **Anwachsen des Weltverkehrs** in diesem Jahrhundert ein, eine Entwicklung, bei der durch die Sperre des Suezkanals Las Palmas auch zum *Transithafen* für den Ostasien- und Australienverkehr wurde. Zum anderen brachte die schnelle Zunahme des **Tourismus** in den vergangenen Jahrzehnten neue und starke Impulse. Bereits 1859 war das erste Touristenho-

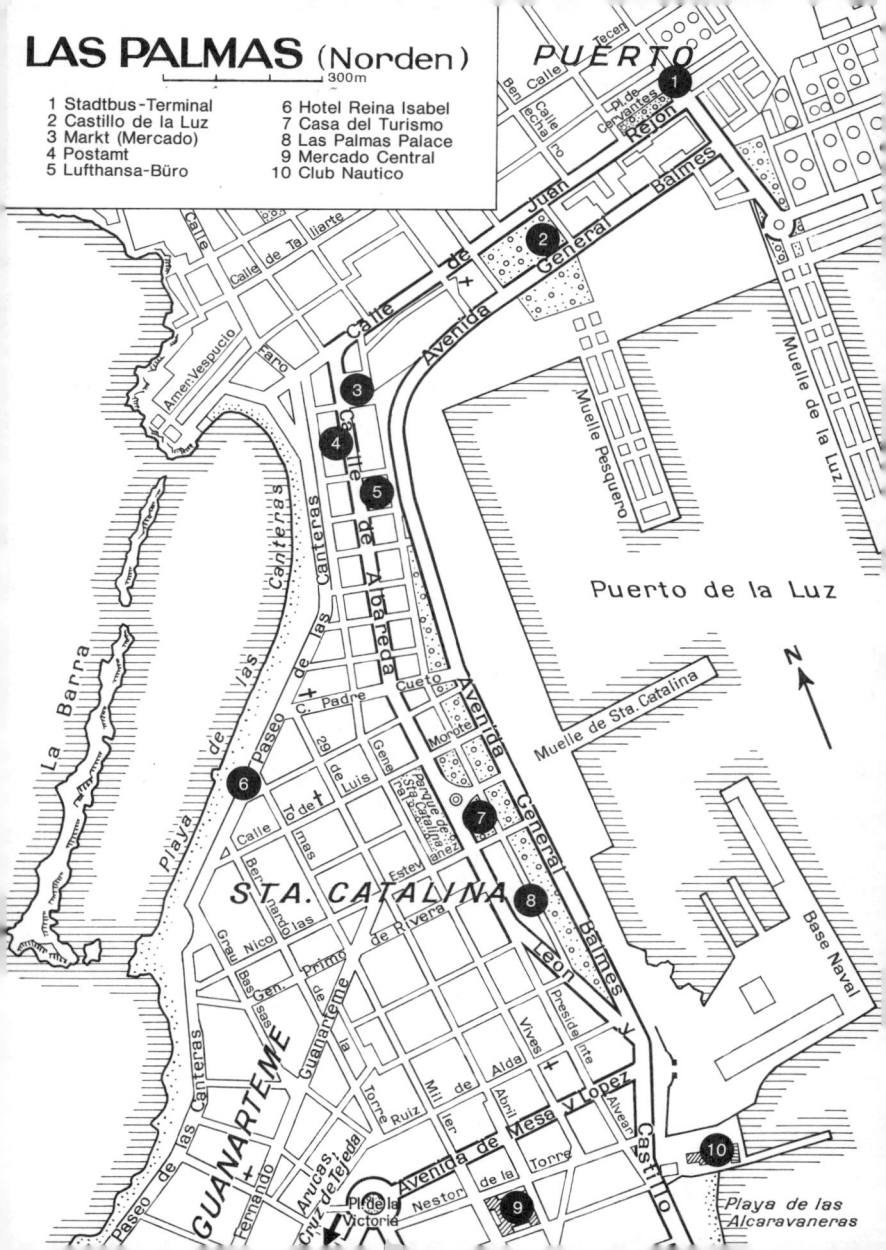

LAS PALMAS (Norden)

1 Stadtbus-Terminal
2 Castillo de la Luz
3 Markt (Mercado)
4 Postamt
5 Lufthansa-Büro
6 Hotel Reina Isabel
7 Casa del Turismo
8 Las Palmas Palace
9 Mercado Central
10 Club Nautico

tel in Las Palmas erbaut worden. Erst zu Beginn der fünfziger Jahre jedoch begann die Vielzahl moderner Hochhaushotels, Residencias und Apartmenthäuser aus dem Boden zu wachsen. Elegante Wohnviertel entstanden, Strände und Straßen wurden ausgebaut. Heute gehört Las Palmas zu den *größten und modernsten Atlantikhäfen* und zu den *beliebtesten Fremdenverkehrszentren Europas*.

Las Palmas zählt heute rund 380000 Einwohner und ist damit die größte Stadt auf der Inselgruppe.

Von der Halbinsel **La Isleta** mit dem Hafen **Puerto de la Luz** im Norden bis zum alten, teils im kanarischen, teils im Kolonialstil erbauten Stadtkern **La Vegueta**, erstreckt es sich heute über einen 12 Kilometer langen, schmalen Küstenstreifen und wächst nach Westen hin über die sieben Hügel rasch weiter. 600000 Quadratmeter Neuland wurden zusätzlich dem Meer abgewonnen. Die Energie- und Wasserversorgung der Stadt ist ausreichend gesichert und auf die ständige Expansion eingestellt. Der größte Anteil des Trinkwasserbedarfs wird durch eine Meerwasser-Aufbereitungsanlage gedeckt, die sich einige Kilometer südlich der Stadt befindet.

Zahlreiche gut gepflegte Parks und Grünanlagen bieten Einheimischen und Besuchern Entspannung und Erholung. Besonders beliebt ist der **Parque Santa Catalina** am Ausgang der gleichnamigen Mole. Hauptanziehungspunkt für den Fremden ist der drei Kilometer lange und bis zu 300 Meter breite Sandstrand **Las Canteras,** den man gerne *das größte Schwimmbecken der Welt* nennt, da er zur offenen See hin durch eine vorgelagerte Riffkette geschützt ist. Der zweite, kleinere Strand, **Las Alcaravaneras,** liegt am Ausgang des Hafenbeckens, wo es immer etwas Interessantes zu sehen gibt.

Las Palmas bildet kein geschlossenes Ganzes, wie wir das von anderen Städten gleicher Größenordnung gewohnt sind. Erst im Laufe der Zeit ist der alte Stadtkern im Süden mit der Hafenstadt *Puerto de la Luz* zusammengewachsen, und die jüngste Entwicklung hat neue Stadtviertel entstehen lassen.

So sind verschiedene Stadtviertel (*barrios*) mit eigenem Kern entstanden, die alle ihren eigenen Charakter haben. Da ist im Norden einmal das Viertel **Santa Catalina** zwischen dem gleichnamigen Park und der Playa de las Canteras, das sich unmittelbar an die Hafen-

Las Palmas, die Hauptstadt von Gran Canaria

»stadt« anschließt. Hier und im Stadtteil **Guanarteme** befindet sich *das eigentliche Touristenviertel* mit den meisten neuen Hotels und Apartmenthäusern, Restaurants und Geschäften jeden Typs und jeder Preiskategorie. Durch den Stadtteil **Alcaravaneras** hinter dem gleichnamigen Strand gelangt man nach Süden in die **Ciudad Jardín,** die Gartenstadt, deren Mittelpunkt der **Parque Doramas** mit dem **Pueblo Canario** bildet. Hier steht auch das traditionelle Luxushotel Santa Catalina. Weiter nach Süden gelangt man auf der **Calle Mayor de Triana,** der *Hauptgeschäftsstraße von Las Palmas*, durch das Viertel **Triana** zum *Barranco Guiniguada* und jenseits in die eigentliche Altstadt **La Vegueta**, in der sich *die bedeutendsten historischen Bauten*, wie die Kathedrale Santa Ana, das Columbushaus und die Kapelle San Antonio Abad, das Kanarische Museum und das Theater Pérez Galdós befinden.

Anschriften und Hinweise von A bis Z:
Auskunft: Casa del Turismo (Informationsbüro der Subsecretaría del Turismo), Parque Santa Catalina, Tel. 264623; Centro de Iniciativas y Turismo, Pueblo Canario, Tel. 216593.
Autobus-Verbindungen: Täglich Verbindungen durch Autobusse mit allen Orten der Insel. Gesellschaft: Aicasa, Bravo Murillo 3. Endhaltestelle Bravo Murillo bzw. Park San Telmo. Die wichtigsten Linien sind:
Las Palmas – Gando (Flughafen) – Cruce de Sardina – El Doctoral – San Agustín – Maspalomas (Südstrecke); halbstündlich, Fahrzeit: 1½ Std. Auf der Südstrecke gibt es Direktbusse nach Arguineguín und Patalavaca (westlich Maspalomas).
Las Palmas – Arucas – Guia – Galdar – Agaete – Los Berrazales (Nordstrecke); mehrmals täglich, Fahrzeit: 2¾ Std.
Las Palmas – Tafira – Santa Brigida – San Mateo – Cruz de Tejeda (Gebirgsstrecke); mehrmals täglich, Fahrzeit: 1 Std. 50 Min.
Die Fahrpreise sind günstig. Beispiele (Richtpreise): nach Maspalomas 40 Pts, nach Agaete 35 Pts, zum Cruz de Tejeda 30 Pts.

Außerdem verkehren Kleinbusse verschiedener Gesellschaften zu allen wichtigen Orten. Da sie je nach Strecke an verschiedenen Stellen der Stadt abfahren, erkundigen Sie sich am besten im Hotel oder im Reisebüro.
Autobusse im Stadtverkehr siehe »Stadtbusse«.
Automobilclubs: Real Automóvil Club, Galo Ponte 8, Tel. 243899; Touring Club de España, Hermanos García de la Torre, Tel. 240205.
Ärzte: In Las Palmas gibt es einige hundert Ärzte einschließlich Spezialärzten. Deutschsprechender Arzt: Dr. Oppelt-Barrere, Calle Luis Morote 16, Tel. 265465.
Banken: Banco de Bilbao, Triana 93; Banco Central, Triana 95; Banco del Comerico, Luis Morote 12; Banco de España, León y Castillo 4; Banco Español de Crédito, León y Castillo 535; Banco Exterior de España, Viera y Clavijo 33; Banco Hispano Americano, Plazuela Hurtado de Mendoza; Hijos de Juan Rodríguez S. A., Triana 19; Banco Popular Español, Viera y Clavijo 15; Banco de Santander, Triana 134; Banco de Vizcaya, Triana 105.

Gran Canaria

Clubs und Gesellschaften: Alianza Francesca, Buenos Aires 23; Royal Sociedad Colombofila (Homing Pigeons), Perez Galdos 27; Circulo Mercantile, Plaza de San Bernardo; British Club, León y Castillo 344; Club Pala, Las Canteras Beach; Club Universitario, Triana 134; Gabinete Literario, Plazoleta de Cairasco; Sociedad Filarmonica, Plaza de Stagno; Club Victoria, Canteras 3.
Deutsche Schule: Juan Carlos 11.
Fluggesellschaften: Iberia, León y Castillo 5, Tel. 22 38 40; Aviaco, León y Castillo 261, Tel. 21 77 26; Lufthansa, Anton Paukner, Albareda 37, Tel. 26 41 39; Swissair, Via Consul S. A., Muelle del Castillo, Tel. 33402; Air France, León y Castillo 287, Tel. 22 02 47/8; KLM, León y Castillo 298, Tel. 22 18 48; SAS, Albareda 39, Tel. 26 34 93.
Flughafen: Gando, Tel. 20 80 11/ 25 46 40.
Konsulate: Deutschland: Juan Rejón 91, Tel. 26 05 28; Belgien: Leopoldo Matos 24, Tel. 24 63 01; Finnland: Muelle Santa Catalina, Tel. 26 08 50; Frankreich: Avda. José Mesa y López, Tel. 24 23 71; Großbritannien: Alfredo Jones 37, Tel. 26 25 08; Italien: Mariucha 2, Tel. 25 06 97; Norwegen: Mas de Gaminde 9, Tel. 24 05 63; Niederlande: Ed. Benot 17/3, Tel. 26 28 61; Österreich: Viera y Clavijo 1, Tel. 22 15 47; Portugal: Lord Byron 15, Tel. 24 32 83; Schweden: Secretario Artiles 65, Tel. 26 42 92; Schweiz: León y Castillo 359, Tel. 24 16 17; USA: N. de la Torre 17, Tel. 24 12 58 und zahlreiche andere.
Nachtlokale: Das Angebot ist umfangreich. Neben den großen Hotels (Santa Catalina, Reina Isabel, Metropol u. a.) zum Beispiel:
Copacabana, Bernardo de la Torre 23; Can Can, Temisas 12; Taori, Molinos de Viento 27; Astoria und Canarias Night Club, Pelayo 16 und 18; El Dorado, Molinos de Viento 82; Flamenco-Vorführungen im Patio Andaluz, Portugal 15, und im El Duende, San José.
Polizei: Comisaría de Policía, Plaza León y Castillo, Tel. 21 58 17.
Post- und Telegrafenamt: Avda. General Franco 62, Tel. 21 65 36.
Schiffsagentur: Compañia Trasmediterránea (Aucona), Muelle Santa Catalina.
Schiffsverbindungen: zu den übrigen Inseln des Archipels und nach Spanien. Schiffsausflüge mit kleineren Schiffen durch die Reisebüros.
Schwimmbäder außer den Seebädern: Lido Metropole mit Restaurant und Tanzdiele in Verbindung mit dem Hotel Metropol; Julio Navarro, städt. Schwimmbad im Park Doramas; Santa Catalina, für die Gäste des Hotels; Casa del Niño, Schwimmbad von sehr großem Ausmaß. Club Nautico. Außerdem haben fast alle größeren Hotels eigene Swimmingpools.
Sportclubs: Aero Club, Triana, 140; Sociedad Tiro de Pichón (Tontaubenschießen), Jinamar; Sociedad de Cazadores (Game Shooting), Torres, 11; Swimming Club Metropole, Hotel Metropole; Canary Fishing Club, Paseo de Chil, 3; Club de Pesca de Caña, Francisco Gourié, 11; Golf Club Las Palmas, Llanos de Bandama (Tafira), Tel. 21 65 00; Real Club Nautico, León y Castillo, Tel. 24 66 90; Representanti Regional de Pesca Submarina, Plaza de Santa Ana, 4; Club de Tenis Gran Canaria, Parque Doramas, Tel. 24 34 13.
Sportveranstaltungen: Estadido Insular, Calle Salmerón, Cuidad Jardín (Fußballstadion); Windhundrennen und »Luchas Canarias«, der typisch kanarische Ringkampf mit zwei Mannschaften zu je zwölf Mann, im Campo España, León y Castillo 209; Hahnenkämpfe und Boxen im Circo Gallera, Viera y Clavijo 11; Pelota, ein baskisches Ballspiel, im

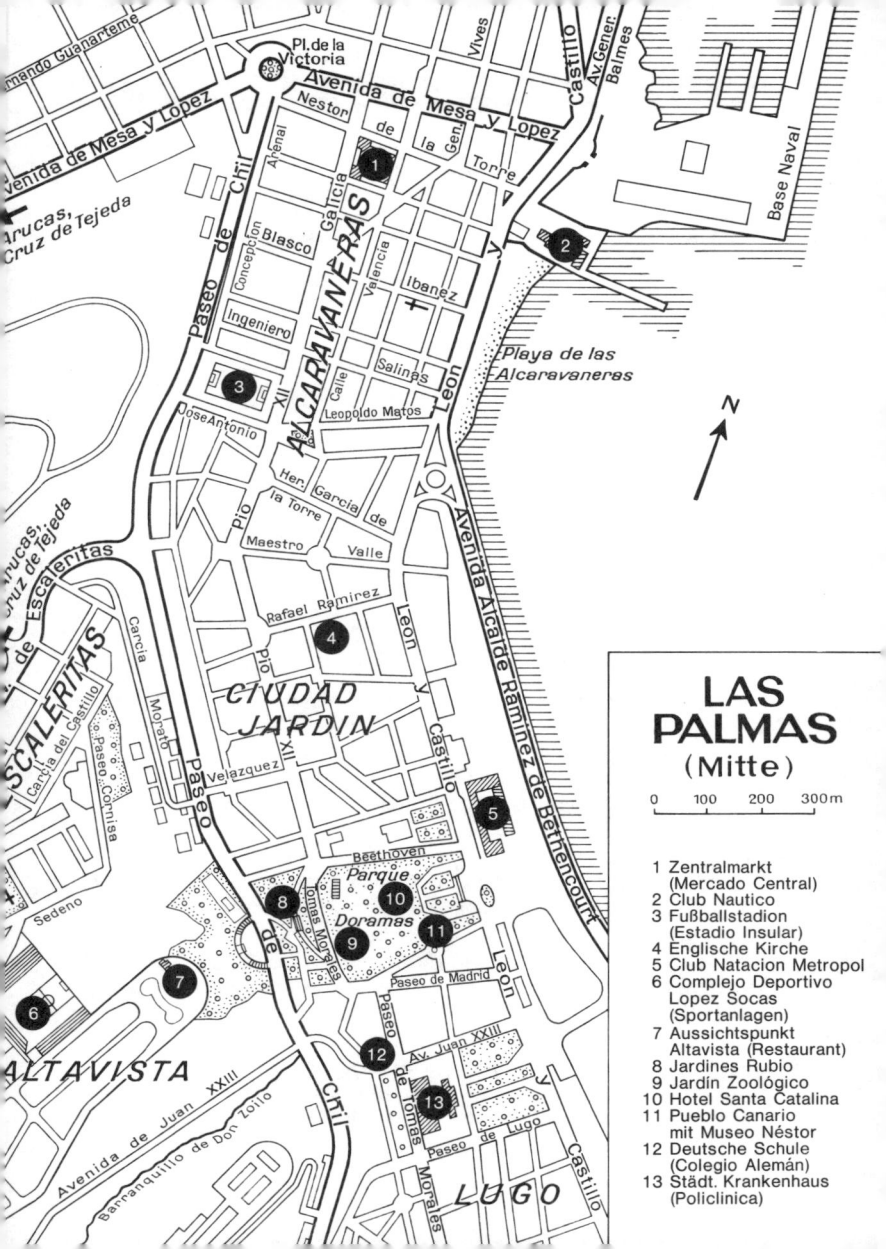

LAS PALMAS
(Mitte)

0   100   200   300 m

1. Zentralmarkt
   (Mercado Central)
2. Club Nautico
3. Fußballstadion
   (Estadio Insular)
4. Englische Kirche
5. Club Natacion Metropol
6. Complejo Deportivo
   Lopez Socas
   (Sportanlagen)
7. Aussichtspunkt
   Altavista (Restaurant)
8. Jardines Rubio
9. Jardín Zoológico
10. Hotel Santa Catalina
11. Pueblo Canario
    mit Museo Néstor
12. Deutsche Schule
    (Colegio Alemán)
13. Städt. Krankenhaus
    (Policlinica)

Frontón Las Palmas, León y Castillo. Die Stierkampfarena befindet sich 8 Kilometer außerhalb der Stadt, an der Straße zum Flughafen.

Stadtbusse: Drei Buslinien durchqueren die Stadt, die eine entlang der Küste, eine zweite durch die Geschäftsstraßen und eine weitere über die Hügel und durch die neuen Stadtteile. Alle drei beginnen an der Plaza de Cervantes und enden in La Vegueta. Die Fahrpreise sind außerordentlich niedrig: die billigste Möglichkeit, Las Palmas kennenzulernen!

Tanz: Im Santa Catalina Hotel mit Ausnahme von Montag, Samstag und Sonntag; Gran Hotel Parque; Rest. Las Cuevas an Las Canteras Playa; Sonntagvormittag hier Vorführungen von einheimischen Tänzen und Liedern, dabei auch »papateado« (Schuhplattler).

Theater: »Pérez Galdós«, Lentinistr. (Stadttheater) und Theater »Hermanos Millares«, Playa Las Canteras.

Unfallstation: Paseo Tomás Morales, Tel. 24 51 57.

Der Hafen

Der Hafen von Las Palmas, **Puerto de la Luz,** wurde 1882 von dem Ingenieur León y Castillo ausgebaut. Seine heutige Bedeutung als *drittgrößter Hafen Europas* verdankt er in erster Linie seiner Lage zwischen drei Kontinenten. Er ist Transit- und Umschlaghafen des Personen-, Güter- und Warenverkehrs zwischen Amerika, Afrika und Europa.

Ebenfalls von großer Bedeutung für diese Entwicklung war die Erklärung der kanarischen Häfen zu Freihäfen im Jahre 1852.

An den fünf Molen mit einer Gesamtlänge von 2800 Meter legen monatlich 3600 Schiffe an. Das Hafengebiet umfaßt Lagerhallen mit einer Ausdehnung von über 300 Hektar und 270 000 Quadratmeter Stapelraum.

An der längsten Mole, **Dique del Generalísimo,** die das Hafenbecken zur See hin begrenzt, wickelt sich der Hauptpassagierverkehr ab. Hier legen auch die größeren Tankschiffe an. Im rechten Winkel schließt sich die *Muelle Primo de Rivera* an. Dem Dique gegenüber liegen die *Muelle de la Luz,* die *Muelle Pesquero* und die *Muelle de Santa Catalina.*

Der Güter- und Warenumschlag wird an der Muelle de la Luz mit ihren großen Lagerhallen abgewickelt. Die Muelle Pesquero und die Muelle Santa Catalina umschließen den Fischereihafen. In diesem Teil des Hafens hat auch die mittlerweile nicht unumstrittene japanische Thunfischflotte ihren Liegeplatz, die im Dreimonatsrhythmus vor der westafrikanischen Küste fischt und ihren Fang an Ort und Stelle verarbeitet. Für Besucher gibt es die Möglichkeit, an einer Fahrt zum Haifischfang teilzunehmen.

Stadtbesichtigung

Wo auch immer Sie in Las Palmas wohnen: die ganze Stadt ausschließlich zu Fuß zu erkunden, ist aufgrund ihrer Längenausdehnung (12 Kilometer!) kaum sinnvoll. Nehmen Sie also von Ihrem Domizil aus eins der preiswerten Taxis, um zu den einzelnen Stadtteilen zu gelangen, oder benutzen Sie eine der drei noch preiswerteren Stadtbuslinie. Für unsere drei Stadtrundgänge ist der **Parque Santa Catalina** der Ausgangspunkt (Taxistand, Bushaltelinie).

Bevor Sie jedoch anhand der folgenden Routen die Stadt aus der Nähe ansehen, solten Sie folgendes tun:
Fahren Sie mit dem Taxi zum Aussichtspunkt **Altavista** am Rand der neuen, höhergelegenen Stadtviertel. Neben dem wirklich schönen Blick, den Sie von hier oben haben, ist das die beste Möglichkeit, die Anlage der Stadt kennenzulernen (besonders schön auch bei Dunkelheit, wenn Stadt und Hafen hell erleuchtet sind!).
Von Altavista können Sie dann auf Treppen hinuntersteigen zum *Parque Doramas* und hier Ihren ersten Stadtbummel beginnen.

Die nördlichen Stadtteile (Puerto de la Luz und Santa Catalina) und die Playa de las Canteras

Der **Parque Santa Catalina** unmittelbar hinter der Muelle (Mole) de Santa Catalina ist ein beliebter Treffpunkt und Ausgangsort vieler Exkursionen. Außer den Büros der spanischen Schiffahrtsgesellschaften Aucona und Trasmediterránea am Ende der Mole Santa Catalina steht links vom *Franco-Denkmal* die *Casa del Turismo,* der Pavillon für Fremdenverkehr, wo man die wichtigsten Informationen einholen und Ausflüge buchen kann. Weltenbummler bieten selbstgefertigten Silberschmuck, Bilder und Lederwaren an. Im Park selbst kann man bei einem Drink einen ersten, sehr lebendigen Eindruck von Las Palmas gewinnen. Es gibt Andenken-Kioske (auch kanarische Handarbeiten) und Zeitungsstände mit den neuesten Ausgaben der Weltpresse, die Pferdedroschken haben hier ihren Standplatz, und vor der Casa del Turismo werden Konzerte und Volkstänze veranstaltet (Termine dort erfragen!). Hinter den Cafés, in der Calle General Vives, finden Sie mehrere Banken (Geldwechsel).

Mit einem Taxi fährt man über die **Avenida Albareda** und die **Calle Juan Rejón** (General, Gründer von Las Palmas, 1478) bis zum **Castillo de la Luz,** das vor der **Muelle Pesquero** gelegen ist. Das kleine Fort schützte im 16. Jahrhundert die Stadt vor Piratenüberfällen. Heute wird es restauriert und soll einmal als Seefahrtsmuseum eingerichtet werden. Bei einem Gang über die Fischermole, die hier beginnt, findet man ausgezeichnete *Fotomotive*, denn hier herrscht buntes Leben: *Fischdampfer* aus aller Welt geben sich an der Muelle Pesquero ein Stelldichein.

Von der Mole kommend, biegt man am Castillo nach rechts in die **Calle Juan Rejón** ein und geht bis zur **Plaza Ing. Manuel Becerra.** In den Straßen jenseits des Platzes gibt es zahlreiche Bars, Bodegas und Seemannskneipen. Geht man parallel zur Calle Juan Rejón die **Calle La Naval** zurück, kommt man an einigen typischen Bodegas vorbei, in denen man zu besonders niedrigen Preisen einheimische Gerichte essen kann. An der Ecke Lopez Socas beginnt das Viertel der *indischen Basare*, in denen man von Gegenständen des täglichen Gebrauchs bis zu Importwaren aus aller Welt nahezu alles kaufen kann. Außer bei Elektroartikeln sollte man dreißig Prozent vom verlangten Preis herunterhandeln.

Euphorbia canariensis heißen die kandelaberartigen, fünfeckigen bis zu zwei Meter ▷ hohen Riesen, die zu der Familie der Wolfsmilchgewächse gehören und deren Milchsaft giftig ist.

Links oben: Teror ist eines der reizvollsten, im altkanarischen Stil errichteten ▷▷ Städtchen und zugleich das religiöse Zentrum Gran Canarias. Hier ein Blick auf die Prozession während der Fiesta Mayor.

Links unten: Las Palmas, die Hauptstadt Gran Canarias mit seinen Pueblos Canario.

Rechts: Die neugotische Kathedrale von Arucas, einem hübschen Ort inmitten Bana- ▷▷▷ nen- und Zuckerrohrplantagen. Vom 412 Meter hohen Montaña Arucas haben Sie einen herrlichen Blick auf die Umgebung.

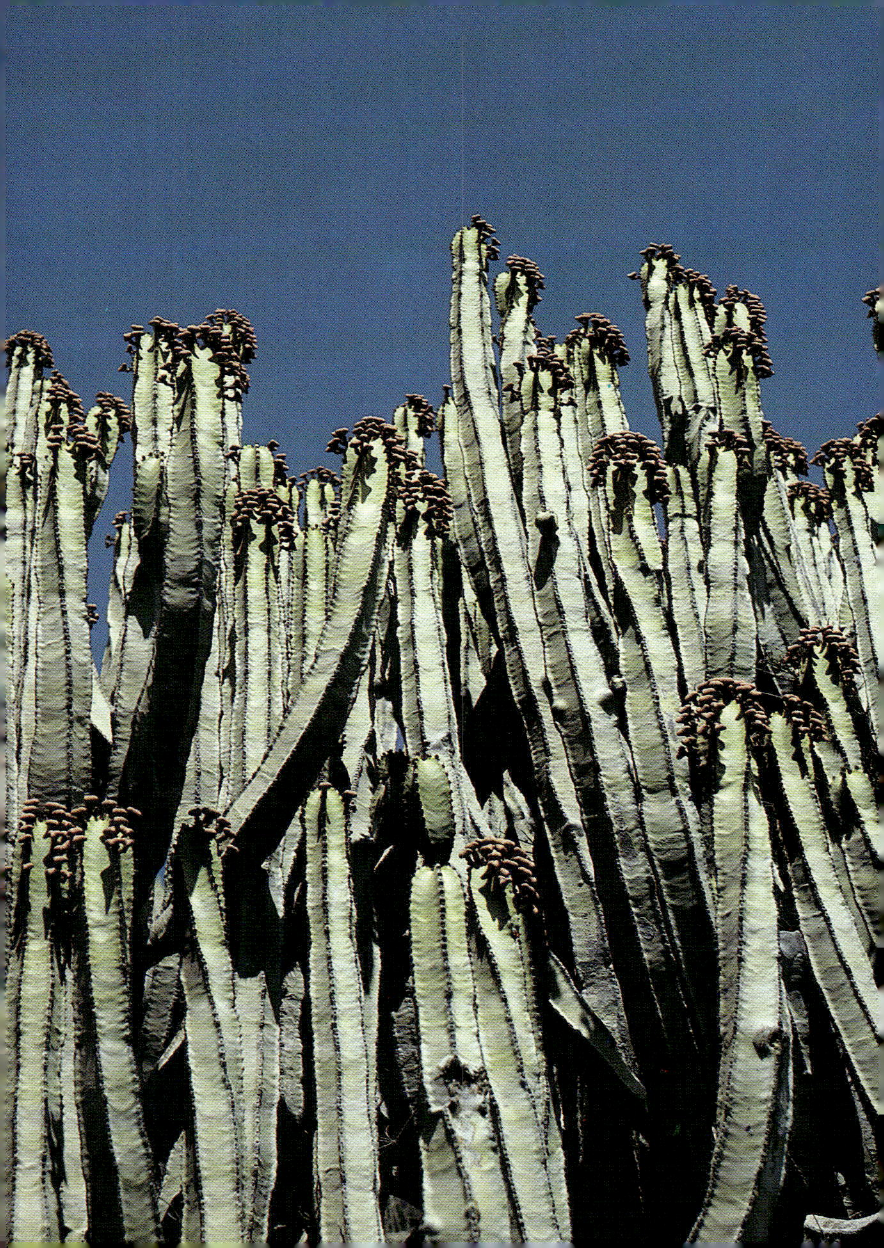

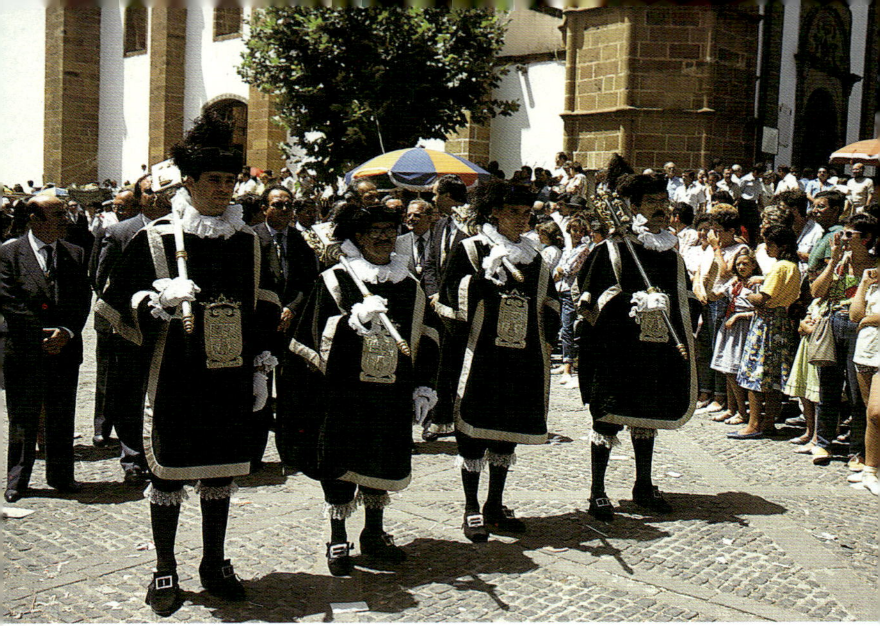

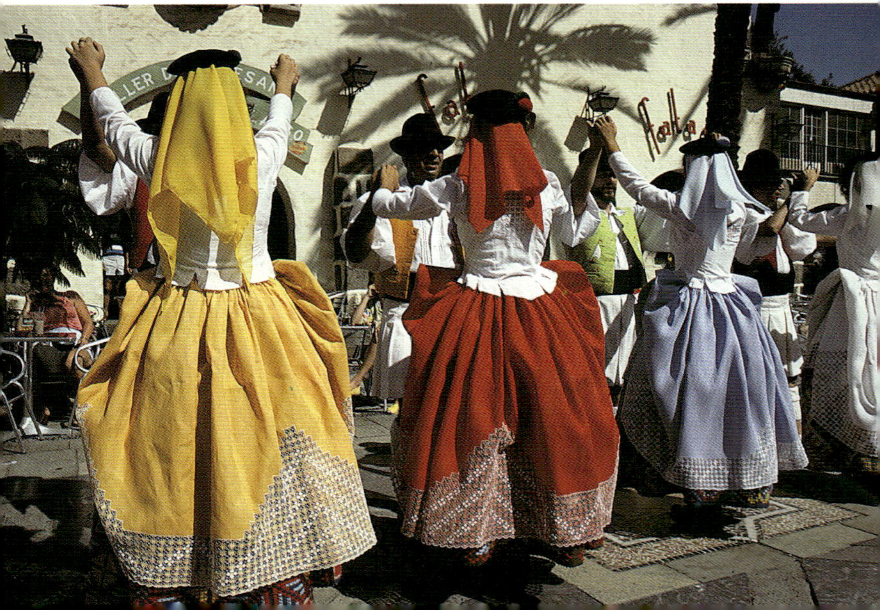

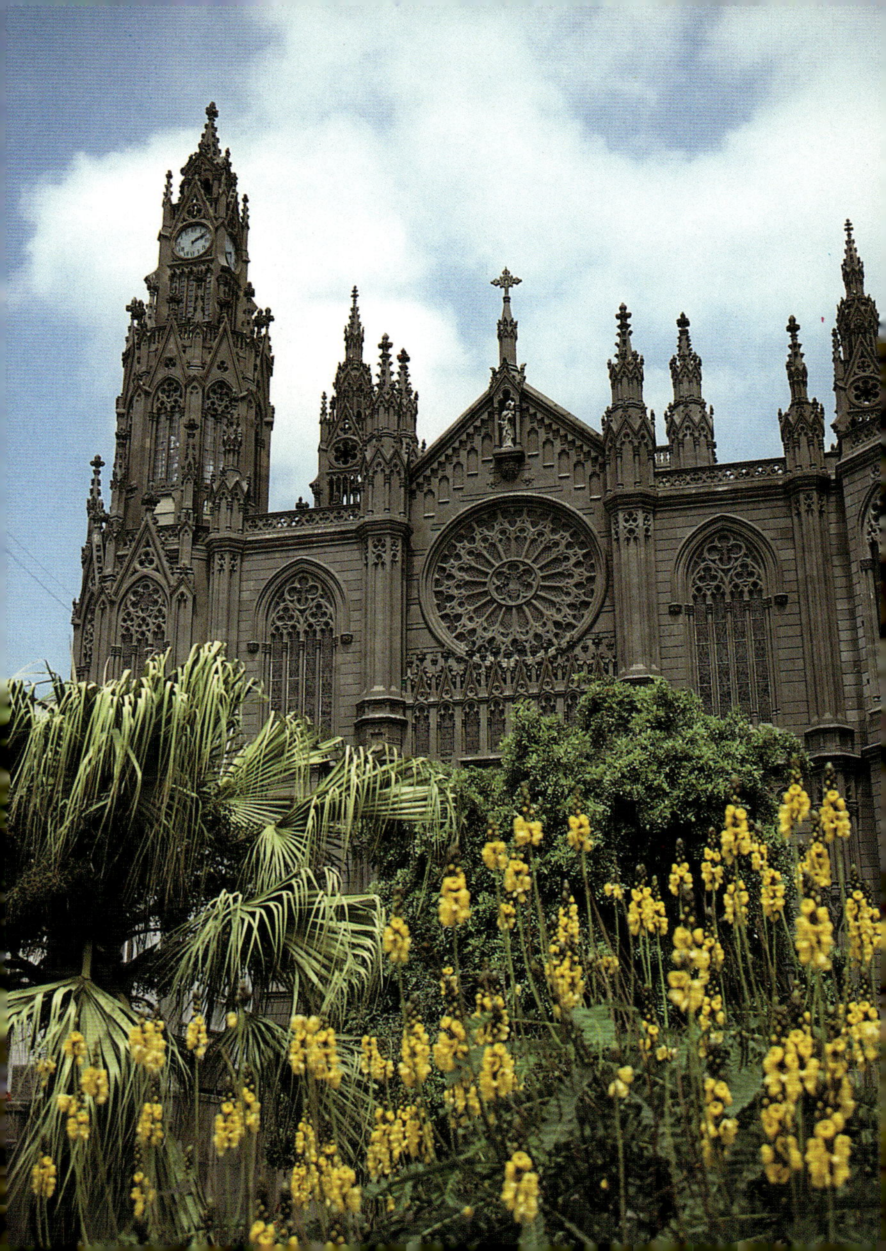

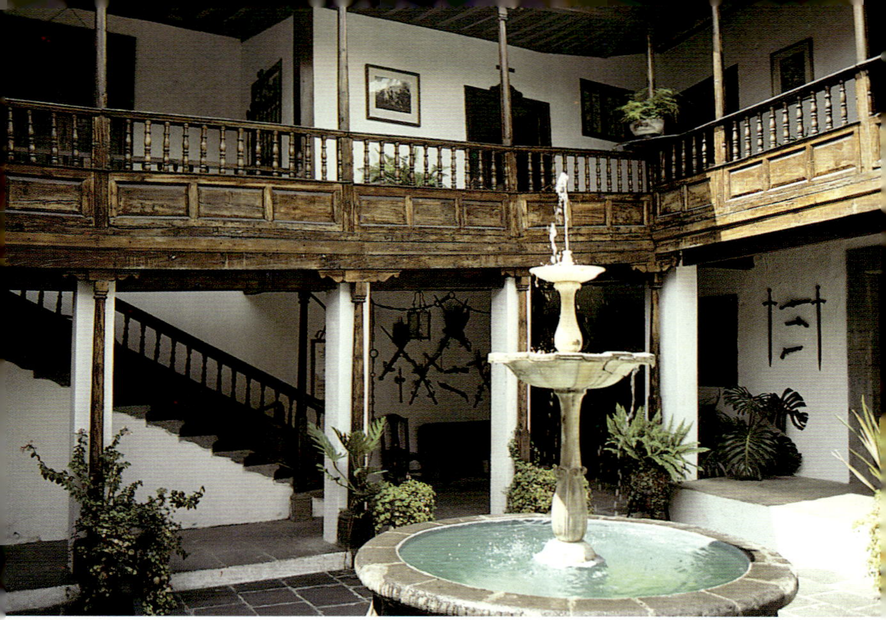

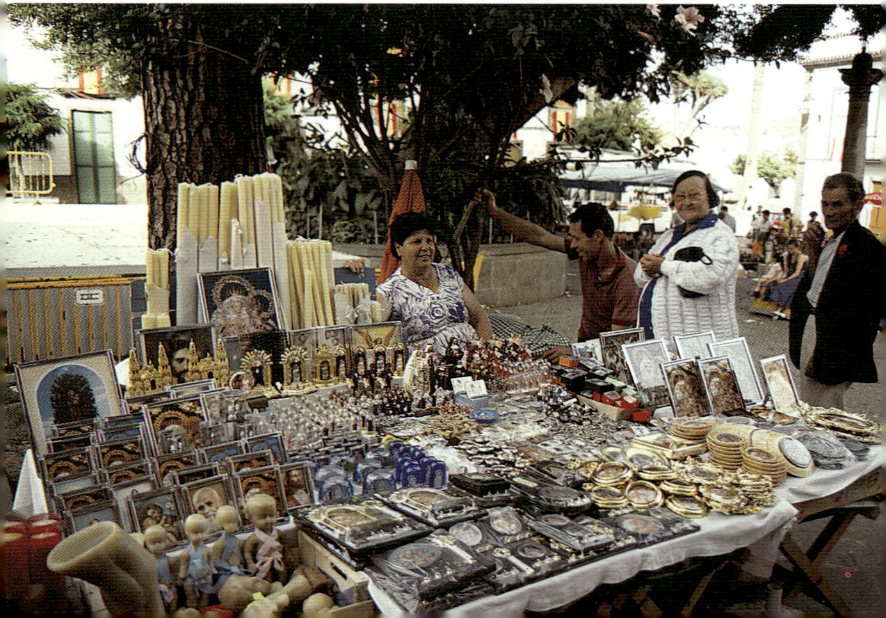

Las Palmas, die Hauptstadt von Gran Canaria

Die **Playa de las Canteras**, der berühmte Badestrand von Las Palmas, grenzt unmittelbar an. Der Strand ist fast 3 Kilometer lang und bis zu 300 Meter breit und besteht, im Gegensatz zu den Stränden Tenerifes, aus feinem, gelbem Sand. Meerwärts wird die Playa durch die etwa 200 Meter vom Strand entfernte Riffkette **El Barro** begrenzt, so daß praktisch ein riesiges Schwimmbecken entsteht und das Baden auch dann noch ungefährlich ist, wenn der Atlantik unruhig ist.

An der Playa herrscht von morgens bis abends reger Badebetrieb. Das Benutzen der Umkleidezelte kostet fünf Pts., einen Liegestuhl kann man zum Tagespreis von 30 Pts. mieten. Kaum weniger lebhaft geht es auf der Strandpromenade, dem **Paseo de las Canteras,** zu. Hier liegen die großen neuen Hotels und Apartmenthäuser, zum Teil mit Dachterrassen und -schwimmbädern, u. a. das *Reina Isabel,* eins der Luxushotels von Las Palmas.

Außerdem finden Sie hier eine Reihe guter *Restaurants* und *Nachtlokale*. Wenn Sie den Paseo ein Stück entlangbummeln und in die Calle de Luis Morote einbiegen, gelangen Sie geradewegs in fünf Minuten zurück zum Parque de Santa Catalina.

Möchten Sie jedoch den Rundgang noch etwas ausdehnen, gehen Sie auf der Strandpromenade weiter. Nach etwa 500 Meter biegt links die Straße General Sanjurjo ab. Sie führt zur **Avenida de Mesa y Lopez**, auf der Sie nach links zur **Plaza de la Victoria** gelangen. Von hier gehen Sie auf der breiten Allee weiter und rechts ab zum *Mercado*, dem Zentralmarkt, mit einem bunten Angebot von Früchten und Gemüsen der Insel und Erzeugnissen aus aller Welt. Vom Markt führen die **Calle de Barcelona** und die **Calle Néstor de la Torre** zum *Club Nautico* (Schwimmbecken, gutes Restaurant, Segelbootverleih) am Nordende der **Playa de las Alcaravaneras,** des zweiten Stadtstran-

◁ *Oben: Innenhof eines herrschaftlichen Gebäudes mit typischem holzgeschnitzten Balkongeländer.*

Unten: Anläßlich der Fiesta Mayor in Teror werden an zahlreichen Ständen Devotionalien verkauft.

des von Las Palmas, breit und mit feinem, hellem Sand. Zum Baden ist er allerdings weniger geeignet (Hafennähe!). Von hier aus sind es, vorbei am Hotel *Las Palmas Palace* (mit beliebtem Café) nur wenige Minuten zurück zum Parque de Santa Catalina.

Die südlichen Stadtteile (Vegueta und Triana)

Am **Parque Santa Catalina** nehmen wir ein Taxi und fahren ins Zentrum der Altstadt **Vegueta,** zur **Plaza Santa Ana.** Neben den Stufen der Plaza, direkt vor der Kathedrale, stehen mehrere in Bronze gegossene Hunde, die namengebend für die Inseln waren und heute ihr Wahrzeichen sind. Beherrschendes Bauwerk ist die

Kathedrale de Santa Ana

Sie wurde 1497 begonnen und 1570 eingeweiht. Ihr Baumaterial ist Basalt. Während die Fassade klassizistische Züge aufweist, erscheint der Innenraum vorwiegend gotisch. Die Stilbrüche erklären sich aus der Tatsache, daß die Bauarbeiten bis 1805 andauerten. Sie sind bis heute noch nicht abgeschlossen. Eine Gedenktafel im Eingangsportal erinnert daran, daß die Kirche im Jahre 1894 zur Basilika erhoben wurde und 1954 von Papst Pius XII. auf seiner Reise nach Südamerika besucht wurde. Die Deckengewölbe sind gotisch, die silbernen Kronleuchter im Hauptschiff eine Genueser Arbeit. Im linken Seitenschiff finden wir das Grabmal des kanarischen Dichters *Bartolomé Cairasco de Figuera*. Ein Denkmal des bekanntesten Historikers der Kanarischen Inseln, *José de Viera y Clavijo* (1731–1812) steht in der Krypta. Das Emaillebild von Benvenuto Cellini und einige silberne Kultgegenstände wurden zur Zeit Cromwells von der St.-Pauls-Kathedrale in London erworben. Ein Porträt des Bischofs Codina wird *Goya* zugeschrieben, die Skulpturen stammen zum größten Teil von dem einheimischen Bildhauer Luján Pérez. Die *Schatzkammer* der Kirche ist sehenswert. Sie enthält ausgezeichnete Paramente und Kultgegenstände aus Gold und Silber. Stimmungsvoll sind die beiden *Kreuzgänge* der Kathedrale mit Palmen und tropischer Flora. Herrlicher Blick von einem der Türme (Lift) auf die Stadt.

# LAS PALMAS (Süden)

0 100 200 300 m

1 Iglesia de Nuestra Señora de los Dolores
2 Polizeipräfektur (Policia Urbana)
3 Universidad Internacional
4 Escuela de Comercio
5 Instituto Enseñanza Media
6 Regierungsgebäude (Gobierno Civil)
7 Marinekommandantur
8 Iglesia de Nuestra Señora del Pino
9 Inselverwaltung (Cabildo Insular)
10 Hauptpost und Telegrafenamt
11 Kapelle San Telmo
12 Plaza de Colón mit Franziskaner-Kirche
13 Plaza Cairasco mit Gabinete Literario
14 Teatro Pérez Galdós
15 Mercado de las Palmas (Markt)
16 Rathaus (Ayuntamiento)
17 Museo Canario
18 Kathedrale Santa Ana
19 Casa de Colón (Kolumbus-Haus)
20 Eremita San Antonio Abad
21 Iglesia Santo Domingo
22 Palacio de Justicia

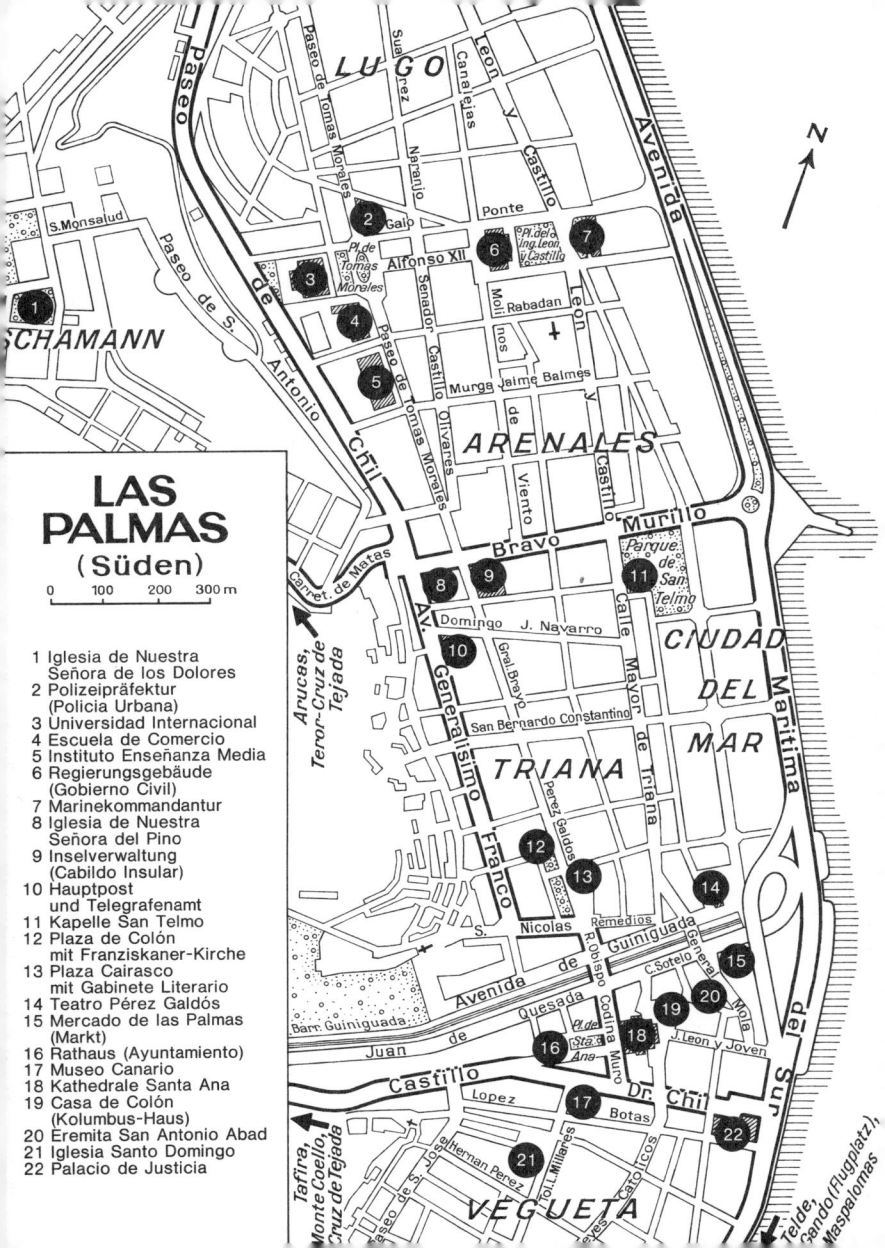

Über die Plaza de Santa Ana gehen wir an dem der Kathedrale gegenüberliegenden *Rathaus* vorbei, kreuzen die Calle de Espírito Santo und finden an der Ecke **Calle de Doctor Chil/ Calle de Doctor Verneau** das *Museo Canario* (Kanarisches Museum).

Die recht gut geordnete Sammlung vermittelt einen Einblick in die Frühgeschichte der Inseln. Das Museum ist geöffnet von 10 bis 13 Uhr und von 15 bis 18 Uhr, dienstags nur am Nachmittag, am Sonntag nur vormittags; Eintritt nur einige Pts. Zu sehen sind umfangreiche Funde aus der Guanchenzeit: Mumien, Skelette und Schädel, Waffen und Werkzeuge aus Obsidian, aus Ton und Leder. Die geometrischen Muster in Rot und Ocker zur Tätowierung des Körpers erinnern an ähnliche Motive in Mexiko. Beachtenswert sind außerdem die Sammlungen zur Flora und Fauna der Kanarischen Inseln und die Bibliothek mit mehr als 40000 Bänden.

Hinter der Kathedrale beginnt der hübscheste Teil der Altstadt La Vegueta mit *malerischen Gassen* und mehreren schönen *Palacios* (17./18. Jahrhundert) mit typischen Balkonen und gepflegten Patios.

Columbushaus

Nur wenige Schritte von ihr entfernt, an der **Calle de Colón**, steht die *Casa de Colón* (Columbushaus), ehemals Sitz des Gouverneurs, bei dem sich Columbus zeitweise aufhielt. Die Kanarischen Inseln waren als Zwischenlandeplatz für die *Entdeckung Amerikas* von entscheidender Bedeutung, da aufgrund der Passatwinde und der Strömungsverhältnisse eine direkte Atlantiküberquerung vom Festland aus damals nicht möglich war. Die Casa de Colón ist eines der ältesten Gebäude der Stadt.

Im Innenhof (patio) sehen wir einen geschnitzten Balkon aus kanarischem Pinienholz. Bemerkenswert ist im zweiten Hof ein gotischer Brunnen mit einem Altarbild der hl. Anna, vor dem Columbus vor seiner ersten Amerikafahrt gekniet haben soll. Wandmalereien zeigen die Reiseroute der Entdecker. Geschnitzte Decken, alte Schränke, die Columbussammlung und -bibliothek, eine Leihgabe des Madrider Prado, machen das Haus zu einer echten Sehenswürdigkeit. (9 bis 13 Uhr und 16 bis 18 Uhr, Sa und So nur vormittags, Di geschlossen. Eintritt: 5 Pts.)

Las Palmas, die Hauptstadt von Gran Canaria

Nahe dem Columbushaus steht die kleine *Kapelle San Antonio Abad* (15. Jahrhundert, im 18. Jahrhundert wiederhergestellt), eine alte Einsiedelei, in der sich Columbus (laut Inschrift) vor seiner Atlantiküberquerung den letzten Reisesegen holte.

Von der Kapelle geht es nun in Richtung Meer. Wenn Sie rechts abbiegen, kommen Sie auf die **Avenida Marítima del Sur**, die Ausfallstraße in den Süden von Gran Canaria und, an der Einmündung der Straße Dr. Chil, zur *Iglesia San Agustín* (16. Jahrhundert) und zum *Justizpalast*. Links ab passieren Sie den *Mercado de las Palmas*, einen der vielgestaltigen und bunten Märkte der Stadt, überqueren den trockengelegten *Barranco de Guiniguada,* der die Barrios **Vegueta** und **Triana** trennt und an dem die neue Avenida de Guiniguada entlangführt, und stehen vor dem *Teatro Pérez Galdós*. Es wurde 1919 eingeweiht und bietet 1400 Besuchern Platz. Neben den geschnitzten Balustraden sind besonders die *Wandgemälde* des kanarischen Malers **Néstor de la Torre** sehenswert. Benannt nach dem über Spanien hinaus bekannten Schriftsteller, einem Sohn der Stadt, ist es dem französischen Komponisten **Camille Saint-Saëns** (1835–1921) gewidmet, der bereits Ende des vorigen Jahrhunderts Las Palmas als Tourist besuchte. Jenseits des Theaters erstreckt sich nach Norden bis zum Parque de San Telmo der neue Stadtteil **Ciudad del Mar,** der auf einem erst in den sechziger Jahren dem Meer abgewonnenen Landstreifen entstand.

Folgen Sie dem Barranco ein kleines Stück landeinwärts bis zur **Calle Mayor de Triana**, der Hauptgeschäftsstraße von Las Palmas, die Sie nun entlangbummeln. Hier, an der »Triana«, wie sie kurz genannt wird, finden Sie in Geschäften jeden Typs ein internationales Angebot vom Bikini bis Brillantschmuck, natürlich auch zahlreiche Souvenirläden, daneben Cafés, Banken und Konsulate. Wenn Sie sich nicht zu lange von der bunten Fülle aufhalten lassen, erreichen Sie auf der »Triana« in 15 Minuten den **Parque de San Telmo** (s. u.).

Vorher können Sie jedoch noch zwei kleine Abstecher machen. Links ab, auf der Calle Malteses, kommen Sie zu der hübschen **Plaza Cairasco** mit dem *Gabinete Literario* (Kunstaustellungen, Vorträge) und zur gleich anschließenden **Plaza de Colón** mit hübscher Kirche. In der Calle Cano, die parallel zur »Triana« verläuft, sind die Dauerausstellungen des spanischen und kanarischen Kunsthandwerks und das *Geburtshaus des Schriftstellers Pérez Galdóz*, das als kleines Museum dient, einen Besuch wert.

Der **Parque de San Telmo** bildet den Abschluß der »Triana«. Gleich rechts die *Kapelle San Telmo* mit schön getäfelter Decke, reich geschnitztem Altar und zahlreichen Votivtafeln, die von Fischern und Seeleuten ihrem Schutzheiligen als Dank für die Errettung aus Seenot gestiftet wurden. Jenseits der Parkanlage mündet die »Triana« auf die **Avenida Bravo Murillo,** eine wichtige Verkehrs- und Geschäftsstraße mit Banken und Bürogebäuden und den Abfahrtsstellen der Fernbusse.

Sie führt landeinwärts, vorbei am Gebäude des *Cabildo Insular,* der Inselverwaltung (dahinter die Hauptpost), auf die **Avenida Generalísimo Franco** (links die *Iglesia de Nuestra Señora del Pino).* Ihre Fortsetzung nach Norden bildet der **Paseo de Chil,** eine hinter den unteren Stadtbezirken verlaufende Nord-Süd-Verbindung, die, vorbei an den Universitätsgebäuden und dem Parque Doramas, bis zur **Plaza de la Victoria** zwischen den Barrios **Santa Catalina** und **Alcaravaneras** führt. Jenseits der Avda. Bravo Murillo setzt sich die »Triana« in der Straße León y Castillo fort, einer weiteren wichtigen Längsachse der Stadt, die bis zum Parque de Santa Catalina führt.

Für den Rückweg vom Parque de San Telmo zum Parque de Santa Catalina oder zu Ihrem Hotel nehmen Sie am besten ein Taxi, oder Sie benutzen die durch die »Triana« führende Stadtbuslinie.

Wenn Sie diesen Rundgang noch ausdehnen möchten, gehen Sie die Avda. Bravo Murillo aufwärts und biegen Sie hinter dem Cabildo Insular rechts auf den schönen *Paseo de Tomas Morales* ein. Vorbei an Schul- und Universitätsgebäuden führt er auf die *Plaza de Tomas Morales,* ein weiteres Zentrum von Las Palmas, mit den modernen Gebäuden der *Universidad Internacional* und der *Policia Urbana* (Stadtpolizei). Rechts führt die Calle Alfonso XII. zum *Regierungsgebäude* (Gobierno Civil) an der Plaza del Ing. León y Castillo mit neuem Hochhaus (Busstation). Geradeaus weiter auf dem Paseo de Tomas Morales passieren Sie den charakteristischen Hochhauskomplex der Policlinica und, an der Ecke Avda. Juan XXIII, das *Colegio Alemán* (Deutsche Schule, seit 1920, 1952 neu eröffnet). Kurz darauf stoßen Sie auf den *Parque Doramas* (s. S. 183).

Der mittlere Stadtteil (Ciudad Jardín)

Herzstück des Mittelteils von Las Palmas ist der **Parque Doramas** in der *Ciudad Jardín* (Gartenstadt), einem gepflegten Villenviertel. Von

Las Palmas, die Hauptstadt von Gran Canaria

der Plaza de Santa Catalina erreichen Sie ihn wiederum am besten per Taxi oder mit der Stadtbuslinie.

Zwischen dem Park und der Uferstraße liegen, umgeben von neuen Gartenanlagen, die Gebäude und Schwimmbecken des *Club Natación Metropol.*

Der *Parque Doramas*, benannt nach einem der letzten Guanchenfürsten der Insel, ist eine der schönsten Parkanlagen des Archipels überhaupt. Seinen Mittelpunkt bildet das bekannte Luxushotel *Santa Catalina* (1953 fertiggestellt), ein palacioähnlicher Bau mit geschnitzten »kanarischen« Balkonen inmitten eines wunderschönen Gartens mit tropischen und subtropischen Pflanzen (Schwimmbad, Tennisplatz, Minigolfanlage). Wenige Schritte vom Hotel entfernt liegt das **Pueblo Canario** (Kanarisches Dorf), ein großer Platz, umgeben von Beispielen kanarischer Architektur. Es wurde nach Entwürfen von Néstor de la Torre angelegt, des wohl bekanntesten Malers der Inseln, dessen Name Ihnen schon an anderer Stelle begegnet ist (siehe auch den folgenden Text). Das Pueblo Canario bietet eine gute Möglichkeit, sich über *Folklore* und *Volkskunst* der Inseln zu informieren. In einer Ausstellung und in den staatlich kontrollierten Läden, die in den Häusern untergebracht sind, finden Sie viele Erzeugnisse kanarischen Kunsthandwerks, aber auch Arbeiten von der Halbinsel. Außerdem finden hier Folkloreveranstaltungen mit Musik, Volksliedern und Volkstänzen in kanarischen Trachten statt (sonntags 12 bis 14 Uhr, donnerstags 18 bis 20 Uhr, Eintritt frei).
Es gibt ein Gartencafé und ein Restaurant, in dem auch typisch kanarische Gerichte angeboten werden.

Einen Einblick in das Schaffen von **Néstor de la Torre** (1888–1932) erhalten Sie im *Museo Néstor*, das ebenfalls an diesem Platz liegt. Neben persönlichen Erinnerungsstücken, Zeichnungen, Entwürfen für kanarische Volkstrachten und Gemälden enthält das Museum einige seiner bedeutendsten Werke. Öffnungszeiten: 16 bis 20 Uhr, sonntags 11 bis 14 und 16 bis 18 Uhr.

Nach einem Besuch des nah gelegenen Mini-Zoos *(Jardin Zoologico)* gelangen Sie, jenseits der Straße, in die **Jardines Rubio,** eine kleinere, hübsche Parkanlage. Von hier aus führen Stufen zum **Paseo**

de Chil und auf der anderen Straßenseite weiter hinauf zum Aussichtspunkt **Altavista** mit herrlichem Blick über Stadt, Hafen und Meer (Restaurant). Von hier aus Rückfahrt mit dem Taxi oder mit der durch die oberen Stadtviertel führenden Buslinie.

Der Aussichtspunkt Altavista liegt am Rande der Oberstadt von Las Palmas, die aus den Stadtteilen *Schamann, Altavista* und *Escaleritas* besteht. Diese Barrios wurden erst in jüngster Zeit übersichtlich und großzügig angelegt. In Schamann ist die *Kirche Nuestra Señora de los Dolores* als Beispiel moderner Kirchenarchitektur sehenswert. Neben zahlreichen Grünanlagen liegen hier oben außerdem die neuen Sportanlagen des *Complejo Deportivo Lopez Socas* und die Windhund-Rennbahn *(Canodromo).*

Informationen:
Feiertage, Volksfeste, Veranstaltungen
5. Januar: Zug der Heiligen Drei Könige
April: Frühlingsfeste in Las Palmas mit Ausstellungen, Wettkämpfen, Theaterfestspielen, Tänzen und Musik
29. April: Prozession mit dem Banner der Eroberung
Fronleichnam: Besonders sehenswerte Prozession durch die mit Blumenteppichen geschmückten Straßen
16. Juli: Nuestra Señora del Carmen, Bootsprozession in der Hafenbucht Puerto de la Luz
7. und 8. Oktober: Im Hafen Puerto de la Luz Feierlichkeiten aus Anlaß des im 16. Jahrhundert über die Piraten errungenen Sieges
Fischfang um Gran Canaria: Hochseefischen wird in allen Touristenorten angeboten. Je nach Jahreszeit werden in Küstennähe u. a. auch Meros, Sargos, Zebras und Viejas gefangen.
In etwas tieferen Gewässern fängt man Thunfisch, Bonitos, Haie, Barracudas, Schwertfische und Blaubarsche. Im Preis sind das Essen und ein Apéritif inbegriffen.
Folklore-Veranstaltungen: Im Pueblo Canario (Kanarisches Dorf), Parque Doramas, finden sonntags von 12 bis 14 Uhr und donnerstags von 18 bis 20 Uhr Folkloredarbietungen statt.
Sportveranstaltungen: Auch in Las Palmas ist die beliebteste Sportart inzwischen Fußball. Trotzdem bleiben auch die typisch kanarischen Sportarten beliebt:
Windhundrennen, Pelota (baskisches Ballspiel), *Hahnenkämpfe* und die *Lucha Canaria*, ein bäuerlicher Ringkampf, ähnlich dem Schweizer »Schwingen«.
Fußball: Estadio Nuevo Campo España
Windhundrennen: Täglich von 19 bis 21 Uhr im Canodromo (Nuevo Campo España).
Der Eintritt ist frei; es kann gewettet werden.
Pelota Vasca: Frontón Dania, León y Castillo 5–7; täglich um 19 Uhr
Hahnenkämpfe (Peleas de gallos): Am Sonntagnachmittag im Nuevo Campo España
Ringkampf (Lucha Canaria): Campo España und Estadio Lopez *Socas*

Feriengebiete im Süden

Ein Vorfahre des Grafen Alejandro del Castillo y de Castillos heiratete im Jahre 1496 die Tochter eines Guanchenkönigs. Ihre Mitgift war ein

17 Kilometer langer, unfruchtbarer Streifen Sandwüste an der Südspitze von Gran Canaria.

Die Erben können mit dem verspäteten Profit aus dieser Verbindung zufrieden sein. Denn auf dem über Jahrhunderte wertlosen Boden, den die Guanchen-Tochter als nutzloses Heiratsgut mit in die Ehe brachte, entstand in den letzten Jahren das zweite touristische Zentrum der Insel und eines der neuesten und beliebtesten Feriengebiete Europas, die sog. »Costa Canaria«, das in absehbarer Zeit Unterkunft für mehr als 100 000 Menschen bieten soll.

Zu diesem Gebiet rechnet man den etwa 12 Kilometer langen Küstenstreifen zwischen San Agustín und Maspalomas. Von Jahr zu Jahr lockt er immer mehr Besucher nicht nur aus Deutschland, sondern auch aus England und den skandinavischen Ländern an, und dafür gibt es drei gute Gründe: die weiten, im Gegensatz zu Tenerife *hellfarbigen Sandstrände*, ein Klima, das als das beständigste der ganzen Insel gilt, und nicht zuletzt auch der fremdartige, fast *afrikanische Charakter der Landschaft*, der in überraschendem Kontrast zum üppig grünen Norden der Insel steht. Der Sandstrand erstreckt sich von der **Playa de San Agustín**, etwa 100 Meter breit und von den Grünanlagen des kleinen Ortes reizvoll begrenzt, über die **Playa del Inglés** fast lückenlos und zunehmend breiter werdend bis zum *Faro de Maspalomas,* dem Leuchtturm auf der Südspitze von Gran Canaria. Unterbrochen wird er lediglich vom **Barranco de Fataga,** der, von der Caldera de Tirajana kommend, hier breit ins Meer mündet.

An den Sandstreifen schließt sich, von Maspalomas beginnend, zum Inselinnern eine Dünenlandschaft an, die mit ihrem herrlich goldgelben Sand und mit Palmenoasen den Wüsten Afrikas gleicht, von denen ihr Sand herüberwehte.

Zwar fehlen in diesem Ferienparadies das Lokalkolorit und das Ambiente ursprünglicher, gewachsener Ortschaften, die für viele einen nicht unerheblichen Teil des Urlaubserlebnisses bilden. Trotzdem muß man anerkennen, daß nicht nur in der Vielzahl, sondern auch im Stil mustergültige Einrichtungen geschaffen wurden. Alles ist großzügig geplant, und nichts fehlt: weder Supermarkt noch Geschäfte jeden Typs, weder Restaurants noch Diskothek, weder Golfplatz noch Reitschule, weder Reisebüro noch Autovermietung. Und zu den bereits vorhandenen Hotels, Apartmenthäusern und Bungalows (mit wenigen Ausnahmen alle in unmittelbarer Strandnähe) sollen zahlreiche weitere hinzukommen. Allenthalben wird gebaut, und die Besucherzahlen wachsen.

Baden, Sportmöglichkeiten, Unterhaltung, Ausflüge

Da die Küste großenteils flach ist, kann man auch bei unruhiger See gefahrlos baden. An den Stränden stehen Sonnenschirme, Liegestühle und Umkleidekabinen zur Verfügung. Und obwohl sich die Orte von Jahr zu Jahr mehr ausdehnen, finden Sie auch noch einen stillen Platz am Strand.

Alle großen Hotels und die meisten Apartmenthäuser und Bungalowanlagen haben außerdem eigene Swimmingpools. Neben zahlreichen Wassersportmöglichkeiten gibt es *Tennisplätze*, einen *Golfplatz* und eine Reitschule, und Sie können sich ein *Fahrrad* leihen (sehr empfehlenswert!).

Es werden Tagesausflüge zum Hochseefischen und Ausflugsfahrten durch die ganze Insel angeboten (das Reisebüro Viajes Insular, Las Palmas, unterhält in allen drei Orten Zweigstellen). Und wenn Ihnen die Bewegung am Tage nicht ausreicht: Gelegenheit zum Tanzen haben Sie in den großen Hotels und in einigen Lokalen.

Die drei Orte **San Agustín, Playa del Inglés** und **Maspalomas** sind etwa 60 Kilometer, also eine knappe Autostunde, von Las Palmas entfernt (30–40 Minuten vom Flughafen). Busse verkehren zweimal täglich.

San Agustín

Hier beginnt die Kette der Feriensiedlungen. Der Ort liegt wie eine Villenkolonie eingebettet in fast tropische, künstlich bewässerte Grünanlagen vor dem Hintergrund blau-grauer Berge. Steilküsten wechseln mit Stränden aus hier zum Teil dunklem Lavasand.

An die Playa de San Agustín schließt sich die **Playa de las Burras** an mit dem Hotel »Beverly Park«, dem mit 937 Betten zur Zeit größten Hotel des Archipels.

Das nächste Siedlungsgebiet ist die

Playa del Inglés

Hier beginnt die hellsandige Strand- und Dünenlandschaft, auf die Sie von der Strandpromenade einen weiten Blick haben. Neben einigen Hotels, Kirche, Einkaufszentrum und Café-Bar sind mehrere hundert Bungalows und Apartments fertiggestellt, und weitere sind geplant oder im Bau. Der Strand ist fast 3 Kilometer lang.

Das südlichste Strandgebiet ist **Maspalomas**. Hier gab es bis vor gar nicht so langer Zeit als einzige Siedlung im weiten Umkreis das kleine, unbedeutende Dorf gleichen Namens. An der **Playa de Maspalomas** mit ihren bis zu zwanzig Meter hohen, goldgelben Sanddünen finden wir heute mehrere Hotels, darunter zwei der Luxusklasse, und eine Reihe hübscher Bungalowsiedlungen.

Neben 6000 Meter Strand und Dünen bietet Maspalomas zwei Besonderheiten: **El Oasis**, die Oase mit dem Südzipfel von Gran Canaria, kurz vor dem Leuchtturm, mit Tausenden von Palmen und dem Süßwassersee **El Charco** (daneben das Luxushotel Oasis) und das **Centro Helioterapéutico Canario,** ein heliotherapeutisches Zentrum mit guten Heilergebnissen bei rheumatischen Erkrankungen, Arthritis, Folgen der Poliomyelitis, Hautkrankheiten und Folgeerscheinungen von Zerrungen und Knochenbrüchen.

Ausflüge auf Gran Canaria

Auf Gran Canaria finden das *subtropische Klima* der Kanaren und die *vulkanische Herkunft* der Inseln ihren stärksten Ausdruck. Nur der Besucher kann sich rühmen, die Insel zu kennen, der die Sandwüste im Süden, die herrlichen Strände um Maspalomas, die zerklüfteten Schluchten im Westen und die bizarre Hochgebirgslandschaft im Innern der Insel auf Ausflügen hat auf sich wirken lassen. Bei der Durchführung der Ausflüge sind dem Besucher insbesondere folgende, fachkundige Reisebüros behilflich: einmal die Casa del Turismo am Ausgang der Muelle Santa Catalina, zum anderen das Reisebüro Viajes Insular, León y Castillo 372. Letzteres organisiert eine Anzahl von Ausflügen in alle Teile der Insel. Auskünfte erteilen ferner die Rezeptionen der Hotels. Da das Ausflugsangebot je nach Saison und Jahreszeit wechselt, sollen hier nur die wichtigsten Touren behandelt werden.

Entfernungen von Las Palmas

Nach	km	Nach	km
Agaete	48	Artenera	46
Agüimes	29	Arucas	17
Arguineguín	64	Los Berrazales	55
Cruz de Tejeda (Parador)	35	San Agustín	53
Fataga	65	San Bartolomé	58
Firgas	25	San Mateo	22
Fontanales	42	San Nicolas	84
Galdar	40	Santa Brigida	14
Gando (Flughafen)	22	Santa Lucía	51
Guia	37	Tamadaba Pinar	51
Ingenio	27	Tafira	8
Jardín de Corvo	38	Tamaraceite	7
Maspalomas Playa	56	Tejeda	44
Mogán	104	Telde	14
Monte Coello	10	Teror	21
Moya	30	Valleseco	30
Patalavaca	66	Valsequillo	24

Die Nordroute

»Bananentour«, 120 Kilometer

Las Palmas – Tamaraceite – Arucas – Firgas – Moya – Santa María de Guia – Galdar – Agaete – Puerto de las Nieves – Berrazales – Galdar – Guia – Cenobio de Valerón – San Felipe – Bañaderos – Las Palmas.

Wir verlassen Las Palmas nach Westen und erreichen auf der **C 813** bei Kilometer 8 die Vorstadt **Tamaraceite.** Kurz hinter dem Ort teilt sich an einer Tankstelle die Straße. Die linke Abzweigung geht nach Teror, wir folgen der rechten in Richtung *Arucas*. Die Fahrt geht durch das ertragreichste Bananenanbaugebiet der Insel.

18 Kilometer: Arucas (200 Meter, 29 400 Einwohner)

Die drittgrößte Stadt Gran Canarias. Arucas wurde im Jahre 1504 von Colonel Tomás Rodriguez Palenzuela am Fuße des Arucas-Berges gegründet, der sich heute in einem Tal von endlos weiten Bananenpflanzungen erhebt. Ursprünglich war die Ansiedlung Arehucas ein unabhängiges Fürstentum der Guanchen. Hier herrschte der berühmte

Doramas, der aufgrund seiner großen Kraft gefürchtet war. Mit seiner Keule soll er die Pferde der spanischen Eroberer erschlagen haben. 1478 zerstörte General Juan Rejón den Ort. Im Jahre 1507 wurde von den ersten fünfzig spanischen Siedlern eine Kapelle zu Ehren Johannes des Täufers errichtet. Erst mit der Einführung der *Cochenillezucht* im Jahre 1859 stieg die Einwohnerzahl innerhalb von achtzehn Jahren auf 10000. Heute ist das Tal von Arucas mit rund 1000 Einwohnern pro Quadratkilometer das *am dichtesten besiedelte Gebiet* der Insel.

Mit dem Bau der neogotischen Kirche aus schwarzem Lavagestein, eine Stiftung der Plantagenbesitzer ringsum, wurde 1909 begonnen. Sie wurde über der früheren Kapelle Johannes des Täufers errichtet, und ihre beiden Türme sind als Wahrzeichen der Stadt schon von weitem zu sehen. Über dem Portal eine schöne Fensterrosette. Das Innere der Kirche ist einfach und stilvoll. Sehenswert durch seinen tropischen Pflanzenwuchs ist auch der Stadtpark. Vor allem bei klarem Wetter ist ein Abstecher (2 Kilometer) auf die nahe **Montaña de Arucas** (Restaurant) empfehlenswert, von der man einen eindrucksvollen Blick über das weite Bananenanbaugebiet, über die gesamte Nordküste bis nach Las Palmas und auf das Gebirge hat.

Hinter Arucas bleiben wir auf der Straße **C 814**. Die Straße nach rechts (**C 810**) führt an der Küste vorbei nach Guia (s. unten).

Über eine kurvenreiche Strecke geht es jetzt vorbei an engen Schluchten und steilen Hängen.

Man kann bei der beschilderten Abzweigung nach links zum Örtchen **Firgas** fahren (3 Kilometer). Hier wird das bekannte *Tafelwasser Agua Firgas* abgefüllt.

Von Firgas aus führt eine schmale Straße noch weiter ins Gebirge und erreicht nach 4 Kilometern *Las Madras* am Rande des *Barranco de la Virgen* (Mineralquelle). Dann geht es hinauf zum *Balcón de Zamora* an der Zentralstrecke.

Wenig später folgen wir dem Tal des *Barranco de la Virgen,* den wir durchqueren. Jenseits passieren wir einen Aussichtspunkt mit schönem Blick zur Nordküste.

Bei Kilometer 30 erreicht die **C 814**

Moya (480 Meter, 11300 Einwohner)

Das Städtchen ist *landschaftlich sehr reizvoll* gelegen. Seine zweitürmige, rotgedeckte Kirche El Pilar ist weithin sichtbar.

Wir halten uns links und fahren hinter Moya an einem weiteren mächtigen Barranco entlang, dem **Barranco de la Moya**. Zuckerrohrfelder, Wacholder- und Lorbeerbüsche beherrschen das Landschaftsbild. Der nun folgende Ort **Guía** (120 Meter, 13 700 Einwohner), mit vollständigem Namen Santa Maria de Guía, ist bekannt durch seinen *queso de flor* (Blumenkäse), der aus Schafsmilch und dem Blütensaft der Artischocken hergestellt wird. Durch seine engen Gassen und bunten Häuser ist Guía besonders reizvoll. In der Pfarrkirche schöne Holzschnitzereien von Luján Pérez, der hier geboren wurde.

Hotels: *Jucana (Hst), L. Suárez Galvá, 54.

Bald darauf erreichen wir bei Kilometer 48

Galdar (130 Meter, 18300 Einwohner)

Am Fuße des gleichnamigen Vulkans gelegen, war es ehemals eines der bedeutendsten Fürstentümer der Guanchen. Man kann heute die Reste ihrer Grabhügel und Wohnstätten besuchen (*Necropolis del Guanche*). Eine Wohnhöhle finden Sie nahe der Kirche, eine weitere mit geometrischen Ornamenten, die *Cueva Pintada*, nicht weit entfernt. Dort soll die Prinzessin Andamana gewohnt haben, die durch ihre Weisheit und Beredsamkeit in der Vorgeschichte der Insel bei den Guanchen eine bedeutende Rolle spielte. Ihr Mann unterwarf die Fürsten der ganzen Insel.

In der Barockkirche *Santiago de los Caballeros* steht vorne rechts ein altspanisches Taufbecken, hinten eine Statue de Nuestra Señora de Candelaria aus dem 18. Jahrhundert. Im Patio des Rathauses (archäologische Sammlung) finden Sie den schönsten *Drachenbaum* der Insel.

Die **Montaña de Galdar** (450 Meter), deren Vulkankegel in seiner Gestalt an den Pico del Teide (Tenerife) erinnert, gehörte vor der spanischen Eroberung zum Gebiet des mächtigen Guanarteme (Guanchenkönigs) von Galdar und muß in dieser Zeit dicht besiedelt gewesen sein. Davon zeugen zahlreiche Höhlen, die in seine Flanken eingehauen sind und zum großen Teil den Guanchen als Wohnstätten dienten. An einem Westhang befindet sich die *Necropolis de la Guancha* (oberhalb der **Punta de las Cuevas**), eine Ansammlung von kreisrunden Tumuli, die ehedem mit Steinen abgedeckt waren und den Guanchen als Begräbnisstätten dienten. Der Weg dorthin, entweder von

Galdar oder von Sardina aus (s. u.), ist allerdings nicht leicht zu finden. Erkundigen Sie sich am besten vorher im Ort nach **El Agujero,** wie dieses Gebiet auch genannt wird.

Von Galdar lohnt sich ein Abstecher zum sechs Kilometer entfernten Fischerhafen **Sardina** (auch Sardina del Norte) mit kleinem Strand. Nahebei der Leuchtturm *Faro de Sardina* (schöner Blick). Auch hier gibt es Guanchenhöhlen. Weitere Wohnhöhlen und Wohngruben (wiederhergestellt) finden Sie an der *Punta de las Cuevas* nordöstlich von Sardina an der Küste (Fußweg).

Nach weiteren acht Kilometern Fahrt erreicht man

Agaete (43 Meter, 5400 Einwohner)

Der Ort ist besonders wegen seines großen Volksfestes zu Ehren von Nuestra Señora de las Nieves am 4. August bekannt. Die Bewohner leben fast ausschließlich von der *Landwirtschaft*. Hier gibt es eine *Stickereischule*, die besucht werden kann. Agaete liegt inmitten üppiger Vegetation am Ausgang eines der schönsten Täler der Insel (s. u.).

1,5 Kilometer hinter dem Ort, an der steilsten Felsküste der Insel, liegt

Puerto de las Nieves

Ein kleiner *Fischerhafen*, der seinen Namen (*Schneehafen*) deshalb erhielt, weil von hier aus angeblich immer der schneebedeckte Gipfel des Teide auf Tenerife zu sehen ist. Ein vor der Küste im Meer liegender Felsen heißt **Dedo de Diós** (*Finger Gottes).* Für Sporttaucher gibt es hier sehr gute Möglichkeiten, für Feinschmecker in den hiesigen Restaurants (darunter ein auch durch seinen kanarischen Stil bekanntes) besonders gute Fischsuppen und Fischgerichte. In der kleinen Kirche *Eremita de Nuestra Señora de las Nieves* ein bemerkenswert schöner Altaraufsatz flämischer Schule (Anfang 16. Jahrhundert).

Weiterfahrt von Agaete entlang der Westküste nach Süden in umgekehrter Richtung.

Von Agaete aus geht die Fahrt weiter durch den *Barranco de Agaete* nach **Los Berrazales**. Dieses herrliche, von hohen Felsen eingeschlossene Tal ist die *fruchtbarste Region der Insel*. Aufgrund der geschützten Lage und des Wasserreichtums gedeihen hier eine Vielzahl tropischer und subtropischer Pflanzen und Früchte, zum Beispiel Mango-, Papaya- und Avocadobäume und sogar Kaffeesträucher.

Am Ende des Tales liegt das Thermalbad **Los Berrazales,** 7 Kilometer von Agaete, das wegen seiner radioaktiven Quellen bei Rheuma, Arthritis und Nierenleiden aufgesucht wird. Wer allerdings erwartet, ein Kurbad mitteleuropäischer Art vorzufinden, wird enttäuscht sein, denn es gibt dort nur ein bescheidenes Hotel (s. u.) und einen Buswendeplatz. Die Fahrt durch das gesamte Tal und der Blick von oben machen einen Ausflug nach Los Berrazales jedoch trotzdem lohnenswert.

Hotel: **Guayarmina (H), Valle de Agaete, Tel. 9.

Über Agaete und Galdar geht die Fahrt zurück auf der gleichen Strecke bis **Guia**. Hier halten wir uns an der Abzweigung am Ende des Dorfes links und erreichen bald das oberhalb der Straße gelegene berühmte Guanchenkloster *Cenobio de Valrón.* Es handelt sich um etwa 350 in sieben Etagen angeordnete Höhlen unter einem Felsüberhang. Man vermutet, daß diese »Zellen« die Unterkünfte der Harimaguardas, der Guanchenpriesterinnen, waren. Ein Ziegenpfad führt hinauf auf die Bergkuppe, auf der sich ein Platz befindet, der als Kult- und Versammlungsplatz der Guanchen eine Rolle spielte. Noch gut zu sehen sind einige in den Stein gehauene Sitze.

Die Straße verläuft nun in vielen Kurven stets in der Nähe der Küste. Zum Teil ist das Meer nur wenige Meter entfernt, denn sie ist auf weite Strecken in den Felsen eingehauen. Immer wieder bieten sich schöne Blicke auf die zerklüftete Küstenlinie. Durch wilde Barrancos erreichen wir das malerische Ficherdorf **San Felipe** und kurz darauf, etwa 10 Kilometer hinter Guia, das auf einem Felsvorsprung erbaute **Parador.** Hier sollten Sie sich den Ortsteil *El Roque* ansehen: Auf schmaler Klippe, auf und an den Felsen geklebt, stehen dicht an dicht schmal-hohe Häuser, zwischen denen Sie auf einem kaum mehr als einen Meter breiten Pfad zur Spitze des Felsvorsprungs gelangen.

Die Straße folgt weiter der Küste, gesäumt von Tamarisken, Maisfeldern und vor allem Bananenplantagen. Selbst der schmale Streifen zwischen Straße und Meer wird für den Bananenanbau genutzt. Nach fünf Kilometern kommen wir nach **Bañadero,** wo die Straße landeinwärts nach Arucas abbiegt. Auf der neuen Schnellstraße erreichen wir, stets der Felsküste folgend und vorbei an einigen Guanchenhöhlen (*Punta la Salina)* und an der *Bahía del Confital* (Feriensiedlung), in kurzer Zeit den Stadtteil *Guanarteme* und die *Playa de las Canteras* von Las Palmas.

Die Zentralstrecke

»Bergtour«, 120 Kilometer

Las Palmas – Tamaraceite – Teror – Valleseco – (Artenara) – Cruz de Tejeda – San Mateo – Santa Brigida – Vulkan Bandama – Tafira – Las Palmas

Am Kreisverkehr der Plaza San Vincente Paul verlassen wir über die **Carretera del Norte** Las Palmas, durchfahren den Vorort **Tamaraceite** und biegen an der Kreuzung hinter dem Ort links ab in Richtung Teror.

Wir durchqueren eines der Gemüseanbaugebiete der Insel mit Gewächshäusern und Wasserspeichern rechts und links der Straße, die bald am **Barranco de Tenoya** entlangführt (Bananenanbau). Kurz vor Teror Abzweigung links zur Mineralquelle *Fuente Agria.*

Bei Kilometer 21 erreichen wir

Teror (453 Meter, 11 150 Einwohner)

Mit seinen historischen Bauten und den reichgeschnitzten Balkonen ist Teror eine der architektonisch reizvollsten Städte der Insel und *das religiöse Zentrum* von Gran Canaria. Im Jahre 1480 soll hier die Jungfrau Maria in den Zweigen einer Pinie erschienen sein, daher auch der Name der Kirche: **Nuestra Señora del Pino.** Die Statue der Inselpatronin steht über dem Hauptaltar. Bei genauem Hinsehen kann man erkennen, daß sie zwei verschiedene Gesichtshälften hat: Die rechte Seite zeigt den Anflug eines Lächelns, während die linke Seite Schmerz ausdrücken soll. Über eine Treppe auf der rechten Seite des Kirchenschiffes gelangt man in den Raum, in dem die Madonna aus nächster Nähe zu besichtigen ist. Im Treppenaufgang selbst sehen wir eine große Anzahl von Wachsgliedmaßen, die von Gläubigen als Dank für bewirkte Heilungen dargebracht wurden. Die Kirche beherbergt außerdem noch einen wertvollen Schatz an Kultgegenständen und Paramenten.

Vom 6. bis 8. September findet in Teror das größte Fest der Insel statt. Pilger vom ganzen Archipel und sogar von der Halbinsel nehmen an der *Wallfahrt* am 8. September teil. Vorher wird das *Erntedankfest* gefeiert. Neben Folklore und Umzügen wird vielerlei Unterhaltung geboten.

Zusatzinformation: Zu besichtigen ist ferner das Haus der Patronatsherren der Virgen del Pino, der Familie *Manrique de Lara*. Die Laras gehörten einem der vornehmsten und einflußreichsten Geschlechter Spaniens an. Der Bau wurde um die Jahrhundertwende des 16./17. Jahrhunderts errichtet. Nebem dem Bildnis der Inselpatronin ist an der Fassade das Familienwappen angebracht. Im Erdgeschoß werden wertvolle Silbergegenstände aufbewahrt. Im Treppengewölbe steht eine Sänfte aus dem 18. Jahrhundert, die von den Damen des Hauses für die Reise nach Las Palmas benutzt wurde. Die Steinbänke an der Seite dienten den Frauen als Rampe zum Besteigen ihrer Reitpferde. In der Mitte des weiträumigen Patios wurde aus Marmor und Steinen des Landes ein Brunnen gebaut. Die geschnitzten Säulen sind aus heimischem Pinienholz. Die Wände der Diele sind mit Wappen und einer Anzahl von Gravuren aus der Zeit des ersten Kaiserreiches geschmückt. Außerdem sind ein Kopf aus Holz (spanische Schule des 16. Jahrhunderts) und zwei Tragstangen der Bruderschaft des Allerheiligsten besonders zu erwähnen. Die Estrada bildete den Gemeinschaftsraum der Familie. Sie enthält u. a. Bilder des Hausherrn, Spiegel und Konsolen aus der Zeit Karls IV., ein Ölgemälde der Virgen del Pino und Möbel verschiedener Epochen. Im Speisezimmer sind wertvolle galizische Keramiken zu sehen. Zu dem Haus gehören noch eine Anzahl von Wirtschaftsräumen wie zum Beispiel die Bäckerei und die Ställe, die ebenfalls zu besichtigen sind.

Teror ist zudem als Straßenknotenpunkt von Bedeutung. Nach Norden führt eine schöne, kurvenreiche Straße hinab nach **Arucas** (16 Kilometer), kurz hinter dem Ort eine weitere links ab nach **San Mateo** (15 Kilometer). An dieser Abzweigung halten wir uns rechts und nach etwa einem Kilometer links. Die Straße windet sich in Serpentinen hinauf zum *Balcon de Zamora* mit schönem Blick über den Nordostteil der Insel bis nach Las Palmas (Restaurant). Kurz vorher zweigt rechts eine schmale Straße nach **Firgas** ab (8 Kilometer). Bei Kilometer 30 erreichen wir das Städtchen

Valleseco (900 Meter, 5700 Einwohner)

Trotz des Namens »Trockenes Tal« befinden wir uns hier in der *niederschlagsreichsten Gegend* der Insel. In dem hübschen Gebirgsort fällt die Kirche mit dem eigenartigen weißen Dach auf.

Durch das Bananendörfchen *Lanzarote* geht die Fahrt an bebauten Hängen entlang bis zur Kreuzung *Cueva Corcho,* 36 Kilometer von Las Palmas.

Bei Cueva Corcho zweigt rechts eine Straße ab nach *Artenara* und zum *Pinienwald von Tamadaba.* Obwohl die Fahrt dorthin einen Tagesausflug für sich wert ist, läßt sie sich auch als Abstecher mit unserer Route verbinden.

Vorbei an einem »Mirador« oberhalb des *Barranco de la Virgen* steigt die Straße am Hang eines Vulkankegels empor. Nach etwa 7 Kilometern blicken Sie rechts in einen eindrucksvollen Kraterkessel (Caldera).

Hier mündet von links eine schmale Straße ein, die hinauf zum *Cruz de Tejeda* führt und die Sie auf dem Rückweg benutzen, wenn Sie den Abstecher nach Artenara in die Route einbeziehen wollen.

Nach weiteren 6 Kilometern Fahrt durch eine einsame Vulkanlandschaft erreichen Sie

Artenara (1219 Meter, 2100 Einwohner)

Das höchstgelegene Dorf der Insel, mit *Höhlenwohnungen*, die durch weiße Hausfassaden verdeckt sind. Artenara liegt vor einer eindrucksvollen Bergkulisse am Rand des zentralen Gebirgsmassivs, auf das Sie vom Höhlenrestaurant »La Silla« einen großartigen Blick haben. Auch die *Cueva Iglesia* (Höhlenkirche) lohnt einen Besuch. (Hotel: Parador de la Silla, Apartments. Restaurants: La Silla; El Puerto, mit Schwimmbad.)

Hinter Artenara führt die Straße entlang der *Montaña del Brezo* und vorbei an zwei Pistenabzweigungen und der *Casa forestal* (Forsthaus) auf den dicht mit Pinien bestandenen Bergrücken des *Tamadaba (1450 Meter).* Der *Pinar de Tamadaba* (Pinienwald von Tamadaba) mit besonders schönen Exemplaren der **kanarischen Kiefer**, deren hartes, harzreiches Holz über Jahrhunderte für die Insel eine wichtige Rolle spielte, ist ein schönes, schattiges Wander- und Erholungsgebiet, das immer wieder großartige Ausblicke auf Berge und Felsen, auf die Westküste und den Steilabfall des zwischen Meer und Tamadaba liegenden *Risco Fanegue* (1086 Meter) bietet. Etwa 10 Kilometer nach Artenara endet die Straße.

Die Montaña del Brezo und der Tamadaba bilden gewissermaßen die Wasserscheide zwischen dem *Barranco de Agaete* im Norden und dem *Barranco de la Aldea* im Süden, an deren oberen Ausläufern jeweils einige Stauseen, die Sie auf von der Straße abzweigenden Pisten (s. o.) erreichen können, die Wasserzufuhr regulieren. Die nach Norden führende setzt sich in einem Weg fort, auf dem Sie in den *Barranco de Agaete* kommen. Die Piste nach Süden passiert zunächst den obersten Stausee, *La Candelaria,* und führt dann weiter steil und serpentinenreich hinunter zu den Stauseen *El Parralillo* und

Gran Canaria

Caidero de las Niñas und in den *Barranco de la Aldea* nach *San Nicolás de Tolentino* oberhalb der Westküste.
Für den Rückweg vom Pinar de Tamadaba nehmen Sie die gleiche Straße, die Sie gekommen sind und von der aus Sie auf schmaler, aussichtsreicher Gebirgsstraße (6 Kilometer, Abzweigung s. o.) den Hochpaß *Cruz de Tejeda* erreichen können.

Von der Kreuzung **Cueva Corcho** geht es nun in 6 Kilometern kurvenreicher Fahrt hinauf auf den Hochpaß **Cruz de Tejeda** (1450 Meter, 42 Kilometer von Las Palmas), dem ein Steinkreuz mit schöner Christusfigur auf hohem Sockel seinen Namen gab. Es steht vor dem staatlichen *Parador de Turismo*, von dessen Terrasse Sie einen umfassenden Blick auf die grandiose Felslandschaft des Gebirgsmassivs haben. Der spanische Schriftsteller *Miguel de Unamuno* (1864–1936), der 1924 auf Fuerteventura in der Verbannung lebte, charakterisierte sie als »tempestad petrificada«, als »zu Stein erstarrtes Unwetter«, am zutreffendsten. Auf Felskegeln erheben sich der 80 Meter hohe Basalt-Monolith des **Roque Nublo** (1700 Meter), das *Wahrzeichen von Gran Canaria*, mit dem *Fraile* (Mönch) und der *Roque Bentaiga* (s. u.). Der Blick geht hinüber zum *Pozo de las Nieves* (Schneebrunnen, 1980 Meter), dem höchsten Berg der Insel, und über dem Horizont erhebt sich das Dreieck des Pico del Teide (3718 Meter) von Tenerife.

Die Straße führt von hier in vielen Windungen hinunter zum 5 Kilometer entfernten Gebirgsdorf **Tejeda** (968 Meter, 4100 Einwohner), eingebettet in Felsmauern und zu Füßen des *Roque Bentaiga* (1300 Meter), eines alten Guanchenheiligtums.

Hinweis: Im Gebiet des zentralen Gebirgsmassivs von Gran Canaria gibt es, abseits der üblichen Touristenrouten, einige Straßen und Wege, die durch großartige und einsame Gebirgsszenerien führen und zum Teil eine Verbindung zur Südküste bilden.
Die Straßen sind jedoch, mit Ausnahme derjenigen zum Pozo de las Nieves, durchweg schmale, kurvenreiche, unbefestigte und ungesicherte Bergpisten, die oft an steilen Felshängen entlangführen. Sie sind deshalb nur geübten Autofahrern zu empfehlen. Wanderungen in diesem Gebiet sind außergewöhnlich strapaziös und nur etwas für geübte Bergsteiger, und feste Schuhe sind dringend erforderlich. Wege in der uns gewohnten Art gibt es nicht, sondern es handelt sich in der Regel um ausgetretene Eselspfade, die sich über kurz oder lang in der zerklüfteten Bergwelt ver-

lieren. Vor dem Verlassen der Pfade ist unter allen Umständen zu warnen, da eine Orientierung für den Unkundigen schwer ist und man kaum jemanden finden wird, den man nach dem Weg fragen könnte.

Zum Pozo de las Nieves (10 Kilometer)

Die gute und ohne weiteres befahrbare Straße zweigt etwa einen Kilometer unterhalb des Parador von der Hauptstraße ab, die sie gekommen sind, und führt am Restaurant »El Refugio« vorbei und durch neue Kiefernanpflanzungen auf die Hochfläche *Los Pechos* und weiter zum *Pozo de las Nieves* (1980 Meter), dem höchsten Berg der Insel (Radarstation, kein Zutritt). Bereits von der Straße aus und erst recht, wenn Sie um den Berg herumfahren bis zum Ende der Straße, haben Sie eindrucksvolle Rundblicke über weite Teile der Insel, vor allem auf ihre südliche Hälfte, desgleichen von der links abzweigenden Straße, die zu der nahe gelegenen TV-Station führt.

Nach San Bartolomé de Tirajana (25 Kilometer) und zur Südküste

In *Tejeda* (s. o.) beginnt eine unbefestigte, kurvenreiche Bergpiste (**C 815**), von der nach etwa 5 Kilometern rechts ein Fahrweg zum *Roque Bentaiga* (s. o.) inmitten einer gigantischen Landschaft abzweigt. Nach dieser Abzweigung führt die Bergpiste am oberen Ausläufer des *Barranco de Siberio* entlang, der sich weit unterhalb mit dem *Barranco de la Aldea* vereinigt, und umrundet das Massiv des *Roque Nublo* (1700 Meter). Kurz vor und etwa 2 Kilometer nach dem Weiler *El Montañon* zweigen rechts Fahrwege ab, die durch einsame Berglandschaften und vorbei an einigen Stauseen nach Mogán (23 Kilometer) oberhalb der Südwestküste und nach Maspalomas (ca. 40 Kilometer) an der Südküste führen. Bleiben Sie lieber auf der **C 815**. Sie führt am steilen Südhang des *Pozo de las Nieves* (1980 Meter, s. o.) entlang und über den *Lomo de Vera* in aussichtsreichen Serpentinen hinunter nach **San Bartolomé de Tirajana** (800 Meter, 15 700 Einwohner), dessen fruchtbare Umgebung in wirkungsvollem Kontrast zu den kahlen Felshängen steht. Von hier führt eine kleine Straße nach Süden über Fataga nach Maspalomas.

Die **C 815** windet sich nun in zahlreichen Kurven hinunter in den *Barranco de Tirajana*, der in der riesigen, von Felswänden umgebenen *Caldera* gleichen Namens beginnt, einem Kraterkessel, der in seinen Ausmaßen nur von den Cañadas (Insel Tenerife) und der Caldera de Taburiente (Insel Palma) übertroffen wird. Nahebei erheben sich die *Fortalezas* (Festungen), gewaltige, senkrechte Felsblöcke, die wie römische Mauern wirken. Kurz darauf (7 Kilometer von San Bartolomé) kommen Sie nach **Santa Lucia** (650 Meter, 12 000 Einwohner), mitten im Grünen und von schlanken Palmen umstanden und wie Bartolomé vor einer malerischen Felskulisse gelegen. Im Ort gibt es eine kleine Kirche mit moscheeähnlicher Kuppel und ein typisch kanarisches Restaurant (»Hao«) mit einer kleinen Privatsammlung von Guanchenfunden. Bekannt sind die *Liköre*, die in Santa Lucia hergestellt werden. Hinter Santa Lucia Abzweigung einer Piste nach *Cruc de Sardina* an der Südstrecke. Auf der auch weiterhin kurvenreichen, aber nun guten Straße **C 815** erreichen Sie über *Temisas* (Guanchenkultstätte) nach 15 Kilometern **Agüimes**, von wo Sie über Telde nach Las Palmas zurückfahren können (siehe »Südstrecke«).

Auf dem Rückweg biegen wir bei der zweiten Straßeneinmündung nach rechts in Richtung San Mateo ab und folgen nun einer der tiefsten Schluchten von Gran Canaria, dem *Barranco de la Mina*, dessen Hänge mit unzähligen Terrassenäckern bedeckt sind. Der kleine Ort **Las Lagunetas,** den wir auf unserem weiteren Weg durchfahren, ist der Obstgarten der Insel. Durch den *Barranco de los Toros* fällt die Straße ab. Neben Eukalyptusbeständen sieht man Edelkastanien und eine Anzahl von Orangenpflanzungen. Die Früchte sind vorwiegend für den Export nach England bestimmt.

Wir kommen nun nach **San Mateo** (650 Meter, 8.500 Einwohner), einem landwirtschaftlichen Zentrum (gutes Obst, Wein, Gemüse). Jeden Sonntag wird hier Viehmarkt abgehalten. In der Kirche befindet sich ein Standbild des San Mateo aus dem Jahre 1652. Im Ort Straßenabzweigungen nach Norden (Teror, 15 Kilometer) und Südosten (Telde, 22 Kilometer).

Die **C 811** führt nun ständig abwärts durch ausgedehnte Pflanzungen, an hübschen Landsitzen vorbei bis **Santa Brigida** (496 Meter, 12 500 Einwohner). In den zahlreichen Villen und Bungalows leben hauptsächlich Geschäftsleute aus der Hauptstadt und viele pensionierte Engländer.

Santa Brigida ist Ausgangspunkt für Spaziergänge und kleine Wanderungen im schönen *Angostura-Tal,* einem der fruchtbarsten Täler der Insel, mit subtropischer Vegetation, Palmenhainen und hübschen Landsitzen. Auf kleinen Pfa-

Ausflüge auf Gran Canaria 199

den, die vom Tal ausgehen, können Sie ohne größere Anstrengung die umliegenden Höhen erklettern, von denen man schöne Fernsichten hat. Durch das Angostura-Tal führt von Santa Brigida aus eine Straße über *La Calzada* nach *Tafira Alta*, wo sie wieder auf unsere Route (**C 811**) mündet. Auch Kleinbusverbindung von Las Palmas aus (Haltestelle Castillo de la Luz).

In Santa Brigida fahren Sie an der Kreuzung rechts in Richtung Monte Coello. Nach zwei Kilometern zweigt beim Dominikanerkloster *San José de las Vergas* rechts eine Straße nach Telde (13 Kilometer) ab, auf der Sie nach etwa einem Kilometer zu einem beliebten Ausflugsziel, in das malerische Höhlendorf *La Atalaya,* kommen. Der Ort ist vor allem durch seine *Keramik*-Erzeugnisse bekannt, die hier noch wie zur Zeit der Guanchen mit der Hand und ohne Töpferscheibe hergestellt werden und die man einigermaßen preisgünstig kaufen kann.

Wieder auf der Hauptstraße **C 811**, kommen Sie nach kurzer Fahrt nach **Monte Coello**, einer kleinen englischen Villenkolonie, in der etwa 300 Familien wohnen. Von hier lohnt sich ein weiterer Abstecher rechts auf den *Volcán de Bandama* (560 Meter). Kiefern und Baumginster beleben den erloschenen Vulkankegel, den die Straße spiralförmig umzieht. Plötzlich öffnet sich der Blick in den Krater mit einem Durchmesser von mehr als 500 Meter und einer Tiefe von 208 Meter. Auf dem Kraterboden betreibt ein Bauer eine Bananenpflanzung, und man nennt ihn den einzigen bewohnten Krater der Erde.
Von *Mirador de Bandama* (Bar, Souvenirs) auf der Vulkanspitze schöner Rundblick auf den Nordostteil von Gran Canaria.
Am Südhang liegt der *Golfplatz* des Golfclubs von Las Palmas (18 Löcher) mit Hotel und Restaurant (Zufahrt von der Bandama-Straße).

Die vom Pico de Bandama ausgeschleuderte Vulkanasche hat das Gebiet zwischen dem Vulkankegel, Monte Coello und Santa Brigida, vor allem den benachbarten *Monte Lentiscal,* zum bedeutendsten Weinbaugebiet der Insel gemacht. Der rote *Vino del Monte,* der hier wächst und in der schwarzen Vulkanasche (picon) nach der gleichen Methode angebaut wird wie auf Lanzarote, wird auf der Insel besonders geschätzt.

Auf Monte Coello folgt unmittelbar **Tafira Alta** (375 Meter, 2500 Einwohner), ein Ort, der wegen seines guten Klimas ein bevorzugtes

Wohngebiet ist. Hier zweigen verschiedene Straßen ab: Östlich über *Margazán* zur Südstrecke nach Telde, westlich über La Calzada ins Angostura-Tal oder über Tamarceite in die nördlichen Stadtteile von Las Palmas. Sehr lohnend ist der Besuch des einen Kilometer entfernten *Jardín Canario* (Kanarischer Garten). Er enthält etwa 1800 verschiedene Bäume und Pflanzen, unter denen die kanarische Flora besonders reich vertreten ist (u. a. viele Palmenarten und einige schöne Exemplare des Drachenbaums). Zum Park gehört ein Restaurant, von dem aus Sie einen schönen Blick ins *Angostura-Tal* haben.

Bald darauf kommen wir nach **Tafira Baja** mit dem Priesterseminar der Diözese Las Palmas und von hier auf der Schnellstraße nach 6 Kilometern in die südlichen Vororte und Stadtteile von **Las Palmas**.

Die Südstrecke

»Tomatentour«, 116 Kilometer

Las Palmas – Jinamar – Telde – Ingenio – Agüimes – Santa Lucía – San Bartolomé – Las Palmas.

Auf der Carretera del Sur verlassen wir Las Palmas in südlicher Richtung. Bei Kilometer 3 passieren wir die Sportanlagen der Stadt, die Landwirtschafts- und Hotelfachschule und eine Versuchsfarm. Hinter dem Tunnel *La Laja* verlassen wir die Autobahn und erreichen bei Kilometer 9 das auf einem Lavastrom erbaute Dörfchen **Jinamar.** Hier sind in letzter Zeit eine Reihe von Industriebetrieben entstanden.

Nach 14 Kilometern kommen wir nach

Telde (130 Meter, 39 500 Einwohner)

Es ist die *zweitgrößte Stadt* der Insel. Telde konnte seinen ursprünglichen Charakter noch weitgehend bewahren. In der Zeit vor der Erobe-

»Läuseernte« auf Lanzarote. Die Zucht der Cochenille-Laus auf den Opuntien- ▷
Kakteen zur Gewinnung von Naturfarbe in herrlichen Rottönen, zum Beispiel bei der Herstellung von Lippenstiften verwendet, ist eine erträgliche Einnahmequelle.

Salzgewinnung auf großen Salinenfeldern auf Lanzarote. ▷▷

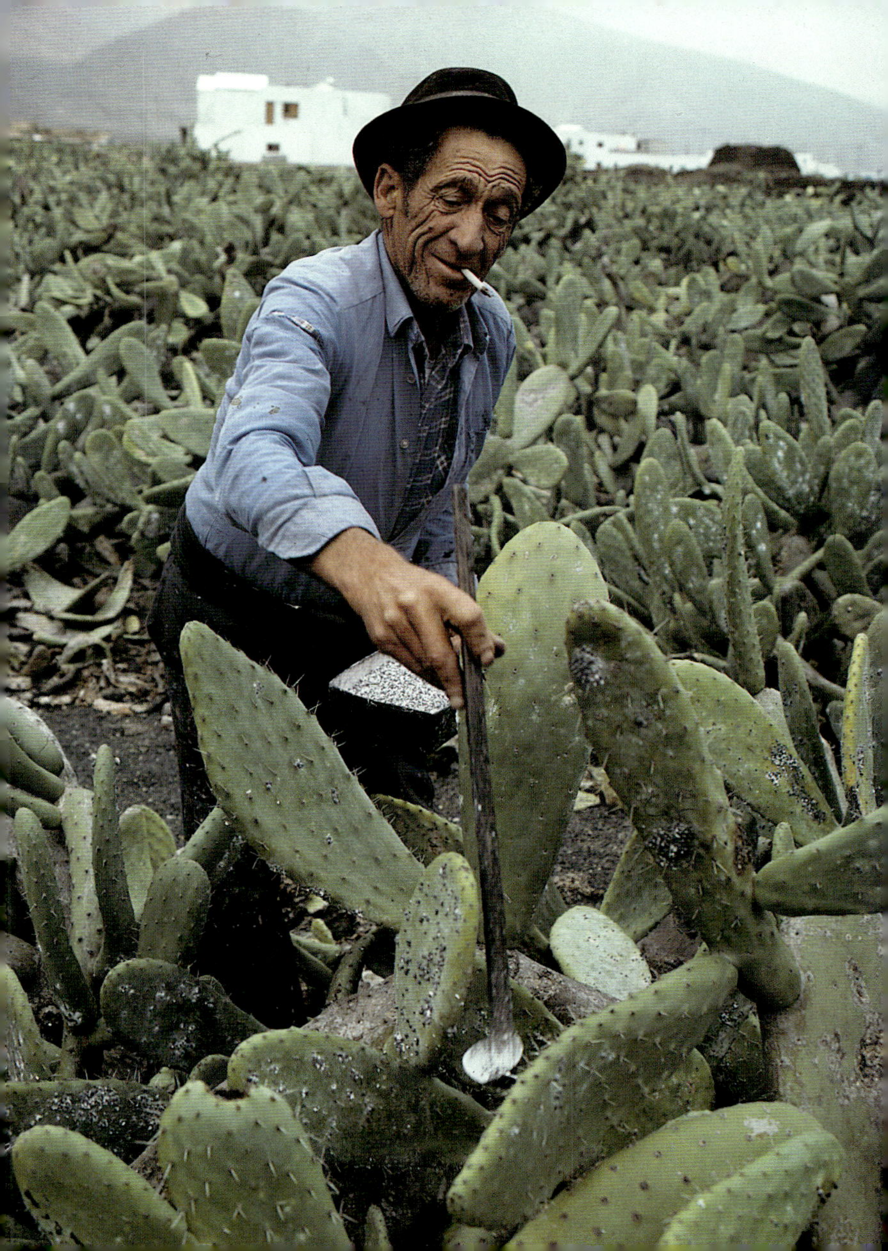

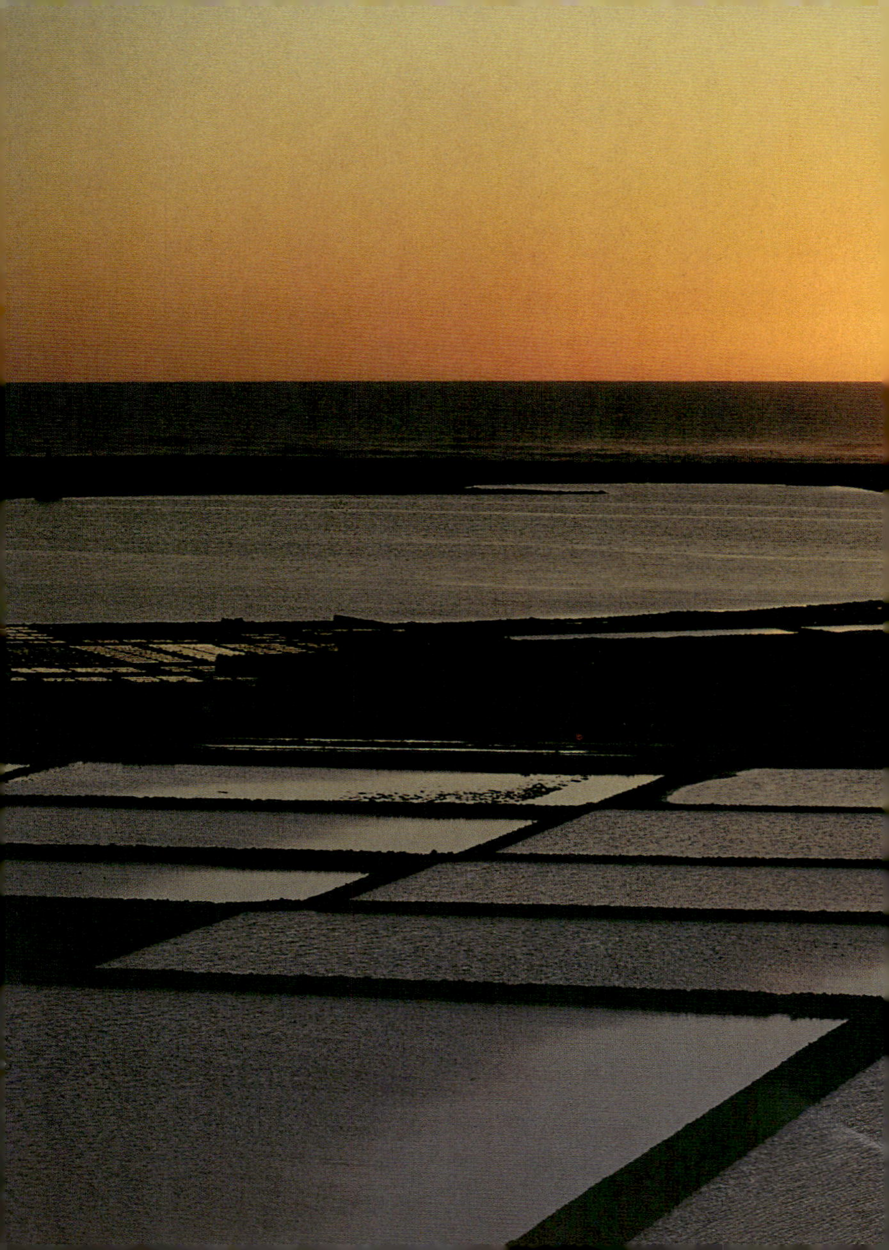

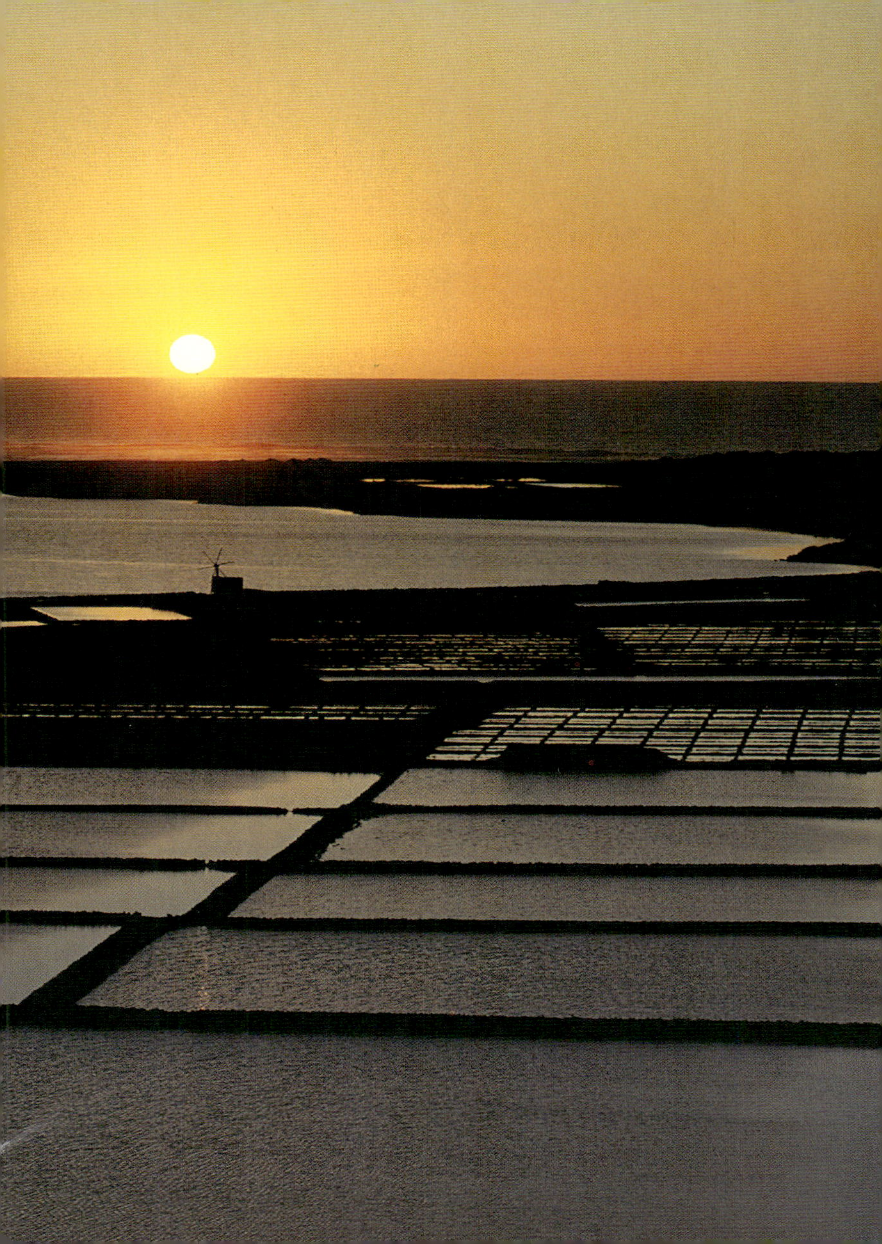

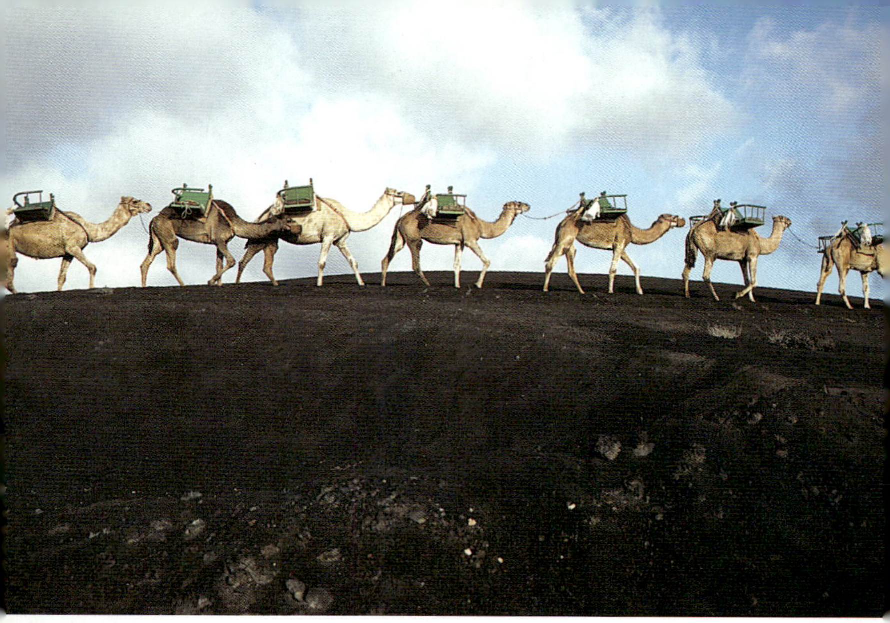

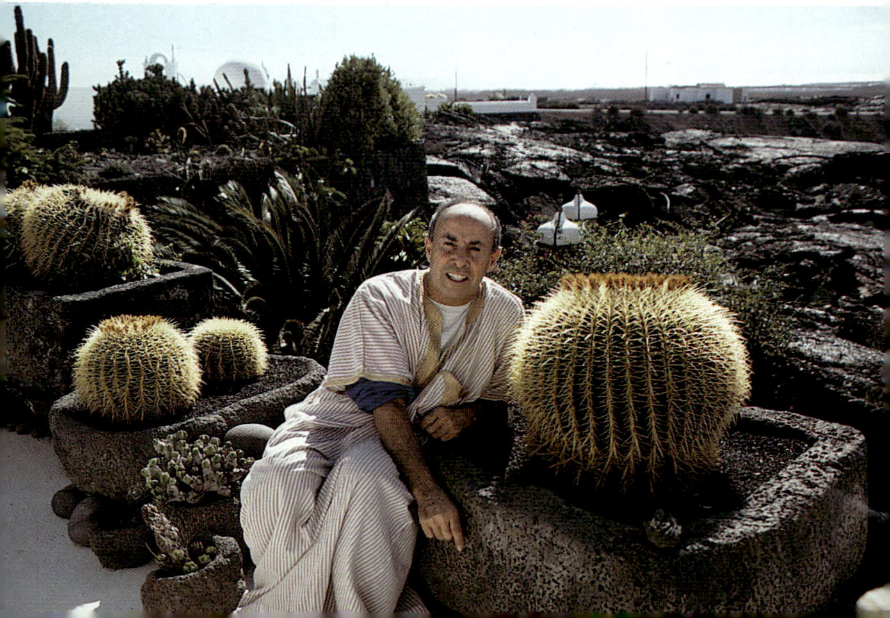

rung war die Stadt einer der beiden Hauptsitze der großen Guanchen-Fürstentümer. Heute ist sie Mittelpunkt neuer **Industrien**.

Die aus dem 15. Jahrhundert stammende Kirche **San Juan Bautista** birgt das *wertvollste Kunstwerk der Inseln, den Aufsatz des Hauptaltars*: Es ist eine vergoldete flämische Schnitzarbeit aus dem 15. Jahrhundert, die in 74 Bildern das Leben Marias darstellt.

Der nicht minder berühmte Christus von Telde ist eine seltene sog. Tarasco-Arbeit, das heißt von Tarasco-Indianern in Mexiko aus einer heute nicht mehr bekannten Masse von Blättern und Stengeln der Maispflanze hergestellt. Prachtvolle Farbgebung, besonders im Fleischton des Gekreuzigten. Trotz der natürlichen Größe wiegt die Statue weniger als 7 Kilogramm und eignet sich daher besonders für das Herumtragen in der Prozession.

Das Geburtshaus des **Fernando León y Castillo** (1842–1918), der sich um den Ausbau des Hafens von Las Palmas große Verdienste erwarb, ist heute ein vielbesuchtes Museum.

Zusatzinformation: Telde hat auch als Straßenknotenpunkt einige Bedeutung. Kurz vor dem Ort zweigt nach Westen eine Straße ab, die sich nach etwa 4 Kilometern gabelt: Links geht es nach *San Roque* (bekannte kohlensäure- und schwefelhaltige Mineralquelle), rechts zum Höhlendorf *La Atalaya* und zur »Zentralstrecke« (13 Kilometer). Eine weitere Abzweigung im Ort (**C 814**) führt durch den *Barranco de Telde* und am Fuß der *Montaña de las Palmas* entlang hinauf nach **Valsequillo** inmitten von Mandelbäumen (10 Kilometer von Telde) und weiter nach *San Mateo,* ebenfalls an der Straße zum Cruz de Tejeda (22 Kilometer von Telde). Nach Osten verbinden mehrere Straßen Telde mit der Schnellstraße nach Gando (Flughafen) und über diese hinaus zu verschiedenen Playas, die zum Teil bereits für den Tourismus erschlossen sind.

◁ *Oben: Dromedarkarawane in den Montañas del Fuego, den Feuerbergen, einer fast unwirklichen, schwarzen, bizarren Vulkanlandschaft.*

Unten: Der Künstler César Manrique hat auf Lanzarote wunderschöne Beispiele seiner eigenwilligen, der Natur der Umgebung angepaßten Architektur gegeben. So sollten Sie unbedingt Mirador del Rio und die Jameos del Agua besuchen.

Gran Canaria 206

Weiter nach Süden fahren wir durch den Vorort *Los Llanos* und kommen nach 5 Kilometer, an der Abzweigung zum Flughafen Gando, zur **Montaña de las Cuatro Puertas** (*Berg der vier Türen*). Die vier in den Berg getriebenen Höhlen (von hier schöner Rundblick) führten vermutlich zu einer bedeutenden Kultstätte der Guanchen, die ähnlich dem Cenobio de Valerón den Guanchenpriesterinnen, den Harimaguadas, als »Kloster« diente. Um den Berg mehrere Guanchen-Wohnhöhlen, auf der Bergspitze eine ehemalige Opferstätte.

Auf kurvenreicher Straße geht es weiter nach Süden. Nach 8 Kilometern (27 Kilometer von Las Palmas) kommen Sie nach **Ingenio** (264 Meter, 14000 Einwohner). Kurz vor dem Ort links eine *Stickereischule* und ein *Museo de Piedras* (Steinsammlung), die man besichtigen kann. Ingenio mutet afrikanisch an und war früher das Zentrum des Zuckerrohranbaus, der jedoch aufgrund des billigeren Cuba-Zuckers an Bedeutung verlor (*ingenio* = Raffinerie). Im Ort gibt es mehrere Werkstätten, in denen die bekannten Calados (kanarische Stickarbeiten) gefertigt werden.

Agüimes (259 Meter, 12000 Einwohner)

Ein stiller Ort, den wir von hier nach 3 Kilometern erreichen, war ehemals eine Guanchensiedlung und lange Zeit Sitz der Bischöfe von Las Palmas. Wie Ingenio wirkt der Ort mit seinen weißen Häusern und seiner Kirche, die mit Kuppel und Türmchen an eine Moschee erinnert, beinahe *afrikanisch*.

Hinweis: In Agüimes zweigt rechts die kurvenreiche Nebenstraße **C 815** über Temisas nach *Santa Lucia* ab. Als Bergpiste führt sie von hier weiter nach *San Bartolomé de Tirajana* und hinauf in das zentrale Gebirgsmassiv zum *Cruz de Tejeda*, eine sehr lohnende Fahrt, die jedoch nur geübten Bergfahrern zu empfehlen ist (hinter Santa Lucia kurvenreiche, ungesicherte Geröllpiste, die an zahlreichen Steilabhängen entlangführt). Wenn Sie sich für die frühe Geschichte der Inseln interessieren: Von der **C 815** zweigt etwa einen Kilometer hinter Agüimes links eine schmale Straße ab, auf der Sie nach etwa 8 Kilometern zum *Lomo de los Leteros* im *Barranco de la Angostura* kommen.
In seine Felswände sind symbolische Zeichnungen ähnlich denen eingeritzt, die man auf La Palma fand und deren Deutung bis heute noch nicht gelungen ist. Im nahen *Barranco de Guayadeque* außerdem zahlreiche Guanchenhöhlen.

Ausflüge auf Gran Canaria

Wir verlassen Agüimes nach Süden und kommen auf unserem weiteren Weg durch das *Hauptanbaugebiet für Tomaten*. Es erstreckt sich über 30 Kilometer entlang der Küste. Der Jahresexport beträgt über 200 000 Tonnen. Die zwischen Palmen- und Olivenhainen liegenden Häuser muten maurisch an. Nach 6 Kilometern kommen wir bei der Kreuzung von *Aringa* auf die direkte Straße von Las Palmas über den Flughafen Gando nach Maspalomas und auf dieser kurz darauf nach *Cruce de Sardina.*

Über *El Doctoral* und *Juan Grande* und vorbei an einem kleinen Sportflugplatz erreichen wir das neue *Feriengebiet von Maspalomas* im Süden von Gran Canaria mit seinen großen und schönen Sandstränden. Der erste Ort, den Sie berühren, ist **San Agustín**, 53 Kilometer von Las Palmas. Die Landschaft nimmt nun immer stärker afrikanischen Charakter an. Sanddünen und Palmen bestimmen ihr Bild, und auch Dromedare fehlen nicht. Strand reiht sich an Strand. Sie passieren die *Playa del Inglés* und kommen nach 4 Kilometern nach **Maspalomas**. Die Straße überquert 2 Kilometer hinter Maspalomas den *Barranco de Fataga,* dem sie nach Süden folgt. Kurz darauf zweigt rechts die Route nach Arguineguín, Puerto Rico und Mogán ab (s. Inselrundfahrt, s. u.). Bei *El Oasis*, einer wirklichen Oase mit zahllosen Palmen und einem See inmitten der wüstenähnlichen Landschaft, und dem *Faro* (Leuchtturm) *de Maspalomas*, der Südspitze von Gran Canaria (63 Kilometer von Las Palmas), endet die Straße.

Hinweis: Bei Maspalomas zweigt von der Carretera del Sur (Südstraße) nach Norden eine schmale Straße in das zentrale Gebirgsmassiv ab. Sie folgt dem *Barranco de Fataga,* passiert nach etwa 10 Kilometern den Stausee *Presa de Fataga* mit dem Weiler **Arteara,** wo sich eine Nekropolis der Guanchen befindet, und erreicht nach 15 Kilometern den Ort **Fataga** selbst inmitten eines Obstanbaugebietes. Von Fataga aus klettert die Straße in vielen Windungen hinauf zum Gebirgsdorf **San Bartolomé de Tirajana** (800 Meter, 15 700 Einwohner, 23 Kilometer von der Abzweigung). Der Ort liegt mitten im Grünen (Obstanbau) und am Rande des riesigen und von hohen Bergen und kahlen Felshängen umgebenen Talkessels *Caldera de Tirajana.* Begehrte Likör- und Gebäckspezialitäten kommen von hier.

In San Bartolomé mündet die Straße von Maspalomas auf die Bergpiste **C 815**, die das Zentralmassiv mit der südlichen Inselhälfte verbindet und die einzige direkte Verbindung zum Nordteil der Insel darstellt. Sie führt nach Norden hinauf zum Hochpaß *Cruz de Tejeda* (29 Kilometer und nach Osten durch den *Barranco de Tirajana* und vorbei an den *Fortalezas* über Santa Lucia nach *Agüimes* (22 Kilometer).

Die Rückkehr erfolgt auf der Carretera **812** zunächst auf dem gleichen Wege bis zur **Kreuzung von Arinaga**. Hier fahren Sie geradeaus weiter und nach 5 Kilometern am *Flughafen von Gando* entlang. Auf Ihrem weiteren Weg zurück in die Hauptstadt passieren Sie verschiedene kleinere, aber durchaus besuchenswerte Strände, zu denen Stichstraßen führen *(Playa de Salinetas, Playa de Melenara, Playa de la Garita, Playa de Malpaso)*, und erreichen 22 Kilometer nach dem Flughafen Las Palmas.

Insel-Rundfahrt

221 bzw. 215 Kilometer
Seit einigen Jahren gibt es eine Verbindungs»straße« zwischen Mogán im Südwesten und San Nicolás im Westen der Insel. Durch sie ist eine Rundfahrt um die ganze Insel möglich. Ob Sie sie unternehmen wollen, müssen wir allerdings Ihrer Abenteuerlust überlassen. Denn im Gegensatz zum übrigen Straßennetz auf Gran Canaria, das man als sehr gut bezeichnen kann, sind diese 30 Kilometer zwischen Mogán und San Nicolás nur etwas *für absolut pisten- und kurvenerprobte Autofahrer*. Die schlecht befestigte und damit tückische Strecke führt durch zerklüftetes Gelände und an ungesicherten Abgründen entlang und ist zum großen Teil nur einspurig befahrbar (es gibt jedoch Ausweichstellen!).

Landschaftlich mag diese Süd-West-Route gegenüber der »Bananenstraße«, der »Tomatenstraße« und der Rundfahrt, die durch das Innere der Insel führt, weniger reizvoll und abwechslungsreich sein. Wenn Sie jedoch wilde, ursprüngliche Szenerien lieben, **Fels** und **Meer** und **schroffe Berghänge**, und sich 30 Kilometer Abenteuer zutrauen, wird diese Route Ihr Gran-Canaria-Erlebnis abrunden.

Die gesamte Rundfahrt in einem Tag zu schaffen ist anstrengend. Zwei Tage wären besser, damit Sie die vielfältigen Eindrücke dieser Fahrt wirklich genießen können. Aber dann sollten Sie sich vorher durch Ihr Hotel ein Zimmer reservieren lassen (wenig Unterkunftsmöglichkeiten zwischen Maspalomas und Agaete!). Und, wie gesagt: Die Rundfahrt ist nur per Leihwagen möglich.

Von Las Palmas fahren Sie zunächst auf der »*Tomatenstraße*« nach Süden. Vier Kilometer nach **Maspalomas** zweigt rechts die Fortsetzung der Küstenstraße ab. Etwa nach zwei Kilometern rechts die Zufahrt zu einer *Radarstation der NASA* mit Antennen und Parabolspiegeln, die als Leitstelle für Weltraumflüge dient. Die Straße führt zwischen Fels und Meer am Rande der Steilküste entlang. Links taucht die Zementfabrik von Arguineguín auf. Kurz darauf überquert die Straße den *Barranco de Arguineguín,* der mit mehreren Seitenarmen seinen Ursprung im Gebiet des *Pozo de las Nieves* (1980 Meter) und des *Roque Nublo* (1700 Meter) hat. Dort, wie auch an mehreren anderen Stellen des Südwestabhangs von Gran Canaria, hat man zur Wasserregulierung mehrere Stauseen angelegt *(Presa de Soria, Presa de Chira),* da die Berghänge auf 20 Kilometer bis zu einer Höhe von fast 2000 Meter ansteigen und das Gefälle somit außerordentlich stark ist. An der Mündung des Barranco liegt das recht ärmliche Fischerdorf **Arguineguín**, 10 Kilometer von der Abzweigung bei Maspalomas. Gelegenheit zum Hochsee-Fischfang.

Wenig später passieren wir eine Bungalowsiedlung und anschließend die Apartmentsiedlung von **Patalavaca** an windgeschützter, hellsandiger Badebucht.

Als nächster Ort folgt bald darauf **Puerto Rico.** Wir fahren weiter, stets der Küste unmittelbar folgend, durch vegetationsarme, immer wieder von Barrancos durchzogene Felslandschaft. Vierzehn Kilometer nach Arguineguín erreichen Sie den *Barranco de Mogán.* Gegenüber, malerisch an einem Berghang klebend, das Fischerdorf **Puerto de Mogán**, inzwischen ein moderner Touristenort mit Jachthafen. Hier verlassen wir die Küste und folgen dem Barranco aufwärts, der durch seine Fruchtbarkeit eine Oase bildet in dem bisher kargen Gebiet (Bananenanbau). Nach 8 Kilometern kommen Sie nach **Mogán** (776 Meter), einem Bergdorf an den Hängen des zentralen Inselmassivs, 32 Kilometer von der Abzweigung bei Maspalomas.

Mogán ist ein günstiger Ausgangspunkt für (zum Teil anstrengende) Wanderungen in die wildromantische Bergwelt des südlichen Zentralmassivs.
Etwa 2 Kilometer oberhalb des Ortes zweigt von der Straße **C 810** (unsere Route) schließlich eine Piste rechts ab zu einem Stausee. Die Hänge sind hier bis hoch hinauf mit zum Teil dichtem Pinienwald bedeckt, dem *Pinar de Objeda.* Die Piste, zunächst noch mit dem Auto befahrbar, führt weiter zu einem zweiten Stausee an der *Cueva de las Niñas* (ca. 10 Kilometer von der Abzweigung).

Spätestens hier sollten Sie den Wagen jedoch stehenlassen und zu Fuß weitergehen. Der immer schmaler und steiler werdende Weg führt oberhalb der *Presa de Soria,* dem größten Stausee dieses Gebietes, durch einsame Felslandschaft und an tiefen Schluchten vorbei bis hinauf zur Bergpiste zum Cruz de Tejeda, auf die der Weg beim Weiler **El Montañon** mündet (ca. 23 Kilometer von der Abzweigung).

Bei Mogán beginnt die nicht ausgebaute, unbefestigte Schmalspurstrecke, die beim Fahren äußerste Vorsicht erfordert. Sie werden zwar auf dieser Piste nur wenigen Fahrzeugen begegnen. Trotzdem: Achtung bei den unübersichtlichen Haarnadelkurven (hupen!). Sie führt, in zahlreichen engen Serpentinen die Einschnitte der Barrancos überwindend, an pinienbewachsenen Berghängen entlang. An der *Montaña del Horno* (1400 Meter) vorbei kommen Sie zu einem kleinen Paß, dem *Collado de Tasarte* (700 Meter, unterhalb das Dorf **Tasarte**). Hier beginnt sich die Bergpiste wieder zu senken, und nach wenigen Kilometern serpentinenreicher Fahrt sehen Sie vor sich den *Barranco de la Aldea,* ein weites und grünes Tal, in dem das Flüßchen *Aldea* einen langgestreckten See gebildet hat. Oberhalb, im Quellgebiet der Aldea, wiederum zahlreiche Stauseen *(Presa de Siberio, Caídero de las Niñas u. a.).*

Von der **C 810** zwischen Mogán und San Nicolás zweigen links verschiedene Pisten zur Südwestküste ab, die zu teilweise noch einsamen, kleineren Stränden führen. Die erste, etwa 6 Kilometer nach Mogán, folgt dem *Barranco de Veneguera* zum kleinen Fischerort **Veneguera** (auch auf einem schlechten Weg über den *Lomo de Veneguera* von Puerto de Mogán aus zu erreichen) und der schönen *Playa de Veneguera.* Die zweite Piste führt vom Paß *Collado de Tazarte* (etwa 16 Kilometer nach Mogán, s.o.) über das Dorf **Tazarte** und durch den Barranco gleichen Namens zur Küste, und auf der dritten Piste, die am Paß *Degollada de Tazartico (550 Meter,* ca. 24 Kilometer von Mogán) ihren Ausgang nimmt, erreichen Sie über den Weiler *Tazartico* die kleine *Playa del Asno* (im Norden der westlichste Punkt von Gran Canaria, das Kap *El Descojonado).*

2 Kilometer, bevor Sie nach San Nicolás kommen, ist die unbefestigte Piste zu Ende. Auf nun wieder guter Straße geht es abwärts nach **San Nicolás** (32 Meter, 8000 Einwohner), mit vollständigem Namen *San Nicolás de Tolentino,* dem einzigen größeren Ort im Westteil der Insel. San Nicolás liegt am Rand des *Barranco de la Aldea,*

Inselrundfahrt 211

dessen Wasser hier zu einem schmal-langen See angestaut sind, vor einer malerischen Bergkulisse und hat als Zentrum der Landwirtschaft des fruchtbaren Aldea-Tales einige Bedeutung (Obst, vor allem Tomatenanbau). Von San Nicolás folgt die Straße dem Aldea-Tal meerwärts und überquert nach etwa zwei Kilometern das Flüßchen; unterhalb, an seiner Mündung, liegt zwischen Felsen der winzige Hafen **Puerto de la Aldea.**

Durch den *Barranco de la Aldea* führt von San Nicolás eine unbefestigte Straße zu mehreren Stauseen (*San Nicolás, Presa de Siberio, Caidero de las Niñas* und *El Parralillo*) und von hier als Bergpiste in zahlreichen Serpentinen hinauf zur Straße von *Artenara* zum *Pinar de Tamadaba*.

Die nun folgende Fahrt auf neuer, gut angelegter, aber auch weiterhin kurvenreicher Straße ist landschaftlich besonders reizvoll. Immer wieder bieten sich schöne Blicke auf die Felsküste, so zum Beispiel beim *Mirador de Balcón* (Aussichtspunkt unterhalb der Straße), von dem aus Sie 400 Meter senkrecht auf die Brandung und bis zur Punta Sardina im Nordosten schauen. Wenig weiter *Anden Verde,* ebenfalls mit eindrucksvollem Blick auf die Küstenszenerie.

Am Fuße der *Montaña de Tirma* entlang, passieren Sie den Weiler *El Risco*. Rechts erhebt sich steil der *Risco Fanegue* (1086 Meter), aus dessen Felshang die Straße zum Teil herausgesprengt ist und dessen Spitze einen herrlichen Rundblick bietet. Hinter dem Faneque der mit Pinienwäldern bedeckte Bergrücken *Pinar de Tamadaba* (1450 Meter). Wenig später kommen Sie in das üppig-fruchtbare Anbaugebiet des *Barranco de Agaete* und nach **Agaete** selbst, 34 Kilometer von San Nicolás.

In Agaete treffen Sie auf die Nordroute, die »*Bananenstraße*«, der Sie nun zurück in die Hauptstadt folgen. Sie führt über Galdar und Guia. Dort müssen Sie sich entscheiden, ob Sie hinter dem Ort rechts über Moya und Arucas in umgekehrter Richtung, 56 Kilometer von Agaete nach Las Palmas oder links über die Küstenstraße (45 Kilometer) fahren wollen.

Lanzarote

Noch abseits vom Hauptstrom des Fremdenverkehrs, aber doch von Jahr zu Jahr aktueller werdend, liegt die »Feuerinsel« Lanzarote im *Nordosten* des kanarischen Archipels. Mit ihren 795 Quadratkilometern ist sie nach Tenerife, Fuerteventura und Gran Canaria die *viertgrößte* der Inseln und eigentlich ein kleiner Archipel für sich: Ihrer Nordspitze vorgelagert sind sechs kleinere Inseln, unter denen *Graciosa*, ein Paradies für sonnenhungrige Badefreunde, und *Alegranza,* am weitesten im Norden, die größten sind. Lanzarote hat etwas über 50 000 Einwohner, von denen knapp die Hälfte in der Hauptstadt **Arrecife** lebt.

Die Geschichte der Insel reicht weit zurück. Bereits der König von Mauretanien, Juba, führte im Jahre 25 v. Chr. eine Expedition zu den Inseln durch und erreichte Lanzarote als eine der »Purpurinseln«. Tite-roy-gatra nannten die Guanchen das Land. Sie lebten hier als Hirten und nomadisierten, hauptsächlich wegen des Wassermangels. Wir finden noch einige prähistorische Zeichnungen, Reste primitiver Ansiedlungen, Zisternen und Höhlen. Im Jahre 1312 landete der Genueser Lanzarotto Malocello hier und gab der Insel seinen Namen. Er blieb etwa zwanzig Jahre. Im Jahre 1402 eroberte der Normanne Jean de Béthencourt das Land und leistete dem König von Kastilien, Heinrich III., den Lehnseid. 1404 war Lanzarote Bischofssitz für alle kanarischen Inseln.

Lanzarote ist zweifellos die *fremdartigste* und *ungewöhnlichste* der Islas Canarias. Von seinen 795 Quadratkilometern sind 260 Quadratkilometer, also etwa ein Drittel, mit **schwarzen Lavafeldern** und grauem **Tuff**, mit **Schlacken** und **vulkanischem Sand** bedeckt, und man zählt etwa 300 Vulkane, Rumpfvulkane oder Vulkanreste, die, 300 bis 500 Meter hoch, über die ganze Insel verteilt sind. Zwar sind sie längst erloschen, aber noch immer wird die Insel gewissermaßen unter Feuer gehalten. Diese dunkle und herbe Vulkanlandschaft ist es auch, die auf den Besucher einen so eigenwilligen Reiz ausübt. Sie würde fast abweisend wirken, wenn sie nicht durch einen strahlend blauen Himmel überspannt würde, der mit dem

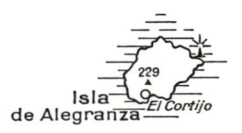

LANZAROTE

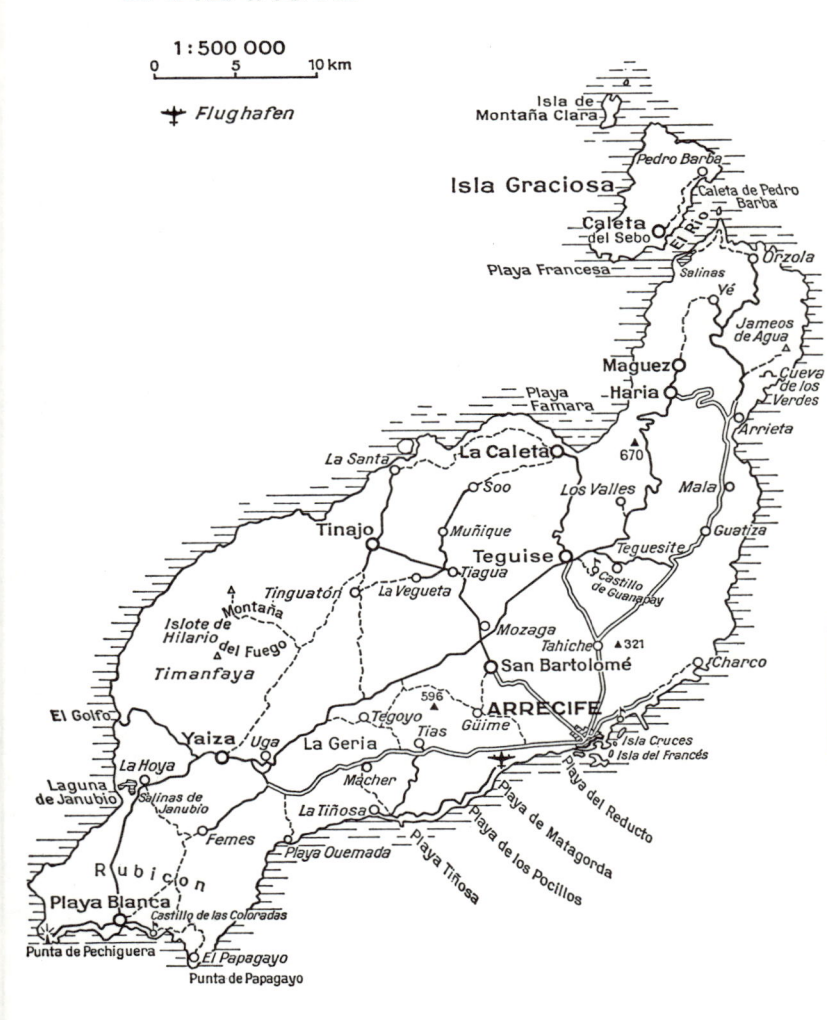

1 : 500 000
0 — 5 — 10 km

✈ *Flughafen*

Grau, Schwarz und Braun der Lava- und Aschefelder großartige Farbkontraste schafft, und wenn nicht das Grün mühsam der Natur abgerungener Anpflanzungen, weiße Häuser und der Brandungsstreifen des Atlantik unvergleichliches Leben und Abwechslung in diese vulkanische Einöde brächten.

Das alles bedeutet jedoch nicht, daß Lanzarote eine ganz und gar kahle und tote Insel ist.

Außerhalb der Lavazonen, besonders im Nordostteil der Insel und in der Inselmitte, gibt es fruchtbare Landstriche und grüne, fast liebliche Hügel und Bergrücken.

Das Hauptmassiv von Lanzarote ist das **Timanfaya-Gebirge.** Es liegt nicht, wie bei den anderen Inseln, im Zentrum, sondern im Südwesten.

Dieses unwirklich wirkende Gebiet galt vor den vulkanischen Ausbrüchen des 18. und 19. Jahrhunderts als das reichste Land auf der ganzen Insel, bis 1824 eine gewaltige Eruption alles Leben zerstörte. Jetzt ist es mit junger Lava und Tuff bedeckt und heißt mit Recht *malpais* (schlechtes Land).

Montañas del Fuego

Die Hauptgruppe des Timanfaya bilden die *Montañas del Fuego* (Feuerberge), denen die Insel den Namen »Feuerinsel« verdankt. Von 1730 bis 1736 fanden hier ununterbrochen Eruptionen statt, und noch heute herrschen hier bis auf 40 Zentimeter unter der Oberfläche hohe Temperaturen, die bereits in 20 Metern Tiefe eine Stahltrosse zum Schmelzen bringen. Nicht zuletzt deshalb sind die Montañas del Fuego das beliebteste Ausflugsziel auf Lanzarote. Nördlich und südlich von ihnen erstrecken sich Ebenen, die mit Travertin und rötlichem, lockerem Laterit bedeckt sind.

Andere Massive sind im Süden **Los Ajaches** und im Norden die **Famara** oder Tamara. Das höchste Massiv von Famara besteht aus Basalt und erhebt sich in den **Peñas de Chache** auf 671 Meter Höhe. Weiße Flugsande aus Kalk überziehen vom Meer im Norden her die Mitte der Insel und bei der Hauptstadt Arrecife im Osten wieder das Meer. Von ähnlicher Gesteinsbildung ist das Massiv der Ajaches.

Die Cuevas

Am nordöstlichen Küstenabhang befinden sich interessante Versenkungen, die *Cuevas,* unterirdische Galeriehöhlen, die den Einwohnern als Zufluchtsort gegen die Seeräuber dienten *(Cueva de los Verdes,* 8 Kilometer lang). Die **Jameos del Agua** sind unterirdische Seen vulkanischen Ursprungs. Die unbewegten Wasser bergen eine karge, aber seltene *Wasserfauna.* Die senkrechten und schrägen Strahlen der Sonne verursachen eine seltsame Beleuchtung des durchsichtigen Wassers, das wahrscheinlich mit dem Meer in Verbindung steht.

Eine weitere Naturerscheinung ist an der Westküste der kleine See **El Golfo.** Er liegt in einem halben Krater am Ufer des Meeres, dessen Wasser durch den sandigen Grund hindurchsickert. Die vulkanischen Schichten zeigen grelle Farben an der Innenwand des geborstenen Kraters.

Längst sind durch Anpflanzungen von Agaven und Feigenkakteen die **Wanderdünen** zur Ruhe gekommen. Wehen die trockenen Wüstenwinde von Afrika hierhin, so werden die beiden östlichen kanarischen Inseln Lanzarote und Fuerteventura davon am meisten betroffen. Die drückende Hitze verbindet sich dann mit entsetzlichem Staub und Sand, mitunter auch Heuschreckenschwärmen. Die Sonne durchdringt kaum den rötlichen Sand. Daraus erklärt es sich auch, daß die Frauen bei der Landarbeit ihr Gesicht mit einem dunklen Tuch verhüllen und zum Schutz des Kopfes einen großen breitrandigen Strohhut tragen. Die Entfernung von **Cap Juby** in Westafrika beträgt nur 60 Seemeilen. Cumuluswolken deuten die afrikanische Küste an.

Während die hohe Westküste hauptsächlich Steilabhänge bildet, ist die Ostküste flacher. Hier liegen auch die meisten Strände der Insel, vorwiegend kleinere Buchten mit schwarzem Lavasand, in denen man ungestört baden kann.

Neben den weiten und vegetationsfeindlichen Lavaflächen, die zwar für die Fremden ihren Reiz haben, nicht aber für die Inselbewohner, ist der *Wassermangel* das zweite große Problem der Insel: Es regnet so gut wie nie auf Lanzarote (jährliche Niederschlagsmenge 30–35 Millimeter!), und natürliche Quellen gibt es nicht. Früher mußte Trinkwasser in Tankschiffen von Gran Canaria herübertransportiert werden. Heute wird das Wasserproblem durch Aufbereitungsanlagen gelöst, die bereits jetzt mehrere Millionen Kubikmeter Süßwasser täglich aus dem Meer gewinnen und so das Wasserproblem der Insel lösen helfen.

Anbau-»Terrassen«: Trotzdem haben die Lanzaroter es fertiggebracht, durch Anwendung eines natürlichen Prinzips der Härte der Natur, die weite Teile ihrer Insel zunächst zur Unfruchtbarkeit verdammte, reiche Erträge abzutrotzen. Auf die auf trockenem Grund vorgenommene Aussaat breitet man in mühseliger Arbeit 10 bis 15 cm hoch zerriebene schwarze Vulkanasche (*picón*) aus, die die Wirkung eines Kondensators hat. Sie nimmt nachts die Feuchtigkeit aus der Seeluft auf und gibt sie an die Pflanzen ab.
Dabei werden die Furchen halbrund gezogen, um den ständigen Passatwind daran zu hindern, ungehemmt und allzu schnell den Boden wieder auszutrocknen und die Saat zu zerstören. Weinstöcke, aber auch Feigen- und Orangenbäume, setzt man in bis zu 75 cm tiefe Löcher, die mit runden oder halbrunden Wällen aus Vulkangestein umgeben werden als Schutz vor Austrocknung und vor dem Verwehen der mühsam herangetragenen Vulkanasche. Die so geschaffenen Anbau-»Terrassen« ziehen sich die Hänge hinauf und erinnern an die Terrassenkulturen in asiatischen Ländern.

Gefährte dieser mühseligen Arbeit ist das **Dromedar**, und es wird nicht ohne Grund im Volkslied besungen. »Ohne das Kamel wäre unsere Insel eine Wüste geblieben.« Mit seiner Hilfe wird der schwarze Lavasand mehrere Male im Jahr über die Felder gebreitet und wieder abgetragen, mit seiner Hilfe wird die Ernte eingebracht und das Korn gedroschen. Darüber hinaus ist es Spielgefährte für die Kinder und an Feiertagen Verkehrsmittel für die Touristen, die es auf die »Feuerberge« trägt.

Auf Lanzarote werden Zwiebeln, Tomaten, Weintrauben, Süßkartoffeln und auch etwas Getreide und Obst geerntet. Erbsen und die saftigen *Sandias* (Wassermelonen), die ein Gewicht bis zu 25 Kilogramm erreichen, werden zum spanischen Festland exportiert. Besonders köstlich ist der *Malvasia,* der beste Wein der Kanarischen Inseln überhaupt. Die Einheimischen trinken ihn selten unverdünnt, denn »er hat das Feuer der Vulkane in sich«.
Eine weitere Erwerbsquelle ist die Zucht der *Cochenille-Laus*. Besonders wenn man nach Norden fährt, findet man weite Flächen mit Opuntien-Kakteen, die ihre Heimstatt bilden. Zeitweise durch die Erfindung der Anilin-Farben verdrängt, ist das Cochenille-Rot heute in der kosmeti-

> schen Industrie speziell als Farbstoff für Lippenstifte wieder sehr begehrt. In getrocknetem Zustand werden die Läuse nach England und Frankreich und in die USA exportiert.

Lanzarote verfügt zudem über die größte **Fischereiflotte** des kanarischen Archipels. Die ca. 400 Fangboote ermöglichen den Export von neun Millionen Kilogramm Fischen. Fünf große Fischkonservenfabriken und fünf Fischmehlfabriken verarbeiten einen großen Teil des Fanges. Riesige Salinen, besonders an der Nordwestküste und im Südwesten, liefern der Fangflotte das nötige Salz.

Für den Tourismus wurde Lanzarote neu entdeckt. Erst in den letzten Jahren wurden neue Hotels, Bungalows und Apartmentanlagen gebaut und die Straßen verbessert. Die Grundstückspreise steigen nicht weniger schnell als auf den anderen Inseln. Trotzdem wird Lanzarote noch auf lange Zeit seinen Charakter als Insel für Individualisten wahren, obwohl es Zentren des Tourismus wie auf Tenerife und Gran Canaria auch hier inzwischen gibt.

Arrecife

Der Haupt- und Handelsplatz der Insel ist Arrecife, und mit über 26 000 Einwohnern ist es gleichzeitig auch ihre *einzige Stadt*. Der Ort liegt in einer breiten Ebene an der Ostküste. Die größte Fischereiflotte des Archipels hat hier ihren Liegeplatz. In den letzten Jahren hat sich Arrecife zu einer hübschen, sauberen Stadt entwickelt. Das einzig nennenswerte Bauwerk ist das *Fort San Gabriel,* das von der Stadt über eine Zugbrücke (Las Bolas) zu erreichen ist. Es wurde im 16. Jahrhundert erbaut, um die Stadt vor den Berberpiraten zu schützen. César Manrique hat hier ein sehenswertes Museum eingerichtet. Der neue Hafen Los Marmoles befindet sich weiter nördlich.

> Am altertümlichsten wirken an den weißen, würfelähnlichen Häusern der Stadt, die schon sehr *afrikanisch* anmuten, die Holzläden an Stelle von Glasfenstern. Dahinter sitzen die Frauen bei ihrer Näharbeit. Gibt es draußen etwas zu sehen, wird ein kleines Schiebetürchen geöffnet und dann rasch wieder zuge-

schlagen. Diese Neugierde beobachtet man auch in verhältnismäßig größeren Städten, so in La Laguna und Puerto de la Cruz auf Tenerife. Hübsch der von Säulengängen umgebene **Marktplatz**, auf dem morgens Frauen in typischer Tracht die Früchte der Insel und des Meeres anbieten, und die schön angelegte, gegen Abend immer belebte **Meerespromende**.

Ausflüge auf Lanzarote

Es gibt auf Lanzarote zwei Standardtouren, die *Südroute* und die *Nordroute*. Sie werden als organisierte Busausflüge durchgeführt. Der »Glanzpunkt« der Südtour sind die **Montañas del Fuego**, die Feuerberge, die man natürlich nicht versäumen sollte. Die Nordtour führt zu dem Aussichtspunkt Bateria del Rio und auf dem Rückweg zu den sehenswerten Höhlen der Ostküste (**Cueva de los Verdes, Jameo del Agua**). Außer diesen Ausflügen gibt es jedoch manch andere lohnenden Ziele, die das Erlebnis der Insel vervollständigen. Deshalb sollten Sie sich am besten, wenigstens für ein paar Tage, ein Auto mieten, zumal die Kosten niedrig sind.

Zur Südküste und zu den Montañas del Fuego

105 Kilometer

Wir verlassen Arrecife auf der Küstenstraße nach Südwesten in Richtung Flughafen. Nachdem wir eine Reihe kleinerer Strände passiert haben (die *Playas Honda, Guacimeta, Matagorda* und *de los Pocillos*), kommen wir zur *Playa Blanca*. Hier, zehn Kilometer von Arrecife, entstand ein neues Ferienzentrum mit dem Luxushotel »Los Fariones«, einer Apartmentsiedlung, Supermarkt, Autoverleih etc. inmitten von Grünanlagen.

Wenig weiter liegt **Puerto del Carmen**, ein kleines *Fischerdorf*. Von hier wenden wir uns landeinwärts und treffen bei **Macher** auf die Straße Arrecife – Yaiza, die wir eine kurze Strecke rechts entlangfahren. Nach drei Kilometern zweigt links die

Straße nach Tegoyo und La Geria ab. Das Gebiet um **La Geria** ist eins der besten Anbaugebiete des *Malvasier-Weines* auf der Insel und zugleich ein Beispiel für den ständigen Kampf, den die Inselbewohner zu führen haben, um den Boden nutzbar zu machen. Die wabenartig sich die Berghänge hinaufziehenden, halbrunden *Steinwälle*, hinter denen die Reben geschützt am Boden entlangwachsen, ergeben ein fremdartiges und charakteristisches Landschaftsbild.

Über **Uga** erreichen wir das Städtchen **Yaiza** (183 Meter), mit seinen Palmen und schneeweißen Häusern ebenso wie Uga afrikanisch anmutend. Yaiza ist als Straßenknotenpunkt von Bedeutung: Sie werden es auf der Rückfahrt erneut vom Süden aus gegen die Berge sehen.

Zunächst fahren wir jedoch weiter nach Südwesten. Auf auch weiterhin abfallender Straße und durch Lavafelder kommen Sie nach sechs Kilometern zur Saline **Laguna de Janubio**. Mit ihren geometrisch angeordneten Meerwasserbecken und ihren in strenger Ordnung angehäuften, schneeweißen Salzkegeln, die in der Sonne leuchten, bietet sie, von oben gesehen, ein interessantes Bild. Durch Verdunstung des Meerwassers werden hier auf zwei Quadratkilometern Fläche im Sommer täglich dreißig Tonnen Salz gewonnen (im Winter etwa die Hälfte).

Die übliche Südtour wendet sich hier nach Norden. Wenn Sie jedoch auf eigene Faust unterwegs sind, sollten Sie den folgenden Abstecher in den äußersten Süden von Lanzarote mit in Ihr Programm aufnehmen.

Nach neun Kilometern Fahrt durch ein Gebiet, das sich **Rubicon** nennt wie das oberitalienische Flüßchen, das Caesar 49 v. Chr. auf seinem Weg nach Rom überschritt, kommen Sie in den kleinen Küstenort **Playa Blanca** mit dem gleichnamigen Strand (nicht zu verwechseln mit der Playa Blanca südlich Arrecife), der jedoch im Gegensatz zu seinem Namen nicht etwa weiß ist. Auf gut befahrbaren Straßen können Sie von hier nach Westen und nach Osten ein Stück die Küste entlangfahren. Im Westen endet die Piste nach vier Kilometern an der *Punta de Pechiguera* mit Leuchtturm, der Südweststrecke der Insel. Der nach Osten führende Fahrweg bringt Sie, vorbei am *Castillo* de las Coloradas, einem Wachtturm aus dem 18. Jahrhundert, und einigen kleineren, einsamen Stränden nach acht Kilometern zur Südspitze von Lanzarote, der **Punta de Papagayo** mit Blick auf die Nachbarinsel Fuerteventura. In Playa Blanca einfache Unterkunft und Restaurants.

Von Playa Blanca zurück zur Saline von Janubio. Hier halten Sie sich links und fahren nun auf gut ausgebauter Straße nach Norden. Sie führt die felsige Küste entlang und gilt mit Recht als eine der schönsten Strecken auf der Insel überhaupt. Nach etwa fünf Kilometern sehen Sie vor sich **El Golfo**, einen halbkreisförmigen Krater, der mit herrlich grün schimmerndem Meerwasser gefüllt ist. Ein breiter Streifen schwarzen Vulkansandes trennt ihn vom Meer, mit dem er unsichtbar in Verbindung steht. Zum Land hin wird er durch eine in Lavaschichten aufbauende, vielfarbige Felswand phantastisch begrenzt. Durch die ständige Wasserverdunstung und das Nachsickern des Meerwassers durch die Sandbarrriere ist El Golfo besonders salzhaltig. Man sagt, daß sein Salzgehalt den des Toten Meeres übertrifft. Im nahen Weiler *El Golfo* finden Sie noch einige der alten, aus Lavagestein gebauten Fischerhäuser.

Von El Golfo wiederum zurück zur Laguna de Janubio und nach Yaiza und von hier auf guter Straße nach Nordwesten:

Sie nähern sich den **Montañas del Fuego**, neben El Golfo der Hauptanziehungspunkt der Südroute, wenn nicht der ganzen Insel überhaupt. Nach sieben Kilometern sind Sie am Fuß der »Feuerberge« angelangt. Hier werden Sie von den Dromedaren erwartet, die Sie den 512 Meter hohen Berg hinauftragen. Der Aufstieg ist auch zu Fuß möglich. Auf jeden Fall sollten Sie jedoch dazu, wie überhaupt für Wanderungen in diesem Gebiet, festes Schuhwerk tragen. Von oben haben Sie einen eindrucksvollen und umfassenden Rundblick auf die fremdartige »Mondlandschaft« des Timanfaya-Massivs mit seinen zahllosen Kratern und seinen überraschenden Farbnuancen: Sie blicken auf *das zweitgrößte Lavagebiet der Erde*.

Auf vulkangeheiztem Boden gehen Sie nun (etwas beschwerlich!) vom Gipfel zur **Islote de Hilario** auf der Rückseite der Montañas del

Fuego (auch von der Straße aus mit dem Auto zu erreichen). Auf Ihrer Fußwanderung bemerken Sie überall an den Vulkanhängen grüne Flechten, die den Kaninchen als Nahrung dienen. Am Islote de Hilario wird die Nähe der vulkanischen Tätigkeit besonders deutlich. Hier wird dem Besucher durch einige Versuche eindrucksvoll demonstriert, daß die Temperatur unter der Erdoberfläche mit jedem Meter, den man tiefer gräbt, um 100° Celsius zunimmt. Bereits in 10 Meter Tiefe beträgt sie 140° Celsius. In eine 60 Zentimeter tiefe Röhre geschüttetes Wasser zischt explosionsartig als Dampffontäne wieder aus dem Boden. Mühelos können Sie in Erdlöchern Eier braten, Reisig, das man in den Boden steckt, entzündet sich in Sekundenschnelle, und bereits 20 Meter unter der Oberfläche beginnt Metall zu schmelzen. Ein modernes Refugio nutzt diesen natürlichen Ofen aus. Spezialität: *Steak vom Vulkan*!

Auf dem Rückweg nach Arrecife kommen Sie nun bald wieder in landwirtschaftlich genutztes Gebiet.

Nach etwa 5 Kilometern führt links eine Abzweigung nach **Tinajo** und weiter (5 Kilometer) zur Nordwestküste, die Sie bei dem kleinen Ort **La Santa** erreichen. Vor der Felsenküste das Inselchen *La Isleta*. Noch einmal 5 Kilometer weiter auf der Hauptstraße führt ein anderer Fahrweg links zu dem kleinen Ort **Soo** (5 Kilometer) inmitten von Melonen-Pflanzungen. Von hier erreichen Sie nach 5 Kilometern **La Caleta** in der *Bucht von Famara* (s. u.).

Sie durchqueren nun das Hauptanbaugebiet der Insel für Tomaten, Tabak, Zwiebeln und Kartoffeln, passieren **Tiagua** und **Tae** und treffen bei **Mozaga** (an der Kreuzung großes Denkmal modernster Schule zu Ehren der Bauern Lanzarotes) auf die Zentralstraße, die Sie überqueren. Der nächste Ort ist **San Bartolomé** (276 Meter), der durch seine Volkstanzgruppe über Lanzarote hinaus bekannt wurde, und nach acht Kilometern fahren Sie in Arrecife ein.

Die Nordroute

75 Kilometer

Zur nördlichen Rundfahrt verlassen Sie Arrecife genau nach Norden. Vorbei am Berg *Tahiche* (321 Meter, Abzweigung rechts führt direkt zur Cueva de los Verdes und zum Jameo del Agua, siehe Rückfahrt) kommen Sie zunächst zum Ort **Tahiche** und, vorbei an *Nazaret,* nach insgesamt 11 Kilometern in die »königliche Stadt«

Teguise (305 Meter, 1000 Einwohner)

Sie liegt fast genau im Zentrum der Insel, war über Jahrhunderte deren Hauptstadt und außerdem erster Bischofssitz des ganzen kanarischen Archipels. Alte Klostermauern und Kirchen zeugen von dieser Vergangenheit. Die Kirche *San Miguel* mit ihrer Madonnenstatue lohnt einen kurzen Besuch. Aber auch die typischen Häuser des Ortes mit ihren geschnitzten Türen und den Läden mit den durch eine Klappe verschlossenen Guck»fenstern« sollten Sie sich in Ruhe ansehen. Teguise liegt zu Füßen des Vulkanberges **Guanapay,** auf dessen Spitze sich das *Castillo de Santa Barbara* (auch *Castillo de Guanapay)* befindet. Ein 1,5 Kilometer langer Fahrweg, der kurz hinter dem Ort von der Straße abzweigt, führt hinauf. Das Kastell (16. Jahrhundert) steht an der Stelle eines Forts, das bereits Lanzarotto Malocello im 14. Jahrhundert als Schutz gegen die bis ins Inselinnere vordringenden Piraten hatte anlegen lassen. Es ist gut erhalten, besonders sehenswert jedoch ist der Blick von oben auf Teguise und über weite Teile der Insel.

Ein Abstecher führt von Teguise aus nach Norden zur Küste.
Der Fahrweg endet nach 8 Kilometern in dem kleinen Fischerort **La Caleta** am Westende der *Playa Famara*.
Die weite Bucht mit ihrem 3 Kilometer langen Strand wird zum Teil von den steilen Hängen des *Famara-Gebirges* eingefaßt. Um La Caleta ist eine Urbanisation im Entstehen, die sich in nächster Zeit zu einem neuen Ferienzentrum entwickeln soll.

Wir verlassen Teguise nach Nordosten. Vorbei am Vulkan Guanapay kommen wir bei dem Dorf **Los Valles** durch charakteristische Ackerbaukulturen, die in dem früher ebenfalls unfruchtbaren Vulkangebiet entstanden sind. Die Straße führt durch das *Famara-Gebirge* und erreicht bei den *Peñas de Chache* (671 Meter) ihren höchsten Punkt. Bald haben Sie, besonders vom *Mirador de Haria* (Erfrischungs-Kiosk), einen herrlichen Blick auf das *Tal von Haria,* das mit seinem üppigen Grün (auch Orangen gedeihen hier), seinen vielen Palmen und den weißen Häusern des Ortes **Haria** (278 Meter, 4000 Einwohner) wie eine Oase wirkt.

An der Plaza des Ortes halten wir uns links. Auf diesem Fahrweg erreichen Sie zunächst den Weiler **Maguez.** Vor Ihnen liegt der Vulkanberg *Corona* (510 Meter), der vor Jahrtausenden den ganzen Nordostteil von Lanzarote mit Lava bedeckte. Bald darauf überqueren wir seinen Sattel. Vorbei an der Häusergruppe *Las Rositas* treffen wir bei dem Örtchen **Ye** auf die Hauptstraße, auf der wir nach links fahren. Nach etwa drei Kilometern haben Sie das Zwischenziel der Nordroute erreicht: die **Bateria del Rio**. Von diesem mehr als 400 Meter über dem Meer liegenden Aussichtspunkt haben Sie einen prachtvollen Blick über große Teile der Nordküste, vor allem aber auf die **Insel Graciosa** mit dem Fischerdorf Caleta del Sebo, durch die 1,5 Kilometer breite Meeresenge **El Rio** von Lanzarote getrennt, und auf die kleineren Inseln **Isla de Montaña Clara** und, etwa 20 Kilometer im Norden, **Isla de Alegranza**.

Zurück geht es auf der Hauptstraße nach Süden. Sie fahren an der Nordostflanke des Vulkans Corona mit typischen Wein- und Feigenkulturen entlang und passieren nach etwa 6 Kilometern eine Abzweigung (links), von der ein kurvenreicher Fahrweg zu dem kleinen Fischerhafen **Orzola** (Schiffsverbindung zur Insel Graciosa führt.

Jameo del Agua und die Cueva de los Verdes

Nach weiteren 3 Kilometern mündet links eine gut bezeichnete Straße ein, die Sie keinesfalls verpassen sollten, denn sie führt zu zwei weiteren Sehenswürdigkeiten der Insel, dem **Jameo del Agua** und der **Cueva de los Verdes**, Höhlen, die wohl bei den Ausbrüchen des Vulkans Corona entstanden sind.

Der **Jameo del Agua** ist eine weite *Grotte* mit einem glasklaren See, der unterirdisch mit dem nahen Meer in Verbindung steht und mit dem Meeresspiegel steigt und fällt. In dieser Lagune lebt eine naturwissenschaftliche Kuriosität: kleine, weißliche, blinde *Krebse*, die eigentlich zur Tiefseefauna gehören und sonst nirgends auf der Welt vorkommen. Attraktion für die meisten jedoch dürfte die fast exotisch anmutende Tanz-Bar sein, die man in dieser Grotte angelegt hat. Abends gibt es hier Musik und folkloristische Darbietungen. Zweifellos eine sehr ungewöhnliche Lokalität.

Die **Cueva de los Verdes** (Höhle der Grünen), zu der auch der Jameo del Agua gehört, ist ein sieben bis acht Kilometer langer Höhlengang, von dem zwei bis drei Kilometer begehbar sind. Er ist vermutlich dadurch entstanden, daß hier noch glühende Lava ausfloß, während die Oberfläche der Lava bereits erstarrt war. Diese Höhle benutzten vor Jahrhunderten die Inselbewohner als Zufluchtsort vor den Piratenüberfällen der Berber. Heute hat man sie durch Beleuchtungseffekte und Musik (gute Akustik!), die den Reiz einer Höhlenwanderung erhöhen, zu einer touristischen Sehenswürdigkeit gemacht (Führung stündlich).

Von den Cuevas geht es zurück auf die Küstenstraße. Auf ihr passieren Sie das Fischerdörfchen **Punta de las Mujeres** und den kleinen Hafen **Arrieta** mit seinem Strand **La Garita**. Bei **Mala** durchfahren Sie weite Opuntienfelder, die der Zucht der Cochenille-Laus dienen. Über **Guatiza** (Windmühlen) erreichen Sie bei **Tahiche,** 23 Kilometer von den Cuevas, die Straße, auf der Sie Arrecife verlassen haben, und von hier nach 6 Kilometern Arrecife.

Fahrt zur Insel Graciosa

Dieser Ausflug nimmt einen ganzen Tag in Anspruch und sollte wegen der Bootsfahrt nur bei ruhiger See unternommen werden. Die Überfahrt erfolgt mit Fischerbooten von der kleinen Anlegestelle in **Orzola,** die Sie nach 29 Kilometern Fahrt auf der Küstenstraße und 6 Kilometern Fahrweg erreichen, nach **Caleta del Sebo**. Die Boote verkehren nicht regelmäßig; eine vorherige Vereinbarung mit einem Reisebüro in Arrecife ist daher sinnvoll.

La Graciosa, die Anmutige, ist mit ihren breiten, goldgelben Sandstränden ein *Badeparadies par exellence*. Kein Wunder, daß man plant, die Insel für den Tourismus zu erschließen. Sie ist 10 Kilometer lang, zwischen 3 und 5 Kilometer breit und 28 Quadratkilometer groß. In der **Montaña de las Agujas** steigt die Insel bis 257 Meter an. Eine 1,5 Kilometer breite Meerenge, *El Rio* (der Fluß) genannt, trennt Graciosa von Lanzarote. An ihr liegen **Caleta del Sebo,** der Hauptort der Insel, ein hübsches Fischerdorf, und, weiter im Nordosten, die Häuser von *Pedro Barba*. Bademöglichkeiten gibt es in und um Caleta del Sebo. Der schönste Strand ist die kilometerlange *Playa de las Conchos* auf der anderen Seite der Insel mit Blick auf die kleine Isla de Montaña Clara. Auch für den Fischfang ist die Isla Graciosa ein ideales Revier. Eine Insel für moderne Robinsons.

Auskünfte für einen Aufenthalt auf La Graciosa
1. Auskunft durch die Fischer in Orzola, die hier Fische anlanden.
2. Anruf in Caleta del Sebo, Tel. 84 00 93.
3. Delegación Provincial del Ministerio de Comercio y Turismo, Las Palmas, GC, Tel. 27 07 90.

Fuerteventura

Neben der »Feuerinsel« Lanzarote ist Fuerteventura die außergewöhnlichste der Kanarischen Inseln. Zwischen ihr und den anderen Inseln gibt es kaum Gemeinsamkeiten. Sind es bei den übrigen Inseln das enge Nebeneinander von dunklen Vulkanlandschaften und üppigem Grün und bei Lanzarote die weiten Lavaflächen, die ihre Eigenart bilden, so ist es bei Fuerteventura eine *bis zur Armut reichende Kargheit*, eine herbe Einsamkeit, die unter der fast immer scheinenden Sonne oft afrikanische Züge aufweist.

Lage, Größe und Struktur

Fuerteventura erstreckt sich von Südwest nach Nordost, ist 110 Kilometer lang und 30 Kilometer breit, mit einer Fläche von 1733 Quadratkilometern die *zweitgrößte* der Kanarischen Inseln und mit knapp 25 000 Einwohnern jedoch die am dünnsten besiedelte. Im Nordosten vorgelagert ist die kleine Felseninsel **Isla de los Lobos** (*Insel der Seehunde*), knapp 5 Quadratkilometer groß und nur von einigen Fischerfamilien bewohnt. Neben der Haupt»stadt« **Puerto del Rosario**, die zugleich auch der wichtigste *Hafenort* ist (6 Kilometer südlich befindet sich der Flughafen), gibt es kaum größere Ortschaften. Einige Bedeutung hat der kleine Hafen **Gran Tarajal** an der Südküste, der ebenfalls von der interinsularen Schiffslinie angelaufen wird, und im Innern am ehesten **Betancuria** als ehemalige Königs- und Bischofsstadt.

Fuerteventura ähnelt in seiner Form einem *Halbmond*. Nähert man sich der Insel vom Meere her, so glaubt man, zwei Inseln vor sich zu haben. Diese scheinbar zweite Insel ist die Halbinsel **Jandía** im Südwesten, die mit dem Hauptteil der Insel durch die Landenge **Matas Blancas** verbunden ist. Hier gab es in der Geschichte der Insel auch eine politische Trennung: Eine Mauer, die von Küste zu Küste verlief, bildete die Grenze zwischen den auf der Nord- und der Südinsel lebenden Guanchenstämmen, die die Ureinwohner auch von Fuerteventura waren und von denen noch einige Zeugnisse zu finden sind.

Geologisch ist Fuerteventura die *älteste* Insel des Archipels, und auch in dieser Beziehung ist Jandía fast eine Insel für sich. Die Halbinsel ist der Rest eines riesigen Kraters, dessen zwei nordwestliche Drittel im Meer versanken oder durch eine Explosion in die Luft geschleudert wurden. Der stehengebliebene Kraterrand bildet einen Höhenzug, der nach Nordwesten, also zum früheren Krater, steil abfällt und im **Pico de Jandía** eine Höhe von 807 Metern erreicht. Er ist damit der *höchste Berg* der Insel. Die Besonderheit der Halbinsel Jandía jedoch ist ihre Südküste: Hier dehnt sich ein 15 Kilometer langer, breiter feinsandiger Strand aus, der neben den Playas von Maspalomas (Gran Canaria) und El Médano (Tenerife) der schönste des Archipels überhaupt ist. Kein Wunder, daß sich hier auch das bekannteste neue Ferienzentrum der Insel befindet.

Im Gegensatz zur Halbinsel Jandía wird der Hauptteil von Fuerteventura im wesentlichen durch eine durchschnittlich 300 Meter hohe Hochfläche gebildet. Sie trägt zahlreiche alte Vulkankegel und junge Lavaflächen und Sandstrecken. Nach Westen und Osten wird sie jeweils durch Höhenzüge begrenzt, die entlang den Küsten verlaufen und sich im Südwesten im *Pico Chiligua* (683 Meter) vereinigen. Hier fällt das Gebirge jäh ab zu der niedrigen Landenge *Matas Blancas,* die mit ihren Sandhügeln einer *Dünenlandschaft* gleicht. Die Küsten der Hauptinsel sind Steilküsten, die streckenweise von Sandstrand unterbrochen werden. Die Ostküste zeigt nach Norden zu den Charakter einer Wüstenlandschaft.

Die im Nordosten vorgelagerte kleine **Isla de los Lobos** (*Insel der Seehunde,* obwohl es hier längst keine Seehunde mehr gibt) ist gänzlich ohne Wasser. Ihre Steilufer sind ringsum mit Klippen umsäumt. Über das Eiland sind zahlreiche kegelige Hügel verstreut, deren höchster 122 Meter mißt.

Was auf Fuerteventura gedeiht, wächst wie auf den anderen Inseln des Archipels in den Tälern, die das Zentralmassiv muldenartig durchziehen. Und es gedeiht nicht viel auf der Insel, denn der Boden ist karg und trocken und Wasser gibt es fast nirgends. Mit Ausnahme einiger Quellen im Norden muß es mühsam aus Zisternen und artesischen Brunnen zu Tage gefördert werden. Immerhin: Man baut einen recht guten *Weißwein* an, ferner *Tomaten* und *Gemüse, Feigen, Oliven*

FUERTEVENTURA

1 : 800 000

0   5   10   15   20 km

✈ *Flughafen*   ⚱ *Ruine*

und *Mandeln,* etwas *Mais* und *Datteln.* Neben dieser spärlichen Landwirtschaft bildet der **Fischfang** die Lebensgrundlage der Inselbewohner. Außerdem werden die übrigen Inseln des Archipels mit *Kalk* versorgt, und schließlich gibt es einige *Salinen.*

Wirtschaftliche Bedeutung für die Insel hat der Tourismus erlangt. Es gibt an der Südspitze der Halbinsel Jandía mit ihrem idealen Sandstrand ein aus zwei modernen Hotels bestehendes Ferienzentrum, in Puerto del Rosario entstanden in jüngster Zeit ein weiteres Hotel und ein Apartmenthochhaus, und auch die Nordost-Ecke mit der Isla de los Lobos und die Westküste sind als Feriengebiete erschlossen.
Aber auch in dieser Beziehung bedeutet der Wassermangel ein nur schwer überwindbares Problem. Das Straßennetz ist verbessert worden, doch landet man oft auf steinigen, staubigen Pisten, die im Gebirge oft nicht ungefährlich sind, da sie zuweilen an steilen Abhängen entlangführen.

Zudem bietet die Insel kaum Sehenswertes im üblichen Sinne, ein weiterer Grund dafür, daß sie wohl noch lange ohne Massenbetrieb bleiben wird. Für den jedoch, der aufgeschlossen ist für fremdartige, herbe Landschaftseindrücke, ist sie ein Erlebnis eigener Art. Mit ihren Sandflächen, ihren kahlen Bergen und der stetig scheinenden Sonne, mit Palmen und dem auch hier für Transport und Feldbestellung unentbehrlichen Dromedar ist Fuerteventura **ein Stück Afrika**, dessen Küste kaum 100 Kilometer entfernt ist und dessen heißer und trockener Wüstenwind von Zeit zu Zeit herüberweht, *eine Insel der Stille, der Weite, der Einsamkeit und ein Paradies für Badelustige und Unterwasserjäger.*

Oben: Fuerteventura – die Wüsteninsel. Ihre Landschaft ist geprägt durch die heißen Winde, die von Afrika herüberwehen. Ihr angeschlossen ist die Halbinsel Jandía, auf der der streßgeplagte Urlauber endlose einsame Strände findet.

Unten: Die weiten Strände Fuerteventuras sind ein Paradies für Wassersportler. Während der Saison schmücken viele bunte Surfsegel das blaue Meer.

»Eine Oase in der Wüste der Zivilisation« nannte der 1924 auf die Insel verbannte Dichter Miguel de Unamuno Fuerteventura. Wohl kaum eine andere Insel der Kanaren ist besser zur inneren Einkehr geeignet als diese.

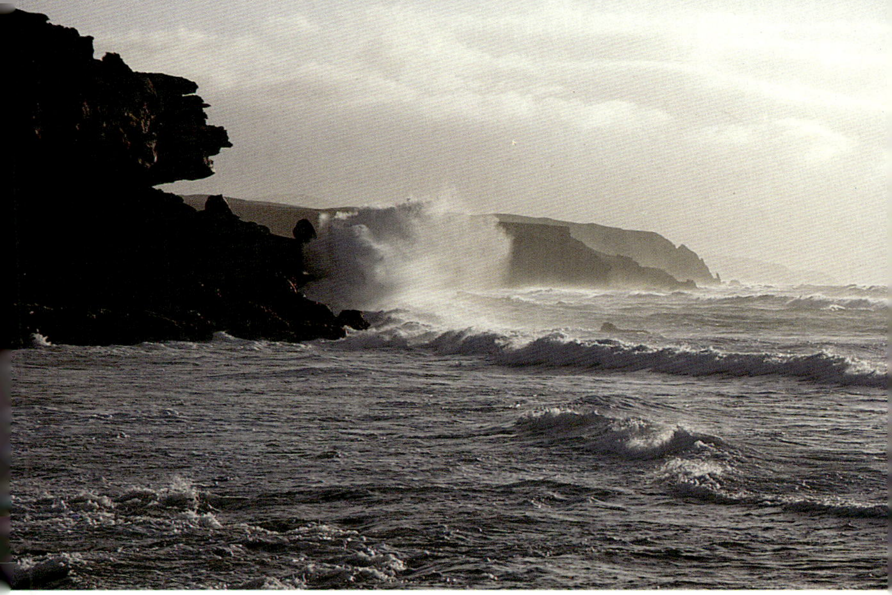

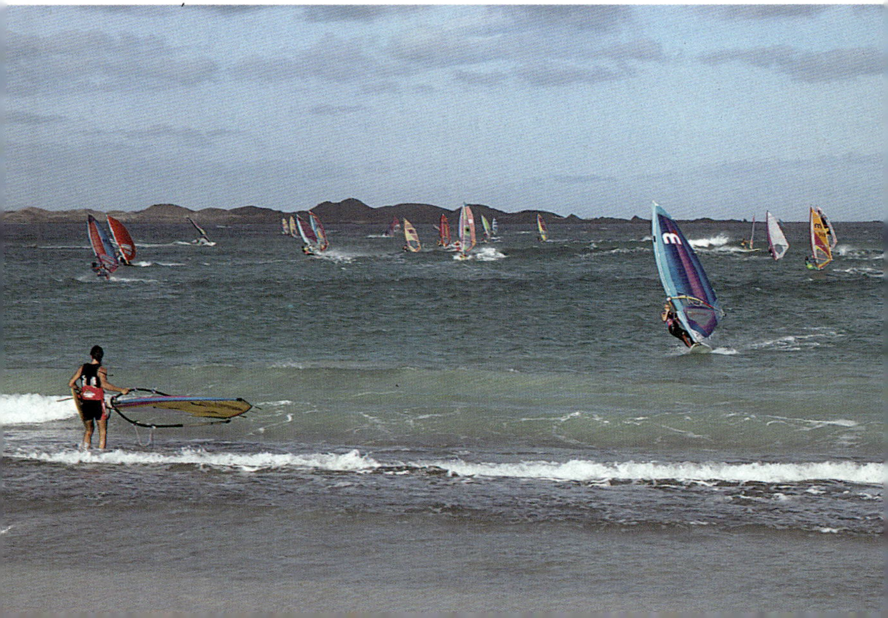

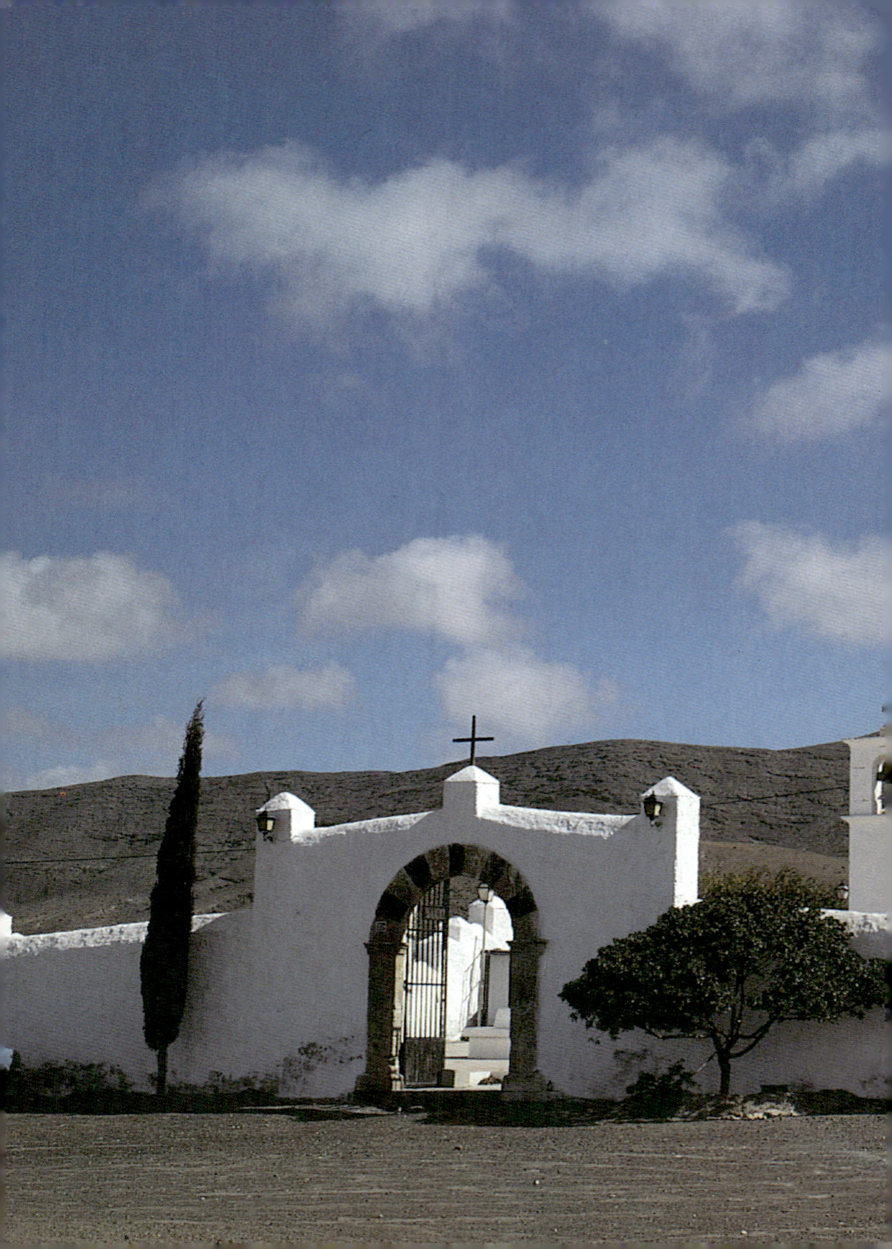

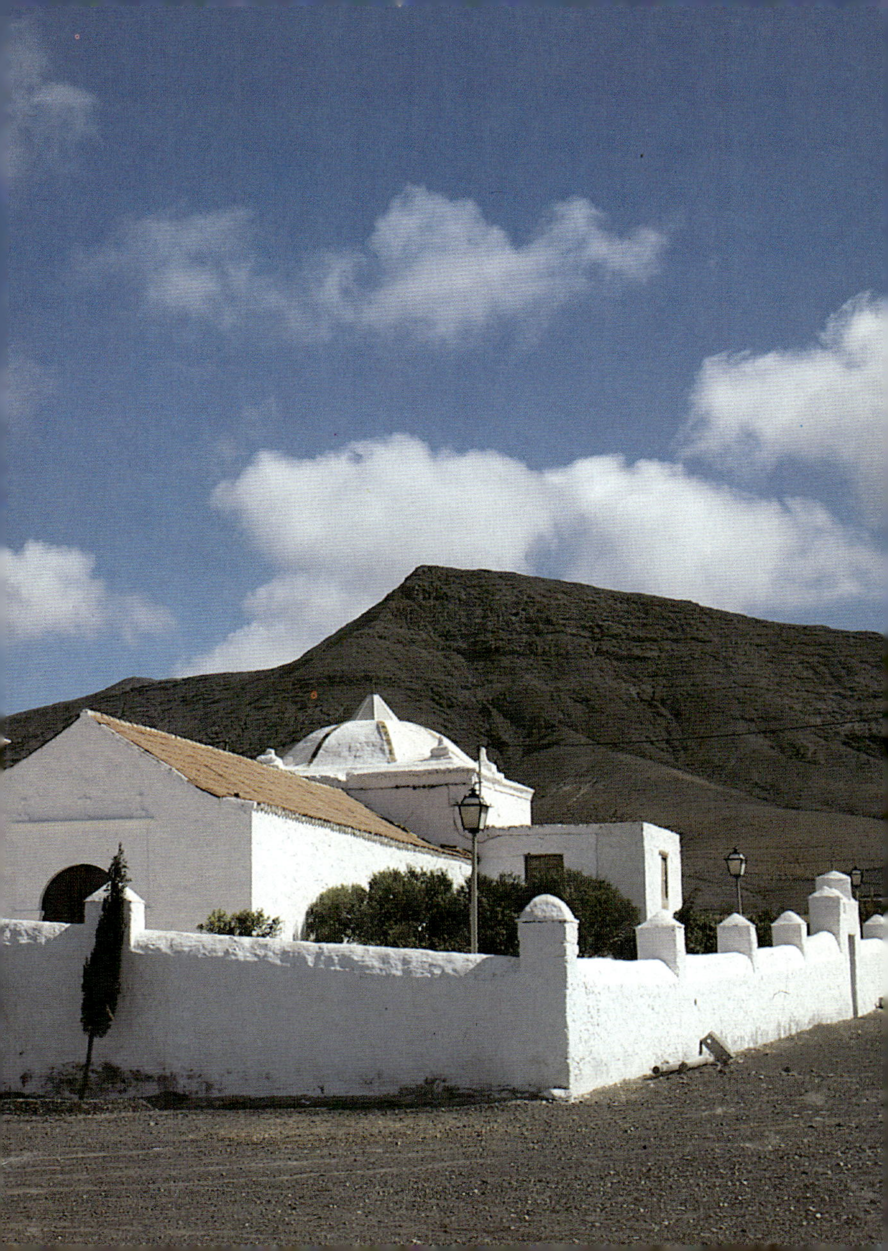

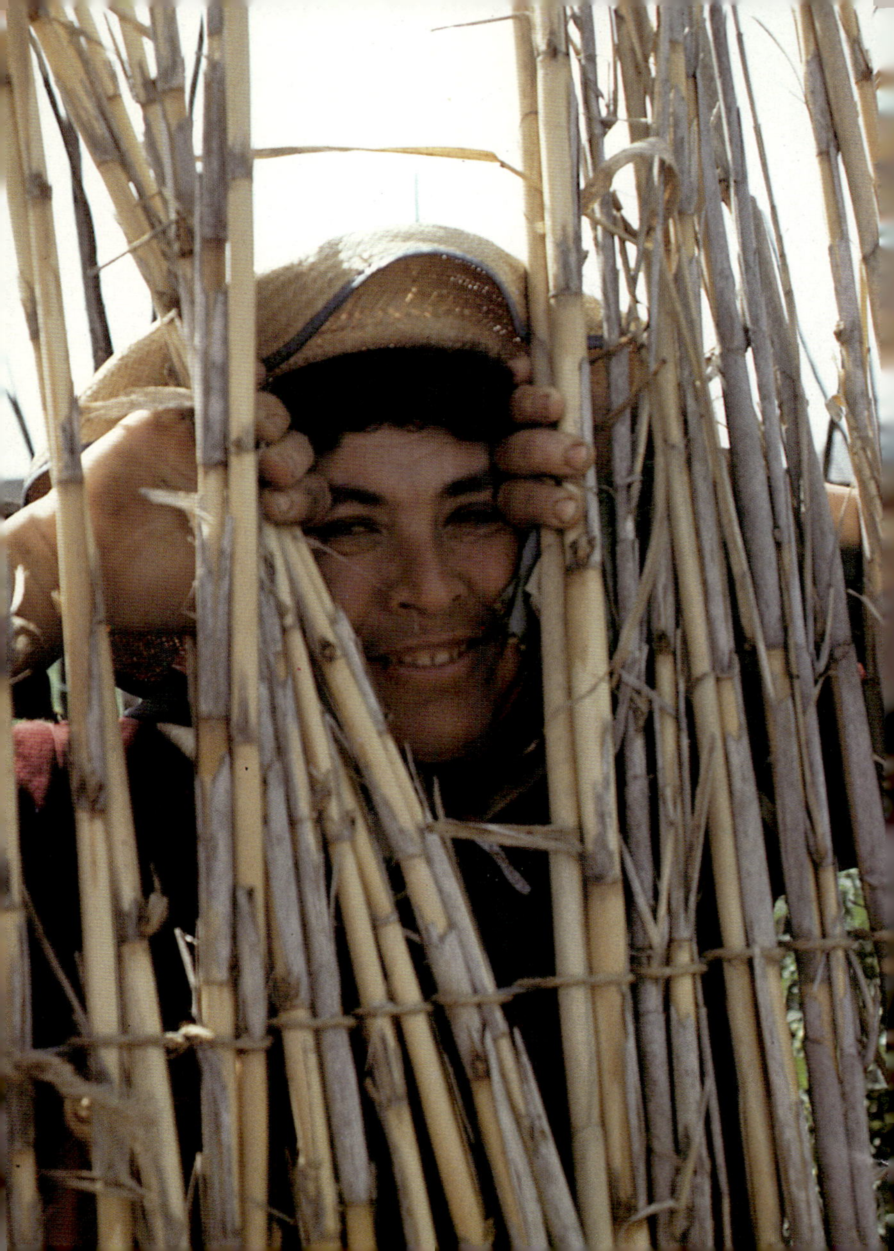

Puerto del Rosario

Mit etwa 11 500 Einwohnern ist **Puerto del Rosario** (Hafen des Rosenkranzes) der *Hauptort* der Insel und zugleich ihr wichtigster Hafenplatz. Seine jedoch auch heute noch gegenüber den Hafenorten der übrigen Inseln des Archipels geringe Bedeutung drückt sich besser in seinem früheren Namen aus, den man zuweilen noch auf älteren Karten findet: *Puerto de Cabras,* Ziegenhafen.

Puerto del Rosario ist ein bescheidener, beinahe ärmlich wirkender Ort, der durch ein neues Hotel und ein Apartmenthaus etwas lebendiger wurde. Seine Bewohner leben im wesentlichen vom *Fischfang*, und Sehenswürdigkeiten gibt es nicht. Zwei Kilometer südlich, auf dem halben Weg zum Flughafen, die

Playa Blanca, ein Sandstrand, an dem vor Jahren der Parador Nacional als erstes Hotel der Insel errichtet wurde.
Der *Flughafen* wurde im Zuge der Erschließung der Insel für den Tourismus noch weiter vergrößert, so daß nun Maschinen jeden Typs hier landen können.

Puerto del Rosario:
Ärzte und Apotheken: Clínica del Pino, Calle General Franco, Tel. 85 03 12; Krankenhaus der Sozialversicherung von Fuerteventura, Carretera General al Aeropuerto, s/n., Tel. 85 04 99; Spanisches Rotes Kreuz, Avda. de la Constitución, 3, Tel. 85 13 76; Apotheke González Rosales, C/ 1.°de Mayo, 43, Tel. 85 01 11; Apotheke Sánchez Velázquez, C/Fernández Castañeyra, 15, Tel. 85 06 76
Behörden: Rathaus (Ayuntamiento), Calle Fernández Castañeyra, Tel. 85 01 10; Delegación del Gobierno (Paßangelegenheiten), Calle General Franco, Tel. 85 05 04; Inselverwaltung, C/1.°de Mayo, 39, Tel. 85 14 00
Ferienwohnungen: Corralejo: Hoplaco, Tel. 86 60 40, Apartmentpreis in allen Häusern für zwei Personen pro Nacht 2400–2700 Pts., zum Teil mit Frühstück; Strand von Jandía (Jandía Playa): Matorral, Tel. 87 60 43; Playa Paradiso, Tel. 87 60 52
Feste: Festividad de la Virgen del Rosario, Patronatsfest, am 7. Oktober in Puerto del Rosario; Fiestas de la Virgen de la Peña, Fest der Inselpatronin, der Jungfrau vom Felsen, mit Wallfahrt (romería), am 3. Samstag im September in Vega del Río de Palmas (6 Kilometer von

◁ *Die Islas Canarias – wer einmal hinter die Touristenkulisse geschaut und die Herzlichkeit und Gastfreundschaft der kanarischen Bevölkerung erlebt hat, den wird es sicher mindestens noch ein zweites und drittes Mal dorthin ziehen.*

Betancuria); Fiesta del Patrón San Buenaventura, Patronatsfest, am 14. Juli in Betancuria
Hotels: An den Stränden und bei den Ortschaften
Kino: Cine Marga, Calle Almirante Lallemand, kein Tel., Kinokarte 100 Pts.
Polizei: Nationalpolizei, Tel. 850770; Policía Municipal (Gemeindepolizei, auch Fundbüro), Calle Fernández Castañeyra, Tel. 850635; Guardia Civil, Calle 23 de Mayo, 16, Tel. 850503
Post: Post und Telegrafenamt, C/1.° de Mayo, 58, Tel. 850412, Fernsprechamt (Information) Tel. 003, Las Palmas
Reisebüros: Viajes A. Paukner, Calle Almirante Lallemand, 31, Tel. 851400; Viajes Insular, Calle General Franco, Tel. 850845
Touristeninformation: Cabildo Insular, Puerto del Rosario, 7, Tel. 851108
Verkehr: *Fluglinien:* Spanische Luftlinie Iberia, C/23 de Mayo 9–10, Tel. 850427;
Reservierungen, Tel. 850516-850812; Flughafen, Tel. 851250.
Schiffahrtsgesellschaft Trasmediterránea Aucona, Calle Secundino Alonso, 3, Tel. 851295. *Schiffahrtslinien:* Seeverkehr und Anschlüsse zwischen Fuerteventura, den Inseln des Archipels und dem spanischen Festland. Information: Trasmediterránea, C/León y Castillo, 58, Tel. 850877; Puerto del Rosario-Arrecife: Compañía Trasmediterránea (dreimal wöchentlich, Mo, Mi, Fr); Morro Jable – Las Palmas – Santa Cruz de Tenerife, *JET FOIL (dreimal wöchentlich, Mo, Do, Sa); Fuerteventura – Lanzarote – Fuerteventura, 3 Abfahrten täglich (Reisedauer 40 Minuten), Ferry ALISUR, S. A., Tel. 814272/49/01; Corralejo – Isla de Lobos – Corralejo, Abfahrt täglich (Hin- und Rückfahrt). Öffentliche Verkehrsmittel auf der Insel*: Busgesellschaft: Fuerteventura Bus, S.A., C/Alfonso XIII., 25, Tel. 850951. Taxen Puerto del Rosario, Haltestelle Nr. 1, Tel. 850059, Haltestelle Nr. 2, Tel. 850216. Leihfahrzeuge: Autos Maxorata, Calle León y Castillo, Tel. 850535/850781; Autos Dominguez, Calle General Franco, 5, Tel. 850158 und Avenida Marítima, 1, Tel. 851323; Autos Union, Carretera del Sur, Tel. 851143.
La Oliva
Corralejo: *Gemeindepolizei*, Avda. Marítima, 2, Tel. 866107.
Klinik (Sozial institut der Marine), C/Crucero Baleares, Tel. 866020.
Taxen, Tel. 866108.
Pajara
Morro Jable: *Gemeindepolizei*, C/Hibizco, 1, Tel. 876022.
Klinik, C/Ntra. Sra. del Carmen, 20, Tel. 876191.
Apotheke (Meter. Sánchez Hdez.), C/Senador Velázquez Cabrera, Tel. 876012.
Taxen, Tel. 876257.
Tuineje
Gran Tarajál: *Gemeindepolizei*, Avda. Marítima, Tel. 878112-870338.
Klinik (Gesundheitszentrum), C/Tindaya, Tel. 870889.
Apotheke (L. Fdez. Artigas), Princesa Tamonante, 22, Tel. 870117.
Taxen, Tel. 870059.

■ Ausflüge auf Fuerteventura

Sie können die Insel auf zwei in der Regel gut ausgebauten Routen erkunden, **der Süd**- und **der Nordroute.** Dann bleibt Ihnen meist nichts anderes übrig, als für Hin- und Rückfahrt die gleiche Strecke zu nehmen, denn es gibt *nur wenige Straßen* auf der Insel. Mit Ausnahme der ausgebauten Straße von Puerto del Rosario über Casillas del Angel und Tuineje nach Gran Tarajal, die eine normale Geschwindigkeit erlaubt, sind sie unbefestigt und schlecht, und auch die Beschilderung ist mangelhaft. Es ist daher wenig ratsam, sich ein Auto zu mieten, was in Puerto del Rosario möglich ist.

Schließen Sie sich lieber einer der organisierten Ausflugsfahrten an oder nehmen Sie ein Taxi. In diesem Fall sollten Sie sich jedoch vor Antritt der Fahrt mit dem Fahrer über Ziel, Strecke und Fahrpreis einigen.

Von Puerto del Rosario über Gran Tarajal zur Halbinsel Jandía und zur Südspitze der Insel

ca. 130 Kilometer

Auf der einzigen ausgebauten Straße verlassen Sie Puerto del Rosario nach Westen. Die Straße steigt allmählich an und erreicht nach 12 Kilometern **Casillas del Angel** (207 Meter). Kurz hinter dem Ort sollten Sie die über Tuineje direkt nach Gran Tarajal führende Teerstraße nach rechts verlassen. Sie passieren nach 7 Kilometern den Weiler *Los Llanos de la Concepción* und wenig später *Valle Sta. Inés.*

Nach weiteren 7 Kilometern erreichen Sie **Betancuria** (1000 Einwohner), die *einstige Inselhauptstadt*, benannt nach *Jean de Béthencourt*, dem normannischen Ritter und Eroberer, der mit seinem Gefährten Gadifer 1402 erstmals die Insel betrat. Von seiner ehemaligen Königsstadt, die später auch Bischofssitz wurde, ist heute kaum noch etwas zu spüren.

Aus dem 15. Jahrhundert stammt die kleine Kathedrale *Santa Maria* mit ihrem trutzigen Viereckturm und einer schönen Holzdecke. Der Ort besitzt ein kleines Museum. In der Nähe befinden sich Reste eines Franziskanerklosters mit kleiner Kirche.

Sechs Kilometer weiter kommen Sie nach **Vega del Rio de Palmas**. Der kleine Ort ist am dritten Septembersonntag Ziel einer Wallfahrt zu Nuestra Señora de la Peña, einer kaum 30 Zentimeter hohen Alabasterstatue, die von der Normannenschar des Jean de Béthencourt hierher gebracht worden sein soll.

Von hier geht es auf abenteuerlicher und kurvenreicher Bergpiste weiter nach Südwesten, nach

Fuerteventura | 236

Pájara (2000 Einwohner)

einem afrikanisch anmutenden Ort mit einer kleinen Kirche, an der Sie sich neben dem Eingang ein *besonders schönes Portal* mit interessanten Tiermotiven ansehen sollten (17. Jahrhundert). Im Innern *schöne Holzdecke* (ähnlich wie in Betancuria und Vega del Rio de Palmas) und Madonnenstatue. Südwestlich von Pájara, am *Llano de Sombrerito, Ruinen* aus der Guanchenzeit.

Kurz nach Pájara durchfahren Sie das Dorf *Toto* in fruchtbarer, palmengeschmückter Umgebung, überqueren einen kleinen Paß und treffen in **Tuineje**, 9 Kilometer von Pájara, wieder auf die Hauptstraße, auf der Sie nach 14 Kilometern Fahrt nach Süden Gran Tarajal erreichen.

Gran Tarajal (2000 Einwohner)

ist der *zweite Hafenplatz* der Insel. Seine Umgebung ist im Gegensatz zu weiten Teilen der Insel recht *fruchtbar*, und der Ort wirkt mit seiner kleinen Kirche aus jüngerer Zeit freundlich und gepflegt.

Um weiter zur südwestlichen Spitze von Fuerteventura vorzudringen, müssen Sie nun von Gran Tarajal ein Stück auf der Hauptstraße zurückfahren.

Nach etwa zwei Kilometern biegen Sie links ab. Die nun folgende Straße, die zu den Stränden der Halbinsel *Jandía* führt, ist im Zuge der Entwicklung dieses Gebietes ausgebaut worden. Früher jedoch war sie noch unbefestigt und staubig.

Fahren Sie weiter, denn es lohnt sich. Bald erblicken Sie die Anfänge des hellsandigen Küstenstreifens, der zu den schönsten Strandgebieten des Archipels zählt, und die »Dünen« der Landenge *Matas Blancas,* die die Halbinsel Jandía mit der »Hauptinsel« verbindet. Platz zum ungestörten Baden und Sonnen gibt es an dieser idealen Badeküste genug (daß »ohne« in Spanien in der Regel nicht gern gesehen wird, wissen Sie!). Kein Wunder, daß hier neue Ferienzentren entstehen. Aber die Entwicklung verläuft auf Fuerteventura langsamer als auf den anderen Inseln. Auf ein bereits fertiges Hotel treffen Sie nach etwa 20 Kilometern an der **Playa de Tarajalejo.**

Ausflüge auf Fuerteventura | 237

Weiter geht es, stets nahe der Küste, über die hier etwa 5 Kilometer breite Landenge. Rechts begleiten die kahlen Hänge des Gebirges die Straße. Strand reiht sich an Strand. Sie passieren die *Costa Calma* und die *Playa Esmeralda Jandía* und kommen nach etwa 50 Kilometern von Gran Tarajal zu einem Ferienzentrum, das bereits vor einigen Jahren bei dem kleinen Fischerort **Morro Jable** entstand. Vor dem graubraunen Berghang, der im *Pico de Jandía* 807 Meter ansteigt, gibt es hier zwei Hotels, einige hundert Meter voneinander entfernt, mit Swimming-Pool, Tennisplatz, Bocciabahn und einigen Grünanlagen, Oasen in der »afrikanischen« Landschaft.

Von Morro Jable windet sich die immer schlechter werdende Piste die schroffen Berghänge entlang nach Westen. Schon von weitem sehen Sie den auf schmaler Landzunge stehenden *Faro de Jandía* (Leuchtturm), der die Südwestspitze von Fuerteventura markiert und den Sie nach einer Fahrt durch eine wellige Dünenlandschaft erreichen. Von seiner Spitze haben Sie einen **herrlichen Blick** auf die weite Bucht und die Steilküste, die die Halbinsel Jandía nach Westen begrenzt.

Zurück müssen Sie auf der gleichen Straße fahren, die Sie gekommen sind. Wenn Sie jetzt noch ein wenig Zeit haben, können Sie vor und nach Morro Jable einzelne Abstecher machen, die Sie auf den Gebirgskamm führen. Von oben blicken Sie auf die steile Nordwestküste, ehemals Rand eines Riesenkraters, mit der herrlichen *Playa de Barlovento*, die jedoch aufgrund ihrer starken Brandung zum Baden nicht geeignet ist.

Wenn Sie nach langer und mühsamer Fahrt die Hauptstraße nördlich von Gran Tarajal (s. o.) wieder erreicht haben, folgen Sie ihr zurück nach **Tuineje** und von hier weiter durch die Gebirgslandschaft des Zentralmassivs über **La Antigua** und **Casillas del Angel** zurück nach Puerto del Rosario.

Die nördliche Route nach Corralejo

39 Kilometer

Dieser Ausflug ist wesentlich kürzer als die Fahrt zur Südwestspitze. Die befestigte Straße führt von Puerto del Rosario nach Nordwesten in die fruchtbarste Gegend der Insel. Nach 9 Kilometern kommen Sie in das Dörfchen **Tetir** im *Valle de Tetir* zwischen dem *Pico de D.*

David (568 Meter) im Nordosten und der *Montaña de Tao* (625 Meter) im Südwesten. Auf den Pico de D. David führt ein Fußweg bis zur *Vista del Time* mit schönem Blick.

In weitem Bogen führt der Weg nun durch zum Teil landwirtschaftlich genutztes Gebiet über *La Matilla* nach **La Oliva** (3000 Einwohner), dem einzigen größeren Ort im Nordteil von Fuerteventura, am Südabhang der *Montaña Arena* (420 Meter). Um La Oliva werden Tomaten und Gemüse angebaut.

Sehenswert sind hier die *Casa de los Coroneles*, ein Bau aus dem 18. Jahrhundert (die Zahl ihrer Türen und Fenster soll genau 365 betragen) und die Casa del Capellán mit interessanter Steinmetzarbeit am Eingang.
Dreischiffige Dorfkirche mit typischem Viereckturm.

Von La Oliva führt ein Weg nach Norden, nach *Lajares,* und von hier westlich zu dem kleinen Hafenplatz *El Cotillo,* vorbei an einem Kastell aus dem 17. Jahrhundert, das als Schutz gegen die Piratenüberfälle errichtet wurde (16 Kilometer von La Oliva).

Wenn Sie sich von La Oliva aus rechts halten, kommen Sie über *Villaverde* nach 16 Kilometern nach **Corralejo** und zu einer neuen Urbanisation mit dem klangvollen Phantasienamen *Solyplayas* (Sonne und Strände). Die *Playas de Corralejo,* eine Reihe schöner Sandstrände, werden zu einem neuen großen Urlaubszentrum ausgebaut, und es gibt bereits Bungalows, Apartments und ein Restaurant.

Von der *Montaña San Rafael* (268 Meter) südwestlich von Corralejo hat man einen weiten Blick über die gegenüberliegende **Isla de los Lobos**, die durch die etwa 2 Kilometer breite Meerenge *El Rio* (der Fluß) von Fuerteventura getrennt ist.
  Die Rückfahrt erfolgt auf der gleichen Straße.

La Palma

Lage, Größe und Struktur

Die Insel La Palma mit ihren 86000 Einwohnern bei einer Fläche von 726 Quadratkilometern hat auf der Karte die Form eines menschlichen Herzens und steht, wie einige andere der Inseln, auf den glühenden Heizanlagen der vulkanischen Tiefsee. Die langsame Hebung von La Palma um 500 Meter über dem Meeresspiegel hält noch heute an. Die Abstufungen von 40, 150 und 300 Metern und die Meereshöhlen in unterschiedlichen Höhen über dem Meeresspiegel beweisen das. Diese *starke vulkanische Tätigkeit* wird von keiner anderen Kanarischen Insel erreicht (Karte siehe hintere Klappe).

Die kaum 50 Kilometer lange Insel ist das Werk eines der größten Krater der Erde, der **Caldera de Taburiente**, zu dem es ein Volkslied gibt:

Caldera de Taburiente,	*Kessel des Taburiente,*
Crisol del Teide gigante,	*Schmelztiegel des Riesen Teide,*
Eres cuna de valientes,	*Wiege bist du von Helden,*
Mecida por el Atlante…	*geschaukelt durch den Atlant.*

Die Caldera de Taburiente hat einen Durchmesser von etwa 10 Kilometern. Ihren nördlichen Rand bildet die *Cumbre de los Andenes* (Kamm der Zugänge), in der wir die höchsten Erhebungen von La Palma finden, den **Roque de los Muchachos** (2423 Meter), den **Roque Palmero** (2352 Meter), den **Pico de la Cruz** (2350 Meter) und die **Piedra Llana** (2317 Meter). Die Cumbre de los Andenes stellt zugleich die Verbindung zur stark zerklüfteten und in weiten Teilen unwegsamen Nordhälfte der Insel dar. Ihre Schluchtwände neigen sich bis zu 45 Grad und mehr und machen der spärlichen Bevölkerung den landwirtschaftlichen Anbau fast unmöglich. An der Nordküste erreichen ihre Ausläufer immerhin noch eine Höhe von 800 Metern.

Weite Strecken der Insel, vor allem im Süden, sind von alten und jüngeren Lavaströmen durchzogen, und Riesen-Lavafelder in allen Farben, je nach Alter der Erstarrung, dehnen sich rechts und links der Fahrstraßen aus. Trotzdem wird La Palma wegen seiner starken Bewaldung »die grüne Insel« genannt.

Den Süden nehmen die Gipfel »der neuen und der alten Kammhöhe« ein bis hin zur äußersten Südspitze der Insel mit ihrem eindrucksvollen, erloschenen Krater *San Antonio* (654 Meter) am windumtosten Kap bei Fuencaliente. Die *Cumbre Nueva* (Neue Cumbre) gilt als der *Urkern der Insel*. Jüngere vulkanische Kegel in der Nachbarschaft des sie überragenden *Berigoyo* (2000 Meter) leiten zur *Cumbre Vieja* (Alte Cumbre) über, dem vermutlich geologisch schwächsten und daher widerstandslosen Teil der Insel. Hier ereigneten sich bis in die jüngste Zeit, zuletzt 1949, viele Ausbrüche.

An der Westküste wird durch die hohe Felsmauer *El Time* die südwestliche Ausgangsschlucht der Caldera de Taburiente, der *Barranco de las Angustias* (Schlucht der Todesängste), eingeengt. Von der Höhe des Time hat man einen guten Einblick in das fruchtbare **Valle de Ariane** und auf die fast senkrechten Wände des Barranco de las Angustias. Die gerade Linie vom Time im Westen bis zur Hauptstadt im Osten ist der älteste Teil der Insel und scheidet diesen von dem, geologisch gesehen, neuen Inselteil im Süden.

■ Klima

Wenn auch die Insel infolge ihrer exponierten Ecklage im Nordwesten den Westwinden, Regen und Nebel stärker preisgegeben ist als die übrigen Inseln des Archipels, so kann man doch das *Klima* von La Palma als *geradezu ideal* bezeichnen.

Die mittleren Temperaturen:

Januar	16° C	Juli	21,7° C
Februar	16,5° C	August	22,5° C
März	17° C	September	21,9° C
April	18,6° C	Oktober	21° C
Mai	19,1° C	November	19,8° C
Juni	21° C	Dezember	17,4° C

Kälteste Temperatur im Januar 14° C, wärmste Temperatur im August 25° C.

Gleichmäßig hohe Temperaturen und *stetige Feuchtigkeit* lassen auf La Palma die *Vegetation üppiger* gedeihen als auf den anderen Inseln.
Das gilt einmal für den ungeheuren *Waldreichtum* der Insel, zum anderen aber auch für die landwirtschaftliche Nutzung, zu der das Wasser nicht, wie zum Beispiel auf Tenerife, mühsam herangeführt werden muß. Neben Bananen, Tomaten und Wein werden Ananas und Zuckerrohr angebaut, und aus dem vorzüglichen *Tabak* von La Palma stellt man bekannt gute Zigarren her.

Die Palmeros (Leute von La Palma) sind sehr tanzlustig. Bei ihren Festen tragen sie alte weiche Kappen in schwarzer oder blauroter Farbe, die den Nacken und die Seiten des Kopfes decken und an eine bretonische Kappe erinnern. Auf den Azoren findet man sie ebenfalls. Die Frauen tragen ein Barett, das an das flache florentinische Barett des 16. Jahrhunderts erinnert. Diese Volkstänze hier wirken echt, echter jedenfalls als die auf Gran Canaria, für die der moderne Maler Nestor seinerzeit die Trachten-Entwürfe geliefert hat. Auf La Palma singt man die *Isas*, die *Folias*, die *Malagueñas*, die *Tajarasta* usw. Die Palmeros kennen außerdem noch den Weizentanz, *Trigo* genannt, der das Werden des Weizens feiert. Die Paare berühren sich dabei nicht. Der Tanz *Sirinoque* wird nur mit Schlägen der Trommel begleitet. Man schlägt einen Stock auf den Erdboden oder schleift mit den Füßen schwer über die Erde. All dies reicht in mystische Tiefen des lebens- und sangesfrohen Volkes.

La Palma ist *keine Badeinsel*, obwohl es auch einige schöne Strände gibt (*Santa Cruz, Tazacorte, Puerto de Naos*). Bisher blieb die Insel deshalb vom Strom des Tourismus beinahe unberührt. Durch den Neubau von Hotels, vor allem an der Westküste (Los Llanos), und durch die Fertigstellung der im Bau befindlichen Ost-West-Straße von Santa Cruz nach Los Llanos soll die Insel jedoch in Zukunft stärker dem Fremdenverkehr erschlossen werden. Trotzdem wird sie wohl noch lange ein Paradies bleiben für den, der gerne durch eindrucksvolle Landschaft wandert, der nicht nur Tag um Tag am Strand liegen möchte und der auf das betriebsame Leben der modernen Touristenorte lieber verzichtet.

■ Santa Cruz de la Palma

Santa Cruz de la Palma (20 000 Einwohner) liegt an einer weiten, von Nordwinden geschützten Bucht. Sie schmiegt sich eng an die Steilwand des Halbkraters, eines Überbleibsels des Vulkans **Buenavista,** der die Stadt umfaßt und ganz nahe ans Meer herantritt. Drei Kilometer vom Ort der schöne **Cancajos-Strand**.

Geschichte: Die Stadt wurde 1493 von **Fernández de Lugo**, dem Eroberer von Tenerife, gegründet, der auch La Palma in Besitz nahm. Da sie zunächst unbefestigt blieb, wurde sie 1553 ein Opfer des französischen Piraten François de Clerc. Von seinen Mannen wurde Santa Cruz geplündert und zerstört. Schnell wurde die Stadt jedoch wiederaufgebaut und diesmal befestigt, so daß sie 1585 einen Angriff der Engländer unter Sir Francis Drake abschlagen konnte.

Anschriften und Hinweise von A bis Z:
Amtliche Stellen: Delegación del Gobierno Nacional, General Mola, 56; Ayuntamiento (Rathaus) Plaza de España; Cabildo Insular, General Mola, 56
Auskunft: Junta Insular del Turismo, Calle General Mola, 3
Banken: Hispano Americano, O'Daly, 16; Español de Credito, O'Daly, 35
Clubs: Real Nuevo Club, Gen. Mola, 3; Sportclub Tenisca, Gen. Mola, 46; Sportclub Mensajerjo, Alvarez de Abreu, 23; Sociedad Cosmológica, Van-de-Walle; Club Nautico, General Mola, 3

Feste: Am 29. September Fest des hl. Michael in Santa Cruz de La Palma und in Tazacorte.
Am 15. August Fest von Unserer Lieben Frau von Las Augustias (Nuestra Señora de las Augustias).
Das bedeutendste Inselfest, La Bajada de la Virgen, findet alle fünf Jahre in der Kapelle Las Nieves bei Santa Cruz und in Santa Cruz statt.
Fluggesellschaft: Iberia, Miguel Sosvilla 1, Tel. 31 15 14
Flughafen: Mazo, 14 Kilometer südlich von Santa Cruz, Tel. 31 15 40
Kinos: Teatro Circo de Marte, Hermenegildo Rodriguez; Gran Cine Avenida, Av. de José Antonio; Parque de Recreo, San Francisco
Museen: Natur- und völkerkundliches Heimatmuseum (Museo de Historia Natural y Etnográfico), Van-de-Walle, 2; Kunst: General Mola, 23
Polizei: Avda. B. Pérez Gonzalez, Tel. 31 19 02.
Post und Telegrafenamt: Plazoleta del Muelle, Tel. 31 11 67

Stadtbesichtigung

Erinnert der Norden von La Palma an Madeira, so erinnert die Hauptstadt Santa Cruz an Madeiras Hauptstadt Funchal.

Die Stadt *klettert in Terrassen* die steilen Felshänge hinan; nur für die Hauptverkehrsstraße **O'Daly** ist unten noch Raum. Die Seitenstraßen sind alle sehr steil. Parallel zur O'Daly hat man für die Prachtstraße **Avenida Marítima** dem Meer Boden abgerungen und etwas Einzigartiges geschaffen. Die alten Häuschen auf der Landseite der Straße gleichen denen der nordspanischen oder auch niederländischen Ozeanküste mit ihren breiten, das Licht durchlassenden Fenstern und bunten holzgeschnitzten Balkonen. Hier fällt das schöne, im spanischen Kolonialstil erbaute Regierungshotel auf, der *Parador Nacional*. Unweit davon die **Plaza España**, der Mittelpunkt der Stadt, mit dem *Rathaus*, 1563 erbaut, ein Prachtbau der Renaissance. Die offene Halle unten und die prächtige Renaissance-Vorderseite sind eine besondere Zierde.

Hinter der Reihe säulenschlanker Königspalmen steigt man die breiten Stufen zur *Kirche San Salvador* (1503) hinauf und bewundert zuerst das maßvoll gehaltene, sparsam mit Bildwerk geschmückte Renaissanceportal aus rotem Stein.

Im Innern eine herrliche Holzdecke. Nun weitere Stufen hinauf zum *Museum* (Museo de Historia Natural y Etnográfico). Außer der (veralteten) Bibliothek enthält es hauptsächlich Erinnerungsstücke aus der Orts- und Inselgeschichte und Sammlungen aus der Tierwelt. Beachtenswert ist außerdem die *Kirche Santo Domingo* (18. Jahrhundert) in der Oberstadt.

Eine stattliche Anzahl alter Kirchen und Klöster, darunter ein altes und gutes Spital, sind eindrucksvolle Zeugen spanischer Geschichte. An die Garnison erinnern uns ein paar veraltete Festungsanlagen nördlich und südlich der Stadt, vor allem das sehenswerte *Castillo de Santa Catalina* (16. Jahrhundert) am Nordostende der Avenida Marítima.

Insgesamt ist Santa Cruz *malerisch*, *hell* und *still*. Zu Leben und Betriebsamkeit erwacht das Städtchen nur, wenn ein Schiff der Trasmediterránea an der Mole seines kleinen Hafens anlegt, der für die Bananenverschiffung einige Bedeutung hat, und gegen Abend, wenn sich vor dem »Parador« und in der Calle Real Einheimische und Fremde beim »Corso« treffen.

Wenn Sie nicht den schwarzen Lavastrand und das offene Meer der *Playa de Cancajos,* etwa drei Kilometer südlich von Santa Cruz, vorziehen, können Sie im Meerwasser-Schwimmbecken des *Clubs Nautico* baden, die Sonne genießen und sich zwischendurch mit einem Cocktail erfrischen.

Ausflüge auf La Palma

Die nähere Umgebung von Santa Cruz

Zum Santuario de las Nieves

Zu Fuß oder mit dem Autobus (ca. 4 Kilometer) erreichen wir von Santa Cruz das *Santuario de Nuestra Señora de las Nieves* (250 Meter), das Heiligtum der Schutzpatronin der Insel. Der schattige Vorplatz mit seinem Brunnen lädt zur Rast ein. In der kleinen Kirche (15. Jahrhundert) steht die *Virgen de las Nieves* (Jungfrau vom Schnee), eine Tonplastik, auf einem Hochaltar aus schwerem, mexikanischem Silber.

> Alle fünf Jahre am 5. August (das nächste Mal 1995) findet hier eins der berühmtesten Marienfeste der Kanarischen Inseln statt. Dann wird die Marienstatue in feierlicher Prozession nach Santa Cruz getragen. Es wird gefeiert und getanzt, eine ausgelassene, festliche Gelegenheit für die Touristen, originale Trachten und Tänze der Palmeros kennenzulernen.

Zurück lohnt sich der Barranco-Weg, vorüber an Mühlen hoch auf dem Berghang. Am nördlichen Stadtende steht immer noch in natürlicher Größe die Nachbildung der Caravelle von Columbus.

Nach Breña Alta

Der Fußmarsch von Santa Cruz hinauf auf die kleine *Hochfläche von Breña Alta (350 Meter)* führt uns in eine grünende und blühende Landschaft. Hier wächst auch ein geschätzter *Wein*, der wie vielfach in Mittelmeerländern in geringer Höhe über dem Boden gezogen wird, um diesen vor dem Austrocknen zu schützen und die Wärmereflektion zu nutzen.

Hier wachsen viele Obstarten, auf den Feldern gedeihen Weizen, Gerste, Tabak. Bald erreichen wir den Aussichtspunkt *Buenavista*. Er liegt hoch über der Stadt am Rande eines alten Kraters (109 v. Chr.) und ermöglicht einen wunderbaren Blick über die Ortschaft, einen guten Teil der Küste und das Meer. Bei klarem Wetter sieht man das

Dreieck des Teide-Kegels von Tenerife, umgeben von einer breiten, weißen Wolkendecke.

Besonders bei Sonnenuntergang ist dieser Anblick unvergeßlich. Wir erinnern uns an den alten Guanchenglauben, nach dem der Geist des Bösen, Guayoto, über sein Herrschaftsgebiet wacht, um Feuer und Schwefel darüber auszuschütten. Im Dorf **Breña Alta** sehen Sie zwei wie Zwillinge stehende Drachenbäume, die deshalb *Dragos Gemelos* genannt werden.

Breña Alta können Sie auch auf kurvenreicher Straße mit dem Bus erreichen (9 Kilometer).

Sie passieren nach etwa 7 Kilometern den *Mirador de la Concepción* (in der Nähe die gleichnamige Kirche) mit herrlichem Blick auf Santa Cruz, den Sie sich nicht entgehen lassen sollten, die Küste und den *Pico de la Nieve (2206 Meter).*

Rückfahrt auf der gleichen Strecke oder zu Fuß nach Santa Cruz.

Rundfahrt Santa Cruz – Las Nieves – Breña Alta – Santa Cruz (29 Kilometer)

Die beiden Ausflüge nach **Las Nieves** und **Breña Alta** können Sie zu einer *Rundfahrt* kombinieren. Sie verlassen dazu Las Nieves in südlicher Richtung.

Vorbei am Mirador de la Concepción kommen Sie nach 6,5 Kilometern nach Breña Alta. Zurück nach Santa Cruz, das Sie durch einen Tunnel erreichen, sind es von hier noch 8 Kilometer.

Besteigung des Pico de las Nieves (2206 Meter)

Wenn Sie gut zu Fuß sind, können Sie von Santa Cruz aus den *Pico de las Nieves* (2206 Meter) nordwestlich der Stadt besteigen. Der Pfad beginnt bei Las Nieves und führt über die aussichtsreiche **Montaña de Tagoje**.

Von der Bergspitze haben Sie einen eindrucksvollen Blick in den gewaltigen Kraterkessel der Caldera de Taburiente (s. S. 249). Sie müssen sich dazu allerdings einen wolkenfreien Tag aussuchen; meist sind der Gipfel und auch die benachbarten Bergspitzen von Wolken umgeben.

Die Südstraße über Fuencaliente nach Los Llanos

52 Kilometer

Von Santa Cruz führt eine gute, zum Teil kurvenreiche Straße zur Südspitze von La Palma und entlang der Westküste nach **Los Llanos**, dem *zweitgrößten Ort* der Insel und Ausgangspunkt für Wanderungen in die Caldera de Taburiente. Sie würde den Namen »Grüne Straße« verdienen, denn sie führt durch fruchtbares Anbaugebiet und durch Pinienwälder.

Über **Breña Baja** kommen Sie zunächst nach **Mazo**. Eine zweite Möglichkeit, Mazo zu erreichen, ist die schönere, aber 10 Kilometer längere Strecke über Breña Alta.

Mazo (500 Meter) ist ein hübsches, am Berghang gelegenes Dorf mit einer Kirche aus dem 16. Jahrhundert, deren Inneres einen kurzen Besuch lohnt. Interessanter jedoch ist die 3 Kilometer südlich gelegene *Cueva de Belmaco* (Höhle von Belmaco).
Sie ist eigentlich nur ein felsiger Überhang, doch er wölbt sich über geheimnisvolle, bis heute nicht entzifferte Spiralzeichen, in denen man Inschriften aus der Guanchenzeit vermutet.
Andere Höhlen gibt es noch etwas höher hinauf.
Hierhin zogen sich die Ureinwohner vom Volk der Benaoharite zurück, um ungestört zu sterben.

Weiter nach Süden führt die Straße von Barranco zu Barranco, gesäumt von Eukalyptusbäumen und Pinienwäldern. Wir geraten mitten in einen Lavastrom, den die Straße überquert. Die Farbe der Lava, die von der *Cumbre Vieja* stammt, wechselt zwischen Grau und Schwarz. Schwer und schwerer atmet die hier ernste, fast düstere Landschaft. Doch bald wird das Bild wieder bunter, lebendiger: wir erreichen die ersten Häuser von Fuencaliente.

29 Kilometer: Fuencaliente (800 Meter, 3400 Einwohner)

liegt inmitten von Weingärten nahe der um die Südspitze der Insel tosenden See. Man spürt die 800 Meter Höhe, in der der Ort liegt, denn die Luft ist kühl.

Das Gebiet um Fuencaliente ist *die bedeutendste Weinbauzone* der Insel. Mit hartnäckiger Ausdauer schützen die Bauern die Reben vor dem Wind, der Schwaden von feinem Lavastaub vor sich hertreibt. Sie legen Stufe über Stufe an und ziehen auf langen Linien parallel zueinander ihren Wein. Auch hier kriechen die Weinstöcke mit langen Zweigen niedrig auf der Lavaerde. Der beste Inselwein ist ein süßer Malvasia, der allerdings nicht an die hohe Qualität des Malvasia von Lanzarote heranreicht. Von Kreta, seiner Heimat, gelangte er nach Südgriechenland und dann hinein in den »seligen« Westen. La Palma ist neben Südgriechenland einer der wenigen Orte, wo dieser von Shakespeare gerühmte goldfarbene Wein mit Tokaier-Geschmack noch unter der warmen Sonne in vulkanischer Erde gedeiht. Eine eigene Winzer-Genossenschaft (Cooperativa Vinícola) unterhält mustergültige große Kellereien mit mächtigen Bottichen aus Zement und mit neuzeitlichen Maschinen und Pressen. Ein Jahresertrag ergibt 4000 pipas à 640 Liter oder 560 000 Liter Wein. Eine Weinprobe lohnt sich!

Restaurant: Parilla Junonia (4), an der Carretera.

Von Fuencaliente aus wandern Sie auf bequemem Weg in etwa zwanzig Minuten hinunter zu dem einen Kilometer südlich gelegenen **Volcán de San Antonio** (654 Meter), einem eindrucksvollen, fast kreisrunden Vulkankegel mit schönem Blick auf die Südspitze von La Palma.

Vom rechten Kraterrand führt ein kaum sichtbarer Fußpfad hinab zum Kraterboden, auf dem man Kiefern angepflanzt hat, um den Boden später landwirtschaftlich nutzbar zu machen. Vor 200 Jahren gab es hier eine »Heilige Quelle«, die sogar Lepra geheilt haben soll.

Hinter Fuencaliente wendet sich die Straße nach Nordwesten. Wir fahren erneut großen Lavafeldern entgegen und durchqueren sie. Das Dorf **Las Manchas**, 14 Kilometer von Fuencaliente, verlor bei dem Ausbruch des Vulkans *Llano del Banco* im Jahre 1949 die Hälfte seiner Häuser. Überall, wo ein Haus vom langsam heranquillenden glühenden Lavastrom zerstört wurde, steht zum Gedächtnis ein Holzkreuz. Alles, was Leben hatte, wurde vernichtet, und auch heute noch wirkt die ganze Gegend kahl und trostlos, *eine riesige, dunkle Lavahalde*. Kurz hinter den letzten Lavafladen wird die Landschaft wieder grüner. Rechts zweigt die Straße nach El Paso ab (s. S. 250), und nach 4 Kilometern fahren wir in das kleine Städtchen Los Llanos ein.

52 Kilometer: Los Llanos (350 m, 12 300 Einwohner)

Mit vollem Namen **Los Llanos de Aridane**, wird der Ort in seiner *kulturellen Bedeutung* immer mehr zur Hauptstadt der Insel. Es ist der Mittelpunkt des fruchtbaren **Aridane-Tals** mit stark entwickelter *Landwirtschaft* (Bananen, Tabak, Tomaten). Aber auch für den Urlaub wird der Ort immer beliebter: durch seine klimatisch und landwirtschaftlich außerordentlich vorteilhafte Lage, durch die in seiner Nähe liegenden schönen Strände und als Ausgangspunkt für den Besuch der *Caldera de Taburiente.* Bis jetzt fehlt es jedoch noch an ausreichenden Unterkünften; ein Ausbau ist jedoch geplant. Schöne Strandgebiete sind die *Playa de Puerto Naos,* 10 Kilometer südlich von Los Llanos, und die *Playa de Tazacorte* (s. u.).

Informationen
Unterkunft: Vazdekis (Hst), Montaña Tenesca; *Edén (HR), Verlängerung der Plaza España
Restaurants: Capri (4), Avda. Francisca Gazmira; Idafe (4), Argual; Parada (4), Dr. Fleming; Rocha (4), La Pasión
Bank: Hispano-Americano, Avda. del General Franco 30
Feste: Fest von Nuestra Señora de los Remedios am 28. Juni

Abgesehen von Wanderungen in die Caldera de Taburiente können Sie von Los Llanos aus *mehrere schöne Ausflüge* in die unmittelbare Umgebung unternehmen:

Nach Puerto de Tazacorte

Auf einer stark gewundenen Straße erreichen Sie in dem hier breiteren Barranco de las Angustias (*Schlucht der Ängste*) über **Tazacorte** nach 8 Kilometern **Puerto de Tazacorte.** Hier landete 1492 Fernández de Lugo, der Eroberer der Insel. Gegenüber Santa Cruz mit seinen widrigen Windverhältnissen wird der kleine Hafen immer wichtiger für die Verschiffung der Agrarprodukte des Aridane-Tals. Auch die Herstellung von Fischkonserven hat zugenommen. Seinen besonderen Reiz hat Puerto de Tazacorte jedoch durch seinen kilometerlangen

Strand mit feinem, schwarzen Lavasand. Für den Unterwasserfischer ist besonders im Herbst die Jagd auf kapitale Meros und Barracudas interessant. Vom Hafen aus lohnt sich eine Bootsfahrt zur *Cueva Bonita* (ca. 6 Kilometer NW). Sie hat zwei Eingänge vom Meer aus. Die wechselnde Beleuchtung bewirkt optische Effekte von besonderer Schönheit. Auf der Rückfahrt kann man die eigenartigen Windmühlen, ähnlich denen auf Rhodos und an den Dardanellen, besuchen. Bei aufkommendem Wind werden ihre Stangenarme mit Segeln behängt, bei Flaute stoßen sie hilflos in die Luft.

Zum Aussichtspunkt El Time

Von Los Llanos geht es auf kurvenreicher Straße, vorbei an der Abzweigung nach Puerto de Tazacorte (s.o.), nach Nordwesten. Nach etwa 5 Kilometern erreicht man *El Time* (510 Meter) mit Restaurant. Von hier haben Sie einen weiten und besonders eindrucksvollen Blick auf das *Aridane-Tal* und auf die steilen Hänge des *Barranco de las Angustias.* Dieses Panorama zählt zu den schönsten des Archipels.

Von El Time führt die Straße weiter über **Tijarafe** nach **Puntagorda** 30 Kilometer von Los Llanos, von wo aus Sie auf einer nicht ausgebauten Piste die Nordstraße erreichen können.

Die Caldera de Taburiente

Der Riesenkrater der **Caldera de Taburiente** bildet den Mittelpunkt von La Palma und *seine größte landschaftliche Sehenwürdigkeit.* In seiner Größe (10 Kilometer Durchmesser), nicht jedoch in seinem landschaftlichen Erscheinungsbild läßt er sich am ehesten mit den Cañadas auf Tenerife vergleichen, wobei jedoch ein zentraler Vulkankegel wie der Teide fehlt. Vielmehr denkt man sich die Entstehung dieses riesigen Talkessels als Folge von Eruptionen mehrerer Einzelvulkane, deren Krater durch Erosion zum Teil einstürzten.

Der Höhenrand ringsum (sein nördlicher Teil wird auch *Cumbre de los Andenes* genannt) steigt über dem Talboden, der meist im Wolkenschatten liegt, beeindruckende 1800–2000 Meter an. Er bildet ein gewaltiges Rund, dessen größte Höhen im Norden liegen und an das sich nach Süden die Höhenrücken der **Cumbre Nueva** und der **Cumbre Vieja** anschließen.

Das gesamte Gebiet der Caldera eignet sich, nicht zuletzt durch seine schönen Nadelwälder zu schönen Wanderungen in großartiger, einsamer Naturlandschaft, die wohl noch lange einsam bleiben wird, auch wenn die geplante direkte Straßenverbindung zwischen Santa Cruz und Los Llanos fertiggestellt ist.

Zum Roque Idafe

Von Los Llanos aus besteigt man (3 Kilometer) den nördlich liegenden *Lomo del Caballo* (Pferderücken, 580 Meter). Von seiner Spitze haben Sie einen ersten Blick auf den Talkessel, auf seinen aus zahlreichen Einzelgipfeln bestehenden Rand und in den *Barranco de las Angustias* (s. auch S. 240), der hier den Rand der Caldera schneidet. Vom Lomo del Caballo wandert man auf dem Talboden zum Gehöft *Tenera* (1110 Meter) und von hier nach Westen zum *Roque Idafe (796 Meter),* einem Monolith aus Basalt auf einem Lavasockel. Der Idafe spielte als »Heiliger Stein« eine Rolle im Kult der Ureinwohner. Hier wächst vorzüglicher *Tabak*, der die Zigarren von La Palma zur ebenbürtigen Konkurrenz der Havannas macht. Den Rückweg können Sie durch den Barranco de las Angustias machen. Für Hin- und Rückweg dieser unvergeßlichen Wanderung benötigen Sie einen knappen Tag.

Zur Cumbrecita

Zu diesem wohl schönsten Ausflug der Insel fahren Sie etwa 4 Kilometer von Los Llanos auf der nach Fuencaliente führenden Straße und biegen dann, bei dem kleinen Ort *Tajuya,* links ab. Nach weiteren 4 Kilometern kommen Sie nach **El Paso** (544 Meter, 5000 Einwohner), einem hübschen Dorf inmitten von Mandelbäumen. Früher hatte der Ort durch seine Seidenindustrie Bedeutung; heute werden hier *Zigarren* hergestellt.

Unterkunft: *Monterrey (Hst), an der Carretera (mit Restaurant)

Kurz hinter El Paso zweigt links der etwa 10 Kilometer lange Fahrweg ab, der sich in zahlreichen Kurven auf einen Aussichtsberg par excellence windet: **La Cumbrecita** (1833 Meter). Es gibt kaum einen

Die Caldera de Taburiente

Punkt, von dem aus der Blick auf die *Caldera de Taburiente* so umfassend und beeindruckend ist. Sie schauen hinunter in ihren weiten Talkessel, dessen Boden jedoch oft genug durch eine Wolkenschicht verdeckt ist, und ringsum entfaltet sich das Gipfelpanorama des gewaltigen Kraterrunds. Weit im Norden liegen die höchsten Spitzen der Insel, der *Roque Palmero* (2352 Meter), der *Roque de los Muchachos* (2423 Meter) und der *Pico de la Cruz* (2350 Meter). Nach Süden setzt sich die Kette, von Gipfel zu Gipfel niedriger werdend, fort in der *Piedra Llana* (2317 Meter), im *Pico del Cedro* (2206 Meter), im *Pico de la Sabina* (2029 Meter) und, am nächsten Ihrem Standort, im *El Corrajelo* (2044 Meter) und im *Pico de la Nieve* (2206 Meter), hinter dem Santa Cruz liegt.

Zurück fahren Sie den gleichen Weg, den Sie gekommen sind, es sei denn, daß Sie die Fahrt zum Cumbrecita mit einer allerdings längeren Wanderung nach Santa Cruz verbinden wollen (siehe folgenden Abschnitt).

Wanderung von der Caldera auf die Ostseite von La Palma

Zu dieser Wanderung sollten Sie genügend Ausdauer mitbringen. Der Weg ist zwar nicht schwierig, aber immerhin benötigen Sie bis Breña Alta oberhalb von Santa Cruz gute sechs Stunden. Doch diese Anstrengung lohnt sich, denn Sie werden eindrucksvolle Landschaftsbilder kennenlernen.

Von der Abzweigung der Straße auf die *Cumbrecita* (s. o.) gehen Sie auf der von El Paso kommenden Straße weiter. Sie soll in Zukunft als direkte Ost-West-Verbindung die Fahrt von Santa Cruz nach Los Llanos westlich abkürzen.

Große Teile und ein Tunnel auf der Ostseite der Cumbre Nueva sind bereits fertiggestellt. Nach etwa 3 Kilometern führt rechts eine Piste nach Süden, die *Cumbre Nueva* entlang, zu einem Paß zwischen ihr und der *Cumbre Vieja*. Bald darauf erreichen Sie das *Refugio forestal* (Forsthaus). Hier sollten Sie eine Pause einlegen. Hinter dem Refugio halten Sie sich links (der rechte Weg führt nach **Mazo**. Ständig bergab in vielen Windungen und mit vielen schönen Ausblicken erreichen Sie nach etwa 15 Kilometern die Straße nach Breña Alta und von hier nach links nach 3 Kilometern den Ort selbst.

In umgekehrter Richtung ist diese Tour nicht empfehlenswert, da der Weg dann fast ständig und zum Teil steil bergauf führt und dadurch sehr anstrengend ist.

Die Nordstraße nach Barloveneto und weiter an die Westküste

42 Kilometer

Obwohl die nördliche Inselhälfte kaum weniger anziehend ist als der Süden, gibt es noch keine fertig ausgebaute Straße, die den Norden von La Palma umrundet. Ausgebaut ist lediglich die Straße von **Santa Cruz** über **Los Sauces** bis **Barlovento** in der Nordostecke der Insel, 42 Kilometer von Santa Cruz. Hier beginnt eine schlechte, aber immerhin befahrbare Waldpiste, die die Verbindung zur Straße von Los Llanos nach Puntagorda herstellt. Sie zu benutzen, kann nur Leuten empfohlen werden, bei denen ein wenig Abenteuer quasi »dazugehört«. Immerhin verkehrt auf dieser Strecke ein *regelmäßiger Bus*, und zwar von Santa Cruz über Barlovento, Gallegos, Llanos del Negro, Garafía und Puntagorda nach Los Llanos.

Die nördliche Inselhälfte wird von zahlreichen tiefen Barrancos durchschnitten, die den Straßenbau zu einem Problem machen. Sie führen vom nahen nördlichen Rand der *Caldera de Taburiente,* den man auch *Cumbre de los Andenes* nennt, zum Meer. Ihre Entstehung verdanken sie den in diesem Teil der Insel häufigen Niederschlägen, die andererseits in Verbindung mit den gleichbleibend günstigen Temperaturen für das üppige Grün dieses Inselteils geradezu ideale Bedingungen schaffen: *Kiefernwälder*, zum Teil auch *Lorbeerwälder* bedecken die höheren Regionen bis zum Gebirgskamm; in den niedrigeren Lagen finden wir Bananenkulturen und Zuckerrohranpflanzungen.

Die ausgebaute Straße von Santa Cruz nach Barlovento umzieht zunächst einige Barrancos und erreicht nach 12 Kilometern den kleinen Ort **Puntallana** (400 Meter), hübsch auf einer fruchtbaren Hochfläche gelegen. Nach weiteren 6 Kilometern kommt man nach **Galga**. Hier beginnt der gewaltige *Barranco de la Galga,* das heißt, es sind zwei Barrancos, die eng nebeneinan-

Die Caldera de Taburiente 253

der verlaufen und nur durch eine schmale Wand voneinander getrennt sind. Weiter unterhalb vereinigen sie sich zu einem einzigen, fruchtbaren Tal. Ein Fußweg führt von Galga links auf den nahen *Cabo de la Galga* am Südrand des Barrancos.

Hinter Galga durchfahren Sie in einem Tunnel die Trennwand des Doppelbarrancos. Nach wenigen Kilometern folgt die Straße einem weiteren riesigen Taleinschnitt, dem *Barranco del Agua*.

Der obere Teil des Barranco del Agua ist ein einziges *Naturparadies* mit dichten Lorbeerwäldern und zahlreichen Quellen und Bächen, die weiter unten zum Teil Bananenkulturen bewässern, die terrassenartig angelegt sind.

Von der großen Kurve der Straße führt ein 3 Kilometer langer Fahrweg zum *Lorbeerwald von Los Tilos.* Von hier können Sie ein Stück den Barranco aufwärts wandern zu einigen kleinen Wasserfällen. Auch andere Wanderungen sind in diesem Gebiet möglich.

Die Straße folgt nun dem Nordabhang des Barranco und erreicht nach 3 Kilometern **Los Sauces** (230 Meter, 6000 Einwohner), 32 Kilometer von Santa Cruz, inmitten eines fruchtbaren Anbaugebietes (vor allem Bananen). In der Pfarrkirche ist die von den Palmeros verehrte Statue der Nuestra Señora de Montserrat (17. Jahrhundert) sehenswert. Unterhalb, an der Küste, liegen **Espindola** und **San Andrés,** zwei kleinere Orte, in denen die Zeit stillzustehen scheint. Auffallend um Los Sauces und San Andrés der sehr schöne *Lindenwald* mit riesigen Farnkräutern.

Zehn Kilometer weiter, bei **Barlovento,** endet die ausgebaute Straße, an deren Weiterführung gearbeitet wird. Der Ort liegt an einer großen geologischen Depression aus dem Alluvium, *La Laguna* (das Haff) *de Barlovento* genannt. In der Nähe der nördliche Leuchtturm von La Palma, der alte *Faro de Barlovento*.

Hinter Barlovento beginnt die *Pista forestal,* eine schlecht und recht befahrbare Waldpiste. Auch sie hat zahlreiche Barrancos zu überwinden und führt durch schöne Nadelwälder bald in Höhen von durchschnittlich 900 Metern. Vorbei an *Las Marantes* mit schönem Blick kommen wir nach 4 Kilometern zunächst zum Weiler Gallegos (230 Meter). Von hier steigt die Piste kurvenreich an und erreicht nach

28 Kilometern den **Barranco de la Luz**. An seinem oberen Ende, etwa zehn Minuten zu Fuß von der Piste, stoßen wir auf die wegen ihrer prähistorischen Felszeichnungen bekannte *Fuente de la Zarza* (Dornbusch-Quelle).

Es handelt sich um in den Felsen geritzte Spiralzeichen und -bänder, ähnlich denen in der Cueva de Belmaco, die bis heute nicht gedeutet werden konnten. Man vermutet in ihnen jedoch weniger eine Schrift, sondern eher eine Symbolsprache. Weitere Spiralzeichen finden wir bei der *Fuente Secreta* (Geheime Quelle) beim Weiler **Llano Negro**, den wir bald darauf auf unserer Pistenfahrt erreichen. Von hier geht es in vielen Windungen abwärts nach **Garafia** (auch *Sto. Domingo de Garafia*) über romantisch-einsamer Steilküste.

Von Garafia und Llano Negro führen die Wege nach **Puntagorda** bzw. zur Straße von Los Llanos nach Puntagorda in der Nordwestecke von La Palma.

Anhang

Geographische Begriffe

aérodromo	Flugplatz
arena	Sand
arroyo	Bach, Rinnsal
baño	Bad
barranco	Schlucht, Klamm
caldera	Krater, Kessel
cala	Bucht
caleta	kleine Bucht
calle	Straße
camino	Weg
cantara	Steinbruch
cañada	Hohlweg
carretera	Landstraße
cartuja	Kloster, Klause
cascada	Wasserfall
casa	Haus
casa forestal	Forsthaus
castillo	Burg, Schloß
ciudad	Stadt
cortijo	Bauernhof
costa	Küste
cuesta	Abhang
cueva	Höhle
cumbre	Bergkamm
faro	Leuchtturm
finca	Bauernhof, Gut
fuente	Quelle, Brunnen
iglesia	Kirche
ladera	Abhang
lomo	Geländerücken
llano	Ebene
mirador	Aussichtspunkt

mesa	ebene Hochfläche (wörtlich: Tisch)
montaña	Gebirge, Berg
morro	Bergkuppe
muelle	Mole
paisaje	Landschaft
pantano	Stausee
patio	Innenhof
peña	Fels, Felsberg
peñón	Felskuppe
pico	Berg, Bergspitze
piñar	Kiefernwald
pitón	Horn
playa	Strand
pozo	Brunnen
pueblo	Dorf
puente	Brücke
puerto	Hafen
puerto pesquero	Fischereihafen
punta	Kap, Landzunge
rambla	(trockenes Flußbett), jetzt: Promenade
rambleta	kleines Flußbett
risco	Klippe, Felsberg
roque	Felsen, Felsberg
sierra	Bergkette
torre	Turm
valle	breites Tal
vista	Aussicht

Kleiner Sprachführer

Dieser kleine Sprachbehelf will ein Mindestmaß an spanischen Sprachkenntnissen vermitteln. Er ersetzt selbstverständlich kein Wörterbuch, sondern will es ergänzen. Er ist eine Hilfe zur Bildung einfachster Sätze, und wenn er auch nicht für eine Unterhaltung ausreicht, so kann er Ihnen im Hotel, im Geschäft oder im Restaurant doch über die ersten Schwierigkeiten hinweghelfen.

Kleiner Sprachführer 257

Aussprache

Das spanische Alphabet enthält einige Besonderheiten, die es im Deutschen nicht gibt.

Das doppelte L heißt *Elje*, wobei das J wie bei »Jäger« ausgesprochen wird.
Beispiele: pollo (Hühnchen) wie poljo
llave (Schlüssel) wie ljawe.

ñ heißt *Enje*, das J wieder wie bei Jäger.
Beispiele: baño (Bad) wie banjo
puño (Faust) wie punjo.

qu wird wie das K in »Käse« gesprochen.
Beispiele: queso (Käse) wie keßo
quisquilla (Lappalie, Kleinigkeit) wie kißkilja

S spricht man scharf, ähnlich dem deutschen ß.
Beispiele: salud (Gesundheit) wie ßalú
pasaporte (Paß) wie paßaporte.

J spricht man häufig wie das ch in Bach.
Beispiele: pasaje (Überfahrt) wie paßache
wie bei »Dach«

Ü entspricht nicht dem deutschen Buchstaben. Die Punkte über dem U bedeuten nur, daß der Buchstabe ausgesprochen wird.
Beispiele: güeldo (Fischköder) wie gueldo
Güimar (Ort auf Tenerife) wie Guimar

Das U ohne die Punkte wird vor e und i nicht ausgesprochen.
Beispiele: guía (Führer) wie gia
guerra (Krieg) wie gärra

Das C spricht man vor den dunklen Vokalen a, o und u wie K, vor e und i wie ß.
Beispiele: casa (Haus) wie kaßa
cuarto (Zimmer) wie kwarto
ciudad (Stadt) wie ßiuda.

Das G folgt ähnlichen Regeln: vor a, o und u wird es wie im Deutschen ausgesprochen, vor e und i jedoch wie ch.
Das H ist wie im Französischen stimmlos, wird also nicht gesprochen.

Beispiele: hijo (Sohn) wie icho (wie »Dach«)
huevo (Ei) wie uewo.

V ist stimmhaft wie das deutsche W.
Das D am Ende eines Wortes spricht man ähnlich wie das englische th. Dabei wird es jedoch nur ganz leicht angedeutet, so daß es kaum zu hören ist.
Folgt dem U ein A, ist das U schwach hörbar.
Beispiele: guardia (Posten, Wache) wie guárdia
guante (Handschuh) wie guánte.

Weitere Besonderheiten sind der Lautschrift des Wörterbuches zu entnehmen.

Betonung

Jedes mehrsilbige Wort, das mit einem Vokal, mit n oder s endet, wird auf der vorletzten Silbe betont.
Beispiele: **ma**-dre (Mutter); **a**-gua (Wasser);
du-**ran**-te (während); manda-**ri**-na (Mandarine);
habla-**ba**-is (ihr spracht)

Jedes mehrsilbige Wort, das auf einen Konsonanten endet (Ausnahme n und s) wird auf der letzten Silbe betont.
Beispiele: pro-**bar** (versuchen, probieren);
reali-**zar** (verwirklichen, realisieren);
bon-**dad** (Liebenswürdigkeit, Güte)

Alle Wörter, die von diesen beiden Regeln in der Betonung abweichen, werden mit einem Akut versehen, die akzentuierte Silbe wird betont.
Beispiele: estómago (Magen); página (die Buchseite);
descripción (Beschreibung).

Gebräuchliche Wörter und Redewendungen

Bekanntmachungen und Warnungen

alto	Halt!
caballeros (kabaljéros)	Herren

Kleiner Sprachführer

cuarto (kwarto)	Zimmer
cuidado (kuidáda)	Vorsicht
empujar	stoßen
entrada	Eingang
entrada libre	freier Eintritt
entrada prohibida	Eintritt verboten
no funciona (no funßióna)	außer Betrieb (auch scherzhaft für Aufzug)
no tocar (no tokár)	nicht berühren
parada	Haltestelle
precios fijos	feste Preise
prohibido fumar	Rauchen verboten
salida	Ausgang; Abfahrt
se alquila casas (cuartos)	Häuser (Zimmer) zu vermieten
se vende (ße wende)	zu verkaufen
señoras	Frauen
señores	Männer
se prohibe el paso	Durchgang verboten
tirar	ziehen
tocar el timbre	klingeln

Begrüßungen

Buenos dias	Guten Tag (nur vormittags!)
Buenas tardes	Guten Nachmittag (bis ca. 20 Uhr)
Buenas noches (notsches)	Guten Abend (Kein Gute-Nacht-Gruß!)
Hasta la vista (aßta la wißta)	Auf Wiedersehen
Adios (adiós)	Hallo! Tschüß!
Que hay?	Wie geht's? Was gibt's?
Como está?	Wie geht's?

Höflichkeitsformen

gracias (gráßias)	danke
por favor (por fawór)	bitte
Permitame (permittamä)	Gestatten Sie!

Como Usted quiera (komo ußté kjiera)	Wie Sie wollen
No hay de que (no ai de ke)	Keine Ursache!
Es Usted muy amable	Sie sind sehr liebenswürdig!
Lo siento	Es tut mir leid!
Dispenseme (dißpänßemä)	Entschuldigen Sie mich
Le pido perdón	Ich bitte um Entschuldigung
No importa	Das macht nichts

Fragewörter

Donde está la casa?	Wo ist das Haus?
Donde está el hotel?	Wo ist das Hotel?
Donde está la parada?	Wo ist die Haltestelle?
Donde está el mar?	Wo ist das Meer?
Qué tengo?	Was habe ich?
Qué quiero?	Was will ich?
Qué es eso?	Was ist das?
Qué hacemos?	Was machen wir?

Die übrigen Fragewörter erfordern etwas Kenntnis der Konjugationen, doch sind sie im Notfall mit Infinitiven zu verbinden.

donde?	Wo?		a donde?	Wohin?
de donde?	Woher?		que?	Was?
quién?	Wer?		con que?	Womit?
para que?	Wozu?		cuando?	Wann?
cuanto?	Wieviel?			

Speisekarte

Vorspeisen und Schnellimbiß (Entremesas y tapas)

bocadillo con carne	Brot mit Fleisch
bocadillo con queso blanco	Brot mit Ziegenkäse
bocadillo con queso amarillo	Brot mit holl. Käse
bocadillo con jamón	Brot mit Schinken
bocadillo con salchichón	Brot mit Wurst (einheimisch)
bocadillo con mortadela	Brot mit Wurst
aceitunas	Oliven
almejas	Miesmuscheln

calamar	Tintenfisch
cangrejos	Krabben
ostras	Austern
pepinillos	(saure) Gurken
rábano	Rettich
rabanitos	Radieschen

Suppen

caldo con yema	Fleischbrühe mit Eigelb
caldo con huevo	Fleischbrühe mit Ei
caldo de gallina	Fleischbrühe mit Huhn
sopa de arróz	Reissuppe
sopa de avena	Haferschleimsuppe
sopa de espárragos	Spargelsuppe
sopa de fideos	Nudelsuppe
sopa de garbanzas	Erbsensuppe
sopa de judias	Bohnensuppe
sopa de pescado	Fischsuppe
sopa de semola	Grießsuppe
sopa de tomates	Tomatensuppe
sopa de verduras	Gemüsesuppe

Eierspeisen (Platos de huevos)

huevos escalfados	verlorene Eier
huevos estrellados (oder al plato)	Spiegeleier
huevos pasados por agua	gekochte Eier
huevos revueltos	Rühreier
tortilla	Eierkuchen

Fischgerichte (Pescados)

arenque	Hering	atún	Thunfisch
bacalao	Stockfisch	lenguado	Seezunge
platija	Scholle		

Wild (Caza)

codorniz	Wachtel	conejo	Kaninchen
faisán	Fasan	perdiz	Rebhuhn

Geflügel (Aves)

ganso	Gans	pavo	Pute
pato	Ente	pichón	Taube
pollo	Hühnchen		

Fleischgerichte (Carnes)

bistec de carnero	Steak vom Hammel
bistec de cerdo	Schweinesteak
bistec de tenera	Kalbssteak
bistec de vaca	Rindersteak
chuleta	Kotelett
escalopa	Schnitzel
filete	Filet
fricasé	Frikassee
gigote	Hackbraten
guisado	Gulasch
higado	Leber
lengua	Zunge
lomo	Rücken
pecho	Brust
pierna	Keule
riñones	Nieren
salchichas	Würstchen
solomillo	Filetbraten
tocina	Schweinespeck
asado	gebraten
frito	frittiert
ahumado	geräuchert
a la parilla	geröstet
cocido	gekocht
rebolado	in Ei gewendet
empanado	paniert

Gemüse (Legumbres, Verduras)

alcachofas	Artischocken	cebollas	Zwiebeln
col	Kohl	coliflor	Blumenkohl
champiñones	Champignons	espárragos	Spargel
garbanzas	Kichererbsen	guisantes	Erbsen
judías	Bohnen	lentejas	Linsen

patatas (papas)	Kartoffeln	setas	Pilze
tomates	Tomaten	zanahorias	Möhren

Salate (Ensaladas)

ensalada de apio	Selleriesalat
ensalada de arenque	Heringssalat
ensalada de patatas	Kartoffelsalat
ensalada de pepinos	Gurkensalat
ensalada de tomates	Tomatensalat
ensalada variada	gemischter Salat
lechuga	grüner Salat
escarola	Endiviensalat

Nachtisch (Postres)

bonbon gigante	typische Schokoladenspeise
helado de chocolate	Schokoladeneis
helado de fresa	Erdbeereis
helado de fruta	Fruchteis
helado de limón	Zitroneneis
helado de vainilla	Vanilleeis
mantecado	Sahneeis
budín	Pudding
crema	ungeschlagene Sahne
flan	Karamelpudding
nata	Schlagsahne
pastas	Gebäck
pastel	Kuchen
tarta	Torte
turrón	Mandelgebäck

Früchte (Frutas)

ananás	Ananas	castañas	Kastanien
cerezas	Kirschen	ciruelas	Pflaumen
dátiles	Datteln	fresas	Erdbeeren
higos	Feigen	manzanas	Äpfel
melocotón	Pfirsich	melón	Melone
naranjas	Apfelsinen	peras	Birnen
piñas	Ananas	plátanos	Bananen
sandía	Wassermelone	uvas	Weintrauben

Grundzahlen

0	cero	21	veintiuno
1	uno (una)	22	veintidos
2	dos	30	treinta
3	tres	31	treinta y uno
4	cuatro	40	cuarenta
5	cinco	50	cincuenta
6	seis	60	sesenta
7	siete	70	setenta
8	ocho	80	ochenta
9	nueve	90	noventa
10	diez	100	ciento
11	once	200	doscientos
12	doce	300	trescientos
13	trece	400	cuatrocientos
14	catorce	500	quinientos
15	quince	600	seicientos
16	dieciseis	700	setecientos
17	diecisiete	800	ochocientos
18	dieciocho	900	novecientos
19	diecinueve	1000	mil
20	veinte	2000	dos mil

Einfache Satzbildung mit den Verben »haben« und »wollen«

Der Gebrauch des Personalpronomens ist im Spanischen nicht unbedingt erforderlich, da die Person durch die Endung des Verbs kenntlich gemacht wird.

haben (tener)

ich habe	tengo
du hast	tienes
er, sie, es hat	tiene
wir haben	tenemos
ihr habt	tenéis
sie haben	tienen

wollen, möchten (querer)

ich möchte	quiero
du möchtest	quieres
er, sie es möchte	quiere

wir möchten	queremos
ihr möchtet	quiereis
sie möchten	quieren

Die so wichtige persönliche Anrede (Sie haben, Sie möchten) wird mit dem Wort »Usted« (gesprochen »Ußte«) und in der dritten Person, Einzahl, gebildet. In diesem Fall setzt man das Pronomen besser hinzu, es kann jedoch auch wegfallen.

Sie haben	Usted tiene
Sie möchten	Usted quiere

Bei Verneinung setzt man einfach ein »no« vor das Verb.

Beispiele:
No tengo sed	Ich habe keinen Durst
No queremos vino	Wir wollen keinen Wein

Fragen erfordern keine Satzumstellung. Sie können also die gleichen Sätze als Fragen benutzen.

Beispiele:
Queremos vino?	Wollen wir Wein?
Tiene (Usted) frutas?	Haben Sie Früchte?

Wenn Sie solche einfachen Sätze mit dem Verb querer (wollen, möchten) oder Fragen mit tener (haben) bilden, im Geschäft oder im Hotel zum Beispiel, bedenken Sie jedoch, daß Höflichkeit eine der hervorstechenden Eigenschaften des Spaniers ist. Ergänzen Sie also Ihren Wunsch stets durch das Wort »por favor« (bitte)!

Sie können sich nun nach Bedarf aus dem Wörterbuch die zur Verständigung notwendigen Wörter suchen und diese anhängen:

Ich habe Durst	Tengo sed
Wir haben Durst	Tenemos sed
Wir haben Hunger	Tenemos hambre
Ich habe ein Auto	Tengo un coche
Wir haben ein Haus	Tenemos una casa
Ich möchte Apfelsinen	Quiero naranjas, por favor
Wir möchten Wein	Queremos vino, por favor
Möchten Sie Schokolade?	Quiere (Usted) chocolate?
Haben Sie Fischsuppe?	Tiene (Usted) sopa de pescado, por favor?

Literatur

Biography and Ecology in the Canary Islands. Dr. W. Junk. The Hague. Netherlands

Die Kanarischen Inseln sehen und erleben. Ein Paradies steht zu Diensten. Süddt. Verlag, München

Die Kanarischen Inseln und ihre Pflanzenwelt. 2. durchges. Aufl., Fischer, Stuttgart

Die Kanarischen Inseln. Auf den Spuren atlantischer Völker. Droemer, München

Der Koyote im Vulkan. Märchen und Mythen der Kanarischen Inseln. Edition Orient, Berlin

Geschichte und Beschreibung der Kanarischen Inseln. Borde St. Vincent. Akademische Kunst- und Verlagsanstalt Graz

Geschichte der Eroberung der Kanarischen Inseln von Georg Glas. Benahoare Edition, Santa Cruz de La Palma

Natura y Cultura des las Islas Canarias. Pedro Hornández Hernández. Litografia Romero

Tanasu, der letzte König der Kanaren (Roman). Piper, München

Register

Adeje (Ten) 125
Agaete (Can) 191
Aguamansa (Ten) 116
Aguimes (Can) 206, 207
Aguló (Gom) 150
Altavista (Can) 171, 184
Alto de Garajonay (Gom) 140
Anaga-Gebirge (Ten) 59, 81, 83–85
Anreise 32, 37–39
Arico (Ten) 129
Arona (Ten) 127
Arrecife (Lan) 212, 217, 218
Artenara (Can) 195
Arucas (Can) 188, 189
Aufenthaltsgenehmigung 51
Auskunft 40, 41
Autopapiere 41, 42
Avenida de Colón (Ten) 104

Baden 42
Bajamar (Ten) 86
Banane 26
Barranco der Herque (Ten) 129
Barranco del Infierno (Ten) 125
Benchijigua (Gom) 149
Betancuria (Fuer) 225, 235
Bischofspalast von La Laguna (Ten) 80, 81
Bosque de la Esperanza (Ten) 87
Botanischer Garten (Ten) 28, 106, 107
Brauchtum und Feste 43
Breña Alta (Pal) 244, 245

Caldera de Taburiente (Pal) 239, 249, 250
Camping 43, 44
Cañadas-Krater (Ten) 59
Candelaria (Ten) 97
Casa de los Coroneles (Fuer) 238
Casino de Tenerife 74
Chio (Ten) 126
Chipude (Gom) 150
Ciudad Jardin (Can) 167
Columbus, Christoph 14, 142
Columbus-Haus (Can) 180
Costa del Silencio (Ten) 123
Cueva del Hielo (Ten) 138
Cueva de los Verdes (Lan) 215, 223, 224

Deutsche Schulen 41
Devisenbestimmungen 44, 45
Diplomatische Vertretungen 45
Drachenbaum 26, 112, 190, 245
Dromedar 216, 220

El Cedro (Gom) 151
El Golfo (Hie) 157
El Golfo (Lan) 215, 220
El Julan (Hie) 159
El Médano (Ten) 124
El Paso (Pal) 250
El Portillo (Ten) 131
El Tanque (Ten) 113
Eremita Virgen de la Peña (Hie) 157
Essen und Trinken 56–58
Export 19, 20

Fasnia (Ten) 129
Folias 55
Fort San Gabriel (Lan) 217, 218
Fremdenverkehr 18, 19
Frontera (Hie) 159
Fuencaliente (Pal) 246, 247
Fuerteventura 22, 225–228, 233–238

Galdar (Can) 190, 191
Garajonay (Gom) 151, 152
Geographie 21–29
Geographische Begriffe 255
Geschichte 10–15
Gesundheitstips 45, 46
Getränke 58
Golf 46
Golfplätze 46, 47
Granadilla (Ten) 127
Gran Canaria 23, 161–211
Gran Tarajal (Fuer) 225, 236
Guanapay (Lan) 222
Guanchen 10–12
Guanchen-Touren (Ten) 135
Güia (Can) 190
Güimar (Ten) 65, 98, 99

Hafen von Santa Cruz de Tenerife 68, 70, 71
Hermigüa (Gom) 150
Hierro 24, 153–160
Hochfläche von Tamadaba (Can) 162
Hotels und Pensionen 47
Humboldt von, Alexander 14, 100, 108, 109

Icod de los Vinos (Ten) 65, 111, 112
Iglesia de la Asunción (Gom) 143, 144
Iglesia de la Concepción (Hie) 156
Iglesia de la Concepción (Ten) 80
Iglesia del Pilar (Ten) 73
Iglesia Nuestra Señora de la Concepción (Ten) 72
Iglesia Nuestra Señora de la Peña de Francia (Ten) 102
Iglesia San Agustin (Tacoronte, Ten) 95
Iglesia San Francisco de Asis (Ten) 73, 74

Register

Iglesia Santa Catalina (Tacoronte, Ten) 95
Isla de los Lobos 225, 226
Isla La Graciosa 223, 224

Jagd 49
Jameo del Agua (Lan) 215, 223
Jugendherbergen 49

Kanarische Kiefer 27
Kanarische Sportarten 49, 50
Kapelle San Telmo (Ten) 104
Kathedrale Santa Ana (Can) 178
Kathedrale von La Laguna (Ten) 80
Kinder 50
Kirchengemeinden 41
Kirche Nuestra Señora del Pino (Can) 193
Kirche San Salvador (Pal) 243
Kirche Santiago (Ten) 111
Kirche Santiago de los Caballeros (Can) 190
Kleidung 50
Kleiner Sprachführer 256–265
Klima 30, 31
Klimatabelle der Küstenregionen 31
Konsulate 41

La Atalaya (Can) 11, 199, 205
La Cueva (Ten) 110
La Cumbrecita (Pal) 250, 251
La Esperanza (Ten) 93, 94
La Gomera 24, 140–152
La Guajara (Ten) 133, 134
La Isleta (Can) 166
La Laguna (Ten) 30, 65, 79–81
Laguna de Janubio (Lan) 219
La Matanza (Ten) 95, 96
Lanzarote 22, 212–224
La Orotava (Ten) 65, 110
La Palma 24, 239–254
La Romántica (Ten) 110
Las Cañadas (Ten) 131
Las Galletas (Ten) 123, 124
Las Raíces (Ten) 93
La Vegueta (Can) 166
La Victoria (Ten) 95, 96
Las Manchas (Pal) 247
Las Palmas (Can) 162, 163–187
Los Berrazales (Can) 183, 191
Los Cristianos (Ten) 122
Los Gigantes (Ten) 114
Los Llanos de Aridane (Pal) 246, 248
Los Organos (Ten) 116
Los Realejos (Ten) 111
Los Roques (Ten) 129, 132
Lugo de, Alonso Fernández 13, 99

Madonna de la Candelaria (Ten) 74
Malocello, Lanzaretto 12
Malpaso (Hie) 153, 157, 158
Malvasia-Wein 26, 58, 216, 219, 247
Maße und Gewichte 50, 51
Maspalomas (Can) 162, 187
Mauereidechsen 29
Mazo (Pal) 246
Meteorologisches Observatorium (Ten) 94
Mirador Humboldt (Ten) 107
Mondlandschaft (Ten) 134, 135
Montaña Abreu (Ten) 129
Montaña Blanca (Ten) 136, 137
Montaña de Calmenar (Ten) 129
Montaña de Galdar (Can) 190
Montaña de Tagoje (Pal) 245
Montañas del Fuego (Lan) 214, 218, 220
Monumento de Los Caidos (Ten) 71
Moya (Can) 189, 190
Museen 51
Museo Arqueológico (Ten) 69, 71
Museo Canario (Can) 180
Museo de Historia Natural (Pal) 243
Museo Militar (Ten) 77
Museo Municipal (Ten) 73

Necrópolis de la Guancha (Can) 190

Orotava-Tal (Ten) 30, 107–109

Pájara (Fuer) 236
Palacio de la Carta (Ten) 75
Palacio de Nava (Ten) 81
Palm-Mar (Ten) 123
Park von Tagira (Ten) 28
Parque Doramas (Can) 182, 183
Parque Municipal García Sanabria (Ten) 76
Parque Santa Catalina (Can) 166, 171, 172
Paßbestimmungen 51
Pflanzenwelt 24–26
Pico de Jandia (Fuer) 226
Pico de la Cruz (Pal) 239
Pico de Teide (Ten) 59, 131, 136–139
Pico de Tenerife (Hier) 153
Pico Viejo (Ten) 131, 133
Piedra Llana (Pal) 239
Pinar de Tamadaba (Can) 195
Playa de la Arena (Ten) 114
Playa de las Americas (Ten) 123
Playa de las Canteras (Can) 177
Post und Telefon 51
Pozo de las Nieves (Can) 161, 196, 197
Praktische Hinweise 32
Presse 52
Pueblo Canario (Can) 167, 183
Puerto de la Cruz (Ten) 65, 96, 99–106
Puerto de la Luz (Can) 166, 170, 171
Puerto de las Nieves (Can) 191
Puerto del Rosario (Fuer) 225, 233, 234
Puerto de Tazacorte (Pal) 248
Puerto Pesquero (Ten) 101, 102

Punta de los Organos (Gom) 150
Punto Hidalgo (Ten) 86

Refugio Altavista (Ten) 136, 137, 138
Reiseandenken 52
Reisebüros 53
Reiseinformationen von A–Z 40–55
Reisezeit 31
Reiten 53
Renaissancekirche San Marcos (Ten) 112
Restinga (Hie) 159
Retamar (Ten) 113
Roque de los Muchachos (Pal) 239
Roque Idafe (Pal) 250
Roque Nublo (Can) 196
Roque Palmero (Pal) 239
Roque de Salmar (Gom) 132
Rubicon (Lan) 219
Rundfunk (radio) 53

Sabinosa (Hie) 158
San Agustin (Can) 186
San Andrés (Ten) 82
San Juan de la Rambla (Ten) 111
San Miguel (Ten) 127
San Nicolás (Can) 210
San Sebastián de la Gomera 143, 144
Santa Ana (Ten) 124
Santa Brigida (Can) 198
Santa Cruz de la Palma (Pal) 241
Santa Cruz de Tenerife 60, 65–78
Santa Lucía (Can) 198
Santa Marta (Ten) 124
Santa Ursula (Ten) 96
Santiago del Teide (Ten) 113
Santuario de Nuestra Señora de las Nieves (Pal) 244
Speisenkarte 57, 58
Stromspannung 53

Tacoronte (Ten) 65, 95
Taganana 82
Taibique (Hie) 159
Tamaima (Ten) 113
Taoro-Hügel (Ten) 105
Teatro Guimerá (Ten) 73
Teguise (Lan) 222
Teide (Ten) 21, 96
Tejeda (Can) 196
Telde (Can) 162, 200, 205
Ten Bel (Ten) 124
Tenerife 21, 24, 59–139
Tennis 54
Teror (Can) 193, 194
Tierwelt 29
Timanfaya-Gebirge (Lan) 212
Torre del Conde (Gom) 144
Transport- und Verkehrswesen 19

Uhrzeit 54
Universität von La Laguna (Ten) 79, 80
Unterwasserjagd 54

Valle de Ariane (Pal) 240
Valle de San Lorenzo (Ten) 127
Valle Gran Rey (Gom) 140, 151
Vallehermoso (Gom) 150
Valleseco (Can) 194
Valverde (Hie) 156
Vega del Rio de Palmas (Fuer) 235
Verkehrsmöglichkeiten 39
Verwaltung 16
Vilaflor (Ten) 128
Volcán de San Antonio 11
Volkslied 54, 55

Wallfahrts-Basilika (Candelaria, Ten) 97
Wassersport 55
Wirtschaft 18–20

Yaiza (Lan) 219

Zoll 55

Bildnachweis
Sämtliche Bilder stammen von Marie Luise Oertel, Odenthal-Glöbusch.
Die Karten entstammen dem Verlagsarchiv.

SCHROEDER REISEFÜHRER

Weil Sie gut sind!

New York — Schroeder Reiseführer (Bruckmann)

Annette König
New York

Ralf Sotscheck
Schottland

Michael Schwelien
Türkei

Wolfhart Berg
Thailand

Edmund Braunsburger-von der Brelie
Kanarische Inseln

Ingeborg Lehmann
Griechische Inseln – Die Dodekanes

Ingeborg Guadagna
Sardinien

Rainer Stiller
Balearen

Ingeborg Lehmann
Griechische Inseln – Westägäis

Helmut Hetzel
Belgien

Manfred Braunger
Kalifornien

Waltraud Sperlich
Kreta

Ingeborg Guadagna
Sizilien

Bettina Dürr
Südtirol

Bruckmann Verlag

Aubert, Hans J. /
Müller-Moewes, Ulf
Südamerika

Aubert, Hans-J. /
Müller-Moewes, Ulf
Mexiko

Aubert, Hans-J. /
Müller-Moewes, Ulf
USA

Müller, Ralf/Gross,
Horst-Eckart
Kuba

Aubert, Hans J. /
Müller-Moewes, Ulf
Kalifornien

Weiss, Walter
Karibik

Bruckmann
Verlag

Urlaubsparadies
Mittelmeer

Erica Wünsche/
Knut Liese
Kreta

Almut und Frank Rother
Korsika

Günter Spitzing/
Gerhard Dierza
Griechenland
Das Festland

Bruckmann
Verlag